PAUL TILLICH · GESAMMELTE WERKE

BAND VI

PAUL TILLICH

DER WIDERSTREIT VON RAUM UND ZEIT

Schriften zur Geschichtsphilosophie

GESAMMELTE WERKE
BAND VI

EVANGELISCHES VERLAGSWERK STUTTGART

Herausgegeben von Renate Albrecht

ISBN 3 7715 0023 0

2. Auflage

Erschienen 1963 im Evangelischen Verlagswerk GmbH., Stuttgart
Gesamtherstellung: J. F. Steinkopf Druck+Buch GmbH, Stuttgart

HARALD POELCHAU

gewidmet

nach vierzig Jahren der Freundschaft

VORBEMERKUNG DES HERAUSGEBERS

Der vorliegende Band enthält nicht nur die Aufsätze des Autors, deren ausdrücklicher Gegenstand die Geschichte ist, sondern auch solche, die sich in einem weiteren Sinne mit geschichtsphilosophischen Problemen auseinandersetzen. Da sich eine systematische Einteilung nicht zwanglos anbot, wurde die Reihenfolge der Aufsätze chronologisch bestimmt. Die chronologische Anordnung bot zudem den Vorteil, daß der Leser die fortschreitende Entwicklung einzelner geschichtsphilosophischer Gedanken verfolgen kann.

Für die Mitarbeit an diesem Bande sei gedankt:

Frau Dr. Inge C. Henel, New Haven (USA), die die vorliegenden Übersetzungen bearbeitete und in vielen Gesprächen wertvolle Anregungen zu Übersetzungsproblemen gab,

Herrn Dr. Theodor Mahlmann, der wiederum das Sachregister herstellte,

Frau Dr. Gertie Siemsen, Frau Gertraut Stöber und Fräulein Gertrud Frings für die Mithilfe beim Korrekturlesen.

Weiter sei den Verlagen gedankt, die ihre Erlaubnis zum Wiederabdruck gaben, und zwar:

J. C. B. Mohr (Paul Siebeck), Tübingen, für „Das Dämonische“,
Otto Reichl, Darmstadt, für „Kairos II“.

(Bibliographische Anmerkungen finden sich am Schluß des Buches.)

Düren, im Juli 1963

Renate Albrecht

INHALT

KAIROS I

Die hier vorgetragenen Ideen sollen ein Aufruf sein zu geschichtsbewußtem Denken, zu einem Geschichtsbewußtsein, dessen Wurzeln hinabreichen in die Tiefen des Unbedingten[1], dessen Begriffe geschöpft sind aus der Urbeziehung des menschlichen Geistes und dessen Ethos unbedingte Verantwortlichkeit für den gegenwärtigen Zeitmoment ist. Die Form aber dieses Rufes soll nicht Predigt oder Agitation, nicht Romantik oder Poesie sein, sondern ernste Begriffsarbeit, Ringen um eine Philosophie der Geschichte, die mehr ist als Logik der Geschichtswissenschaft und ihr an Schärfe und Sachlichkeit doch nicht nachsteht. Es wäre ein sinnloses Unterfangen, eine solche Aufgabe in knappen Aufsatzgrenzen angreifen zu wollen, wenn mehr beabsichtigt wäre, als *einen* konkreten Begriff in helleres Licht zu stellen, einen Begriff, der, wenn er selbst hell geworden ist, für viele andere erleuchtend sein kann, der Begriff des Kairos. Aufruf zu einem Geschichtsbewußtsein im Sinne des Kairos, Ringen um eine Sinndeutung der Geschichte vom Begriff des Kairos her, Forderung eines Gegenwartsbewußtseins und Gegenwartshandelns im Geiste des Kairos, das ist hier gewollt.

---

[1] Der Begriff „unbedingt“, der in diesem Aufsatz oft benutzt wird, soll auf die Elemente in jeder religiösen Erfahrung hinweisen, die sie zu einer wahrhaft religiösen machen. In jedem Symbol des Göttlichen wird ein unbedingter Anspruch ausgedrückt, am machtvollsten in dem Gebot: „Du sollst lieben Gott Deinen Herrn von *ganzem* Herzen, von *ganzer* Seele und von *ganzem* Gemüte.“ Eine begrenzte, eingeschränkte, bedingte Liebe zu Gott wird verworfen. Der Begriff „unbedingt“ oder „das Unbedingte“ ist eine Abstraktion dessen, was in den vielen Bibelworten oder in der großen religiösen Literatur zum Ausdruck gebracht wird. Das Unbedingte ist eine Qualität, kein Wesen. Es charakterisiert das, was uns letztlich und daher unbedingt angeht, ob wir es „Gott“ oder „das Sein an sich“ oder „das Gute an sich“ oder „die Wahrheit an sich“ nennen, oder ob wir ihm sonst einen Namen geben. Es wäre ein vollkommener Irrtum, wenn wir unter dem Unbedingten ein Wesen verstünden, über dessen Existenz man streiten könnte. Wer von der Existenz des Unbedingten redet, hat den Sinn des Begriffes völlig mißverstanden. Das Unbedingte ist eine Qualität, die wir erfahren in der Begegnung mit der Wirklichkeit, zum Beispiel den Unbedingtheitscharakter der Stimme des Gewissens, des logischen sowie des sittlichen. In diesem Sinne – als eine Qualität und nicht als ein Wesen – wird der Begriff in den folgenden Aufsätzen gebraucht.

I.

Es war ein feines Gefühl, das den Geist der griechischen Sprache hieß, den Chronos, die formale Zeit, mit einem anderen Wort zu bezeichnen als den Kairos, die „rechte Zeit“, den inhalts- und bedeutungsvollen Zeitmoment. Und es ist kein Zufall, daß dieses Wort da seinen prägnantesten und häufigsten Gebrauch fand, wo die griechische Sprache das Gefäß für den geschichtsdynamisch geladenen Geist des Judentums und Urchristentums wurde, im Neuen Testament. Sein Kairos war noch nicht gekommen, heißt es von Jesus, und dann irgendwann einmal war er gekommen, „ἐν καιρῷ“, im Augenblick der Zeitenfülle. Die Zeit ist nur für die abstrakt-gegenständliche Reflexion leere Form, die jeden beliebigen Inhalt aufnehmen kann; für das Leben aber und das Bewußtsein um schöpferisches Geschehen ist sie geladen mit Spannungen, mit Möglichkeiten und Unmöglichkeiten, ist qualitativ und inhaltsvoll; nicht jedes ist zu jeder Zeit möglich, nicht jedes zu jeder Zeit wahr, nicht jedes in jedem Moment gefordert. Verschiedene „Herrscher“, das heißt kosmische Gewalten, regieren zu verschiedenen Zeiten, und der alle anderen Engel und Mächte überwindende „Herr“ regiert in der schicksals- und spannungsvollen Zeit zwischen Auferstehung und Wiederkunft, der gegenwärtigen Zeit, die anders ist in ihrem Wesen als jede andere der Vergangenheit. In dieser gewaltigen, aufs tiefste erregten Geschichtsbewußtheit wurzelt die Idee des Kairos; von hier aus soll sie geformt werden zu einem Begriff bewußten geschichtsphilosophischen Denkens.

Es ist kein überflüssiges Unternehmen, zum Geschichtsbewußtsein aufzurufen; denn es ist dem Geist keineswegs selbstverständlich, daß er geschichtlich ist; vielmehr ist die geschichtsunbewußte Geisteslage weitaus häufiger, nicht nur aus Stumpfheit und Geistlosigkeit – das war immer und wird immer so sein –, sondern aus tiefen Instinkten seelischer und metaphysischer Art. Die geschichtsunbewußte Lage kann doppelt verwurzelt sein: in dem Bewußtsein um das Jenseits der Zeit, das Ewige, das keinen Wechsel kennt und keine Geschichte, und in der Gebundenheit an das Diesseits aller inhaltsvollen Zeit, an die Natur und ihren ewiggleichen Lauf und Wechsel, an die Wiederkehr der Zeiten und Dinge. Es gibt eine mystische Geschichtslosigkeit, die alles Zeitliche anschaut als durchsichtige Hülle, als Trugschleier und Gleichnis des Ewigen, und sich darüber erheben will zu zeitloser Schauung des Zeitlosen; und es gibt eine naturalistische Geschichtslosigkeit, die verharrt in dumpfer Gebundenheit an den Naturlauf und ihn sich weihen läßt vom Ewigen her durch Priester und Kult. Für weite Gebiete asiatischer Kultur ist mystische Geschichtslosigkeit die seelische Grundstimmung. Demgegenüber ist Geschichtsbewußtsein relativ selten und im Grunde ein Sondergut der semitisch-persischen und christlich-abendländischen Entwicklung, aber auch das nur in den Durchbrüchen neuer Lebendigkeit, in den höchsten Augenblicken der schöpferischen Welterfassung. Um so entscheidender für die gesamte Menschheitsentwicklung ist es, daß dieses Bewußtsein im Abendland in voller Kraft und Tiefe wieder und wieder sich durchringt. Denn eins ist sicher: ist es erst einmal da, so zwingt es nach und nach alle Völker in seinen Bann, denn geschichtsbewußtem Handeln kann nur geschichtsbewußtes Handeln begegnen; und wenn Asien in stolzem Selbstgefühl uralten Besitzes sich wehrt gegen das Abendland, so hat es sich schon in dem Maße, in dem diese Abwehr bewußt geschieht, auf den Boden des geschichtlichen Denkens begeben, ist durch den Kampf selbst auf das Herrschaftsgebiet des Gegners getreten.

Nun aber ist im Abendland selbst dem geschichtlichen Denken ein Gegner erwachsen, hervorgebrochen aus mystischer Weltbetrachtung, genährt durch naturalistische Geistesrichtung, geformt durch rationales mathematisches Erkennen: die technisch-mathematische Welterklärung der Naturwissenschaft, die rationale Auffassung der Wirklichkeit als Maschine mit ewig gleichen Bewegungsgesetzen und mit unendlich sich wiederholendem, berechenbarem Naturprozeß. Die Geisteshaltung, die als eine ihrer Schöpfungen diese Begriffsbildung geschaffen hat, kommt ihrerseits so sehr unter ihren Einfluß, daß sie zu einem Teil dieser Maschine, zu einem Stück dieses ewig gleichen Prozesses wird. Sie hat sich ihrer eigenen Schöpfung so überantwortet, daß sie sich selbst als einen Mechanismus betrachtet und hat vergessen, daß diese Maschine durch sie selbst geschaffen wurde. Das ist eine große Gefahr für die abendländische Kultur; sie bedeutet den Verlust eines kostbaren Besitzes: eine weit größere Gefahr als die des Nie-besessen-habens. An die materialistisch Denkenden unter den Sozialisten richten sich diese Worte; sie wollen den Widerspruch offenbaren, in dem die Sozialisten stehen, wenn sie als Erben einer machtvollen Geschichtsphilosophie, als Träger des gegenwärtigen Geschichtsbewußtseins eine Philosophie verehren, die alle sinnvolle Geschichte ausschließt und nur einen sinnlosen Naturprozeß kennt. „Materialistische Geschichtsauffassung", das wäre Widerspruch in sich, wenn es etwas anderes sein sollte als „ökonomische Geschichtsauffassung" oder wenn es etwas mit „metaphysischem Materialismus" zu tun hätte. Leider ist das Wort hier oft zu einer Täuschung geworden, die die wirkliche Sache verbirgt. Niemand hat ein größeres Recht, Protest zu erheben gegen den spätbürgerlich geschichtslosen

Materialismus als gerade die unerhört geschichtsbewußte Bewegung des Sozialismus. Je stärker sie aber diesen Protest erhebt, je mehr sie zeugt von dem Kairos, desto weiter rückt sie ab von allem metaphysischen Materialismus, desto machtvoller offenbart sie ihren Glauben an die neuschöpferische Kraft des Lebendigen.

II.

Aus dem Blick für die Zweiheit und den Widerstreit ist die erste große Geschichtsphilosophie geboren: der Kampf zwischen Licht und Finsternis, zwischen Gut und Böse ist ihr Inhalt. Die Weltgeschichte ist der Austrag dieses Widerstreites; in ihr geschieht schlechthin Neues, Einmaliges, unbedingt Entscheidendes: Niederlagen und letzter Sieg des Lichtes. So sah es Zarathustra, der persische Prophet. Und die jüdische Prophetie nahm in dieses Bild hinein die ethische Art ihres Gottes der Gerechtigkeit. Die Epochen des Kampfes sind die Epochen der Geschichte. Die Geschichte ist bestimmt durch die jenseitigen, im Diesseits sich vollziehenden Ereignisse. Die wichtigste Zeit ist die letzte Epoche, die des Entscheidungskampfes, über die hinaus eine neue Epoche nicht mehr gedacht werden kann. In absoluten Begriffen denkt dieses Geschichtsbewußtsein: der absolute Widerspruch von Licht und Finsternis, von Gut und Böse, die unbedingte und endgültige Entscheidung, das unbedingte Nein und das unbedingte Ja, die miteinander ringen. Von packendster Gewalt, von höchster Dramatik, von letzter Verantwortung des einzelnen ist diese Geschichtsdeutung bewegt. Sie ist die große, ursprüngliche Form des menschlichen Geschichtsbewußtseins: die *religiös-absolute* Geschichtsphilosophie.

Sie kann zwei Grundformen annehmen. Die erste Form der absoluten Geschichtsphilosophie ist gekennzeichnet durch ein ausgesprochenes Gefühl, daß das Ende aller Zeiten nahe ist: das Reich Gottes steht kurz bevor, die Zeit der Entscheidung rückt näher, der große, der wirkliche „Kairos", der alles umwandeln wird, erscheint. Das ist die *revolutionär-absolute* Auffassung. Sie sieht das Ziel der Geschichte in einem „Reich von oben" oder in einem Sieg der Vernunft innerhalb dieser Welt. In beiden Fällen wird ein absolutes Nein über alles Vergangene und ein absolutes Ja über alles Zukünftige ausgesprochen. Diese Deutung der Geschichte ist grundlegend für jedes lebendige Geschichtsbewußtsein als diejenige Auffassung, in welcher der Begriff des Kairos erstmalig erfaßt ist.

Die zweite Form der absoluten Geschichtsphilosophie kann gekennzeichnet werden als eine *konservative* Umwandlung der revolutionären Form, wie sie von Augustin in seinem Kampf gegen die chiliastische Wiederbelebung des urchristlichen Glaubens an das unmittelbare Kommen des Reiches Gottes in der Geschichte entwickelt wurde. Der Hintergrund dieser Auffassung ist derselbe wie der der revolutionären Auffassung, nämlich die Vision eines Kampfes zwischen zwei Kräften in allen Epochen der Geschichte. Jedoch hat nach der konservativen Auffassung das entscheidende Ereignis bereits stattgefunden. Das Neue ist bereits siegreich eingegangen in die Geschichte, obwohl es noch von den Kräften der Finsternis angegriffen wird. Die Kirche in ihrer hierarchischen Struktur repräsentiert diese neue Wirklichkeit. Immer noch können Verbesserungen, Teilniederlagen und Teilsiege erwartet werden und die endgültige Katastrophe, in der das Böse zerstört wird und die Geschichte zu Ende geht. Aber innerhalb der Geschichte kann nichts wirklich Neues erwartet werden. Gegenüber dem Gegebenen wird eine konservative Haltung gefordert.

In beiden Formen der absoluten Geschichtsphilosophie, der konservativen wie der revolutionären, besteht die Gefahr, daß eine besondere geschichtliche Wirklichkeit absolut gesetzt ist, sei es eine bestehende Kirche, sei es das erwartete Vernunftreich; dadurch kommt die absolute Spannung in das Geschichtsbewußtsein hinein; aber dadurch wird auch erreicht, daß alle übrigen Wirklichkeiten entwertet werden. In der Augustinischen Auffassung, die im Grunde dem Selbstgefühl aller vorwiegend sakramentalen Kirchen entspricht, ist nur die Kirchengeschichte im eigentlichen Sinne Objekt der direkten geschichtsphilosophischen Wertung. Ihre inneren Spannungen und deren Ausgleich, ihre Abwehrkämpfe nach außen sind die Gesichtspunkte, unter denen die übrigen Ereignisse einbezogen und gewertet werden. Der Kampf für Gott und gegen die Welt, der die jeweils gegenwärtige geschichtliche Aufgabe ist, bedeutet praktisch einen Kampf für die Kirche oder die reine Lehre oder die Theokratie. Es ergeben sich dieser typisch kirchlichen Auffassung gegenüber also zwei Forderungen: den Kairos universal-geschichtlich zu fassen und ihn nicht zu beschränken auf die Vergangenheit, sondern ihn zu einem allgemeinen und auch gegenwartsbedeutenden Prinzip der Geschichtsphilosophie zu erheben.

Wieder und wieder brechen aus dem kirchlich-konservativen Bewußtsein die sektenhaft revolutionären Impulse hervor, sei es religiös oder profan, wobei es für die Kairosstimmung gleichgültig ist, ob das Unbedingte, das hervorbricht, jenseitig gedacht und von Gottes Tun erwartet wird, oder jenseitig gedacht, aber durch menschliches Tun vorbereitet, oder diesseitig als eine Schöpfung des menschlichen Geistes und eine

Tat revolutionierender Umwälzung. Ob die Utopien gegründet sind auf Ideen vom Naturrecht, wie Demokratie, Sozialismus und Anarchismus (Erben der religiösen Utopien), oder auf einem transzendenten Mythos – das Kairosbewußtsein ist in allen gleich stark und gleich unbedingt. Aber im Unterschiede von der konservativen Auffassung liegt der Kairos in der Gegenwart: „Das Reich ist nahe herbeigekommen". Diese Begeisterung jedoch für die Gegenwart und die ausschließliche Orientierung an der Zukunft in den revolutionären Bewegungen macht sie blind gegenüber dem Vergangenen. Die Sekten opponieren den kirchlichen Traditionen, das Bürgertum zerstört die aristokratischen Lebensformen, der Sozialismus kämpft gegen das bürgerliche Erbe. Die geschichtliche Vergangenheit verschwindet in dem dynamischen Drang in die Zukunft. Aus diesem Grunde ist sehr häufig ein ausgesprochen historisches Bewußtsein von mangelhafter Kenntnis der vergangenen Geschichte begleitet, zum Beispiel bei den proletarischen Massen, und umgekehrt zeigen oft Menschen mit einem umfassenden historischen Wissen eine Fremdheit und ein Mißverständnis der gegenwärtigen geschichtlichen Lage, zum Beispiel die bürgerlichen Historiker der letzten Jahrzehnte (ganz im Gegensatz zu den großen bürgerlichen Historikern des 18. Jahrhunderts mit ihren revolutionären Visionen). Für sie ist die Geschichte der Gegenstand kausaler Deutungen oder exakter Darstellungen, hat aber keine existentielle Bedeutung. Sie ist für sie nicht der Ort aktueller Entscheidungen. Dagegen wurde die revolutionär-absolute Deutung der Geschichte geschaffen von unterdrückten und unwissenden Menschen und einigen wenigen aus den gebildeten Klassen, die sich mit ihnen identifizierten. So war es schon im Urchristentum, bei den meisten mittelalterlichen Sekten, und so ist es in unserer Zeit. Der Mangel an Tradition war aber auch der Grund für die stark utopischen Elemente in all diesen Bewegungen. Ihre Unkenntnis der Vergangenheit verführte sie zu der Meinung, daß die Zeit der Vollkommenheit schon begonnen, daß die absolute Umwandlung nur noch Tage oder höchstens Jahre währe und daß sie selbst deren Repräsentanten und Träger seien.

Beide Formen der absoluten Geschichtsphilosophie werden gerichtet durch das Absolute selbst. Es verbietet die Ineinssetzung seiner selbst mit irgendeiner Wirklichkeit, einer vergangenen oder zukünftigen – es gibt keine absolute Kirche und kein absolutes Reich der Vernunft und Gerechtigkeit in der Geschichte. Ein unbedingt gesetztes Bedingtes, eine Einzelwirklichkeit, die mit göttlichen Prädikaten ausgestattet wird, ist widergöttlich, ist „Götze". Nur die prophetische Kritik, die vom Unbedingten ausgeht, zerbricht die absolute Kirche und die absolute Gesellschaft. Darum ist konservatives Kirchentum und revolutionärer Utopismus in gleicher Weise Götzendienst.

Das ist die Botschaft der sogenannten „Theologie der Krisis“, wie sie von Karl Barth in seinem machtvollen Kommentar zum Römerbrief vertreten wird. Keine endliche Realität kann Absolutheit für sich beanspruchen. Alles Bedingte wird vom Unbedingten gerichtet, unter das „Ja“ oder das „Nein“ gestellt. Die Geschichte ist demnach eine beständige Krisis, eine Krisis im doppelten Sinne des griechischen Wortes: Gericht und Scheidung. Kein Moment der Geschichte ist ohne diese Spannung, die Spannung zwischen dem Unbedingten und dem Bedingten. Die Krisis ist konstant. Der Kairos ist zu jeder Zeit gegeben, aber es gibt keine besonderen Momente in der Geschichte, die bevorzugt wären in bezug auf die Manifestation des Unbedingten (mit Ausnahme des einen Moments, den wir Jesus Christus nennen und der einen übergeschichtlichen Charakter hat). Die Geschichte als solche verliert ihre absolute Bedeutung, das ungeheure Gewicht, das sie für die revolutionären Geschichtsdeutungen besitzt. Vom Absoluten her gesehen wird die Geschichte indifferent.

Den beiden Grundformen der absoluten Geschichtsphilosophie, der konservativen und der revolutionären, tritt in dieser Lehre von der Krisis ein dritter Typus, der *indifferente* gegenüber. Er ist indifferent gegenüber den besonderen Höhen und Tiefen des Geschichtsprozesses. Eine Art „göttlichen Humors“ gegenüber der Geschichte wird gepriesen, der an die romantische Ironie oder Luthers Verständnis der Geschichte als des Bereiches des „fremden Handelns Gottes“ erinnert. Die Krisis wird nicht aktuell, sie bleibt abstrakt, jenseits jeder besonderen Kritik und jedes besonderen Urteils. Aber das ist nicht der Weg, auf dem die Krisis wirksam werden und das Negative überwunden werden kann. Das letzte ist nur möglich durch eine neue Schöpfung; denn das Negative wird nicht durch Negatives, sondern durch Positives überwunden.

Die Erscheinung des Neuen ist die konkrete Krisis des Alten, sie ist ihr Gericht in der Geschichte. Die neue Schöpfung kann schlechter sein als die alte, die durch sie in die Krisis gebracht wurde, aber ob schlechter oder besser, sie ist selbst dem Gericht unterworfen. Aber in dem besonderen geschichtlichen Augenblick ist sie *en kairo* („zur rechten Zeit“), während das Alte das nicht ist. Auf diese Weise erlangt die Geschichte das Gewicht und den Ernst, die ihr zukommen. Das Absolute – um einen berühmten Ausspruch Hegels zu variieren – ist nicht so ohnmächtig, als daß es vom Relativen sich absondern müßte. Es erscheint dem Relativen als Gericht und Schöpfung. Das führt zur Beschreibung der relativen Deutungen der Geschichte.

III.

Auch in der *relativen* Form der Geschichtsphilosophie unterscheiden wir drei Typen: den klassischen, den fortschrittlichen und den dialektischen. Das allgemeine Merkmal der relativen Richtungen ist ihre relativierende Haltung gegenüber allen geschichtlichen Ereignissen und demgemäß der Verlust der absoluten Spannungen. Dafür ist gewonnen eine gleichmäßige und universale Würdigung aller Erscheinungen auf Grund eines geschichtlichen Sinnes, der imstande ist, sich in jede Einzelerscheinung einzufühlen. So erobern die relativen Deutungen erst eigentlich die Fülle der geschichtlichen Wirklichkeit und geben die Möglichkeit, sie einzuordnen in eine allgemeine Geschichtsphilosophie.

Die *klassische* Geschichtsphilosophie kann unter das Motto gestellt werden, daß „jedes Zeitalter unmittelbar zu Gott ist". In jedem ist Entfaltung des menschlichen Wesens in der Fülle seiner Möglichkeiten; in jedem Zeitalter, in jedem Volk wird ein ewiger Gottesgedanke verwirklicht. Die Geschichte ist der große Wachstumsprozeß des Baumes der Menschheit; so sehen es Leibniz, Goethe und Ranke. Zeitalter und Völker sind nicht zu jeder Zeit in gleicher Weise Offenbarungen der Humanitas. Es gibt Unterschiede zwischen Blüte und Verfall, zwischen schöpferischer und erstarrter Periode; die Lebendigkeit des schöpferischen Prozesses ist der Wertmaßstab für die Perioden. Das verbindet die klassische Deutung der Geschichte mit dem ungeschichtlichen Naturalismus der Griechen, wie das besonders in Spenglers Physiognomik der Kulturkreise zum Ausdruck kommt. Hier ist jede Kultur ein Baum für sich mit tausendjähriger Lebensdauer und endgültigem Absterben. Die Geschichte ist zerrissen in einzelne, auf verschiedenem geographischen Boden erwachsende Lebensprozesse, die nichts miteinander zu tun haben. Die Krisis ist rein negativ der Übergang aus der schöpferischen in die technische Periode der Entwicklung, die zur unabwendbaren Selbstzerstörung führt.

Trotz der Beziehungen zwischen der klassischen und der naturalistischen Deutung der Geschichte unterscheiden sich beide in ihrer Grundhaltung. Die moderne Form der klassischen Geschichtsphilosophie gehört zum christlichen Humanismus und verleugnet nicht ihren christlichen Hintergrund trotz ihres Strebens nach der griechischen Lebensweise. Im Gegensatz zum tragischen Pessimismus der alten Welt besteht sie auf der schöpferischen Selbständigkeit der Geschichte.

Das ist der Berührungspunkt mit der *fortschrittlich-relativen* Geschichtsphilosophie. Gerade so, wie die religiöse Begeisterung der Urchristen (und vieler Sektierer) in der Erwartung auf das Weltende durch die dauernde Hinauszögerung dieses Endes und die Aufrichtung der Kirche in der Welt (oder der Sekten als großer Denominationen) sich abschwächte, werden die profanen revolutionären Bewegungen nach ihrem politischen Sieg und nach der sich notwendig ergebenden Enttäuschung über die Kluft zwischen Erwartung und Wirklichkeit relativistisch. In diesem Augenblick verengt sich die „Krisis“ zu Kritik. Radikaler Wandel wird zu langsamer Umformung, das Ideal rückt in eine ferne Zukunft, an Stelle der Begeisterung tritt kluge Berechnung der Möglichkeiten; und der Glaube, daß der Wendepunkt erreicht ist, wird ersetzt durch die Sicherheit eines kontinuierlichen Fortschrittes. Die religiöse Idee der stufenweisen Offenbarung wird profaniert zur fortschreitenden Erziehung des Menschengeschlechtes (Lessing).

Die fortschrittlich-relative Haltung kann einerseits die gemäßigten Elemente der Fortschrittsidee betonen. Sie wird dann immer mehr konservativ, verteidigt den „status quo“, klammert sich an das Gegebene, preist das Positive gegenüber dem Negativen und Kritischen und entwickelt eine positivistische Haltung und Philosophie. Wenn andererseits der Fortschrittsglaube das negativ-kritische Element der Fortschrittsidee hervorhebt, dann sind zwei Wege möglich: Entweder entwickelt sich ein gleichsam professioneller Kritizismus, der unfähig ist, irgendetwas Positives aufzunehmen und irgendwelche positiven Aussagen zu machen – ein leerer, oft zynischer, oft überkluger und oft verzweifelter Kritizismus, oder es entsteht eine Haltung, die unbedingt etwas Neues schaffen und das Gegebene nicht annehmen will. In diesem Falle verliert sie ihren relativen Charakter und wird absolut und revolutionär. Das Bewußtsein eines „Kairos“ wird möglich. So ist die Zweideutigkeit der fortschrittlichen Geschichtsdeutung sowohl ihre Gefahr als auch ihre Kraft.

Die Verbindung der klassischen mit der fortschrittlichen Geschichtsdeutung führt zur *dialektischen* Deutung: sie ist die höchste Form der relativen Deutungen. Sie lebt in den drei vielfach voneinander abhängigen Formen: der theologischen, idealistischen und soziologischen Geschichtsphilosophie.

Die theologische Form ist vorgebildet in der Verkündigung der drei Zeitalter, des Vaters, des Sohnes und des Geistes, durch Joachim von Floris im 12. Jahrhundert; sie ist aufgenommen in der Idee der drei Zeitalter durch die Führer der Aufklärung und des deutschen Idealismus und wirkt nach in den drei Stadien, dem theologischen, dem metaphysischen und dem positivistischen der Geschichtsphilosophie Comtes. Die idealistische Form der dialektischen Geschichtsphilosophie ist so typisch und eindrucksvoll von Hegel vertreten, daß es genügt, auf ihn Bezug zu nehmen, während die soziologische Form in der französisch-sozialistischen Romantik mit ihrer Unterscheidung der kritischen und organischen Perioden, aber vor allem in der ökonomischen Geschichtsauffassung durch Karl Marx bedeutungsvoll vertreten ist.

Ein gemeinsames Element aller drei Formen der dialektischen Deutung der Geschichte ist die positive Bewertung aller Perioden. Jede Periode ist mehr als eine bloße Stufe im Geschichtsprozeß. Sie hat ihre eigene Bedeutung und ewigen Wert. Außer ihrer Beziehung zum Absoluten hat sie aber auch Beziehung zu anderen geschichtlichen Perioden. Sie ist mehr oder weniger vollkommen im Vergleich mit den anderen. In jeder Periode besteht „Unmittelbarkeit" zum Unbedingten und gleichzeitig ein Fortschritt gegenüber den früheren Perioden. Die klassische und die fortschrittliche Geschichtsphilosophie sind in der dialektischen Methode vereint.

Die dialektischen Deutungen der Geschichte (theologisch, idealistisch und soziologisch) zeigen eine Zweideutigkeit ähnlich der in der fortschrittlichen Deutung. Sie können mehr absolut und mehr relativ verstanden werden. Nach Joachim, Hegel, Marx und Comte ist die letzte Periode der Geschichte „nahe herbeigekommen". Das kann schon im Schoße der gegenwärtigen Periode erkannt werden (für Hegel ist die eigene Philosophie der Augenblick ihrer Geburt). Das Zeitalter des „Heiligen Geistes", das Stadium des „vollkommenen Selbstbewußtseins", „die klassenlose Gesellschaft", die Begründung der Religion der positiven Wissenschaft bedeuten Endstadien. Sie sind im absoluten Sinne *kairoi*. Bei all diesen Dialektikern der Geschichte, selbst bei Hegel in seinem Prinzip der Negation, ist ein revolutionärer Impuls sichtbar. Von dieser Seite ihres Denkens her gehören sie zu den revolutionär-absoluten Deutern der Geschichte. Jedenfalls wurden Joachim von Floris und Karl Marx von ihren revolutionären Nachfolgern in diesem Sinne verstanden. Es gibt jedoch noch eine andere Seite: das dialektische Denken unterwirft jeden Moment der Zeit dem „Ja" und „Nein". Weder verneint es bedingungslos das Vergangene, noch bejaht es bedingungslos das Zukünftige. Das Zeitalter des Geistes in Joachims Schau wird durch die Zeitalter des Vaters und des Sohnes vorbereitet. Was verhindert aber die Heilsgeschichte, etwas Neues im Schoße des Zeitalters des Geistes vorzubereiten? Nach Hegel sind die germanischen Völker die letzten Träger des Prozesses, in dem die absolute Idee sich verwirklicht. Aber warum soll das Prinzip der Negation allein bei den germanischen Völkern unwirksam sein? Die Alternative der organischen und kritischen Perioden im französischen Sozialismus erkennt dem Mittelalter einen hohen Wert zu. Aber warum soll die nächste organische Periode, der Sozialismus, gegen eine neue „kritische“ Periode geschützt sein? Und warum soll die Periode des Positivismus, die doch ein Kind der Religion und der Metaphysik ist, nicht eine andere höhere Periode gebären? – eine Frage, die wir an Comte richten. Und warum schließlich soll die klassenlose Gesellschaft, die Marx erwartet, das Ende der historischen Dialektik sein? Warum soll das Proletariat nach seinem Sieg nicht wieder einer Spaltung unterliegen, die der ähnlich ist, wie sie das siegreiche Bürgertum erleben mußte? Ein absoluter Zustand als das Ende des dialektischen Prozesses ist ein Widerspruch zum dialektischen Prinzip. Das ist eine Idee, die aus der revolutionär-absoluten Deutung der Geschichte stammt. In dieser Zweideutigkeit manifestieren sich die Grenzen der dialektischen Geschichtsdeutung: entweder muß der dialektische Prozeß willkürlich beendet werden, oder man muß zu einer Lehre der unendlichen Wiederholung zurückkehren.

IV.

Die letzten Betrachtungen haben uns das Ringen um eine Geschichtsdeutung gezeigt, die dem Sinn des Kairos gemäß ist. Wir haben die verschiedenen Auffassungen dargestellt und schematisiert, um aus ihnen die Forderungen zu entnehmen, die die Idee des Kairos an eine Geschichtsdeutung stellt. Es sind nun zunächst zwei Hauptforderungen, die sich aus den beiden Hauptgruppen der Geschichtsauffassung herleiten lassen: aus den absoluten Formen die Forderung der absoluten Spannung des Geschichtsbewußtseins, aus der relativen Form die Forderung universalen geschichtlichen Denkens. Zu verwerfen ist dagegen: einerseits jeder Versuch, eine historische Erscheinung allen anderen gegenüber absolut zu setzen; andererseits die Gleichmachung aller Epochen in einem Prozeß endloser Wiederholung relativer Dinge. Es ist also an eine kairosbewußte Geschichtsphilosophie die Doppelforderung zu stellen: die absolute Spannung mit dem Universalismus der relativen zu vereinigen. Diese Forderung aber enthält eine Paradoxie: das, was im Kairos geschieht, soll absolut und doch nicht absolut sein – aber es muß unter dem Gericht des Absoluten stehen.

Es gibt nun aber für diese Forderung keine andere Erfüllung als die, daß das Bedingte sich selbst aufhebt und sich dadurch zum Organ macht für das Unbedingte. Das Verhältnis des Bedingten zum Unbedingten – im persönlichen wie im sozialen Leben – ist entweder ein Offensein des Bedingten für die dynamische Gegenwart des Unbedingten oder eine Abschließung des Bedingten in sich selbst. Das endliche

Leben wendet sich entweder dem Unbedingten zu oder von diesem ab in sich selbst zurück. In jedem vollkommenen Glauben an den Kairos liegt als letzte Tiefe die Hinwendung auf das Unbedingte; solche Hinwendung kann in religiösen oder profanen Symbolen Ausdruck finden – als die Erwartung des transzendenten Reiches Gottes oder des tausendjährigen Reiches der Herrschaft Christi oder als das dritte Zeitalter der Weltgeschichte oder als das Endstadium der Gerechtigkeit und des Friedens. Wie verschieden auch immer das Geschichtsbewußtsein bei der Verwendung des einen oder des anderen dieser Symbole sein mag, das Bewußtsein des Kairos als des entscheidenden Moments in der Geschichte kann in jedem von ihnen ausgedrückt werden.

Offenheit für das Unbedingte, Hinwendung zu ihm, Träger und Gefäß des Unbedingten – das alles sind Metaphern für eine und dieselbe Wirklichkeit. Aber diese Ausdrücke bleiben alle weitgehend abstrakt und bedürfen noch einer viel konkreteren Sinndeutung. Ein Zeitalter, das sich dem Unbedingten öffnet und den Kairos in sich aufnehmen kann, ist nicht notwendigerweise ein Zeitalter der „Frömmigkeit".

Die Summe aller Frommen kann in einer „unfrommen" Zeit größer sein als in einer „frommen" und umgekehrt. Aber ein dem Unbedingten zugewandtes und offenes Zeitalter ist ein solches, in dem das Bewußtsein von der Gegenwart des Unbedingten alle kulturellen Funktionen und Formen durchdringt und leitet. Das Göttliche ist für ein solches Bewußtsein kein Problem, sondern Voraussetzung. Seine „Gegebenheit" ist sicherer als alles andere. Das findet seinen Ausdruck zunächst in der allbeherrschenden, unerschütterlichen Kraft der religiösen Sphäre; aber es ist nicht so, als ob die Religion als besondere Form des Lebens die übrigen Formen regierte, sondern sie ist das Lebensblut, das innere Schwingen, der letzte Sinn alles Lebens. Das „Heilige" durchglüht, erfüllt, begeistert die gesamte Wirklichkeit und alle Seiten des Daseins. Es gibt keine profane Natur und Geschichte, kein profanes Ich und keine profane Welt. Die Geschichte ist heilige Geschichte, alles Geschehen trägt mythischen Charakter, Natur und Geschichte sind nicht voneinander getrennt. Die Trennung von Subjekt und Objekt fehlt gleicherweise. Die Dinge werden mehr als Mächte denn als Dinge betrachtet. Darum ist das Verhältnis zu den Dingen nicht das der rationalen Beherrschung, sondern das der unmittelbaren geistigen Gemeinschaft und der „magischen" Einwirkung im weiteren Sinne des Wortes. Und die Erfassung der Dinge hat nicht den Zweck, sie zu analysieren, um sie zu beherrschen, sondern um ihren inneren Sinn, ihr Geheimnis und ihre göttliche Bedeutung zu finden.

Offensichtlich spielen in einer solchen Zeit die Künste eine viel größere Rolle als in einem wissenschaftlichen oder technischen Zeitalter. Sie offenbaren den Sinn des Mythos, aus dem heraus jeder einzelne lebt. Auch soziale oder politische Handlungen können nicht außerhalb der Macht der göttlichen Sphäre gedacht werden. Der einzelne ist vollständig umgeben und getragen von der alles durchdringenden geistigen Substanz, aus der ihm Segen und auch Fluch kommt. Ihr kann er nicht entgehen. Nur in den extremen Fällen der Berufung oder der Revolte kann sich der einzelne der Gesamtheit, zu der er gehört, entziehen. Individuelle Religion, individuelle Kultur, individuelles Gefühlsleben, individuelle Wirtschaftsinteressen sind in dieser Geisteslage unmöglich. – Wir wollen solche Geisteslage theonom nennen, nicht in dem Sinne, daß in ihr ein Gott Gesetze gibt, sondern in dem Sinne, daß die innere Gesetzmäßigkeit eines solchen Zeitalters durch die unmittelbare Hinwendung und Offenheit für das Göttliche bestimmt ist.

Wie konnte solch ein geschichtlicher Zustand verschwinden? Wodurch wurde die ursprüngliche Theonomie zerstört? Die Antwort darauf ist das immer gegenwärtige, immer antreibende, immer rastlose Prinzip der „Autonomie". Genau so wenig, wie die Theonomie eine Situation beschreibt, in der Gott Gesetze gibt, bedeutet Autonomie Gesetzlosigkeit. Sie bedeutet die Anerkennung von Strukturen und Gesetzen der Wirklichkeit, wie sie im menschlichen Geist und seinen Strukturen und Gesetzen vorliegen. Autonomie bedeutet Gehorsam gegenüber der Vernunft, dem der Wirklichkeit und dem Geist innewohnenden Logos. Die Autonomie wirkt sowohl in der theoretischen als auch in der praktischen Sphäre der Kultur. Sie setzt an Stelle der mystischen die rationale Natur, an Stelle des mythischen das historische Geschehen, an Stelle der magischen Kommunion die technische Beherrschung. Sie konstituiert die Gemeinschaften vom Zweck her und die Sittlichkeit von der individuellen Vollkommenheit. Sie analysiert alles, um es nachher rational wieder zusammenzusetzen. Sie macht die Religion zur Sache persönlicher Entscheidung und stellt das Innenleben des einzelnen auf sich selbst. Und mit der geistigen und ethischen Individualisierung entfesselt sie auch die Kräfte der autonomen Politik und Wirtschaft.

Die Autonomie ist immer als Tendenz vorhanden, sie stößt und drängt unter der Decke jeder theonomen Geisteslage: „der heimliche Impressionist, der in jedem echten Künstler ist" (Hartlaub) und der heimliche Astronom, der in jedem echten Astrologen, und der heimliche Mediziner, der in jedem echten Medizinmann ist, die Macht der technisch-wissenschaftlichen Notwendigkeit in Krieg, Industrie und Ackerbau, die rationalisierende Kraft der Zentralisation von Religion und Staat, die individualisierende Kraft lebendiger Frömmigkeit und nicht zuletzt der Kampf der ethischen gegen die kultische Heiligkeit – das alles ist in jedem Augenblick wirksam und will die Bande der theonomen Geisteslage sprengen. Der Ausgang dieses Kampfes kann sehr verschieden sein. Die theonome Haltung kann so stark sein, daß die Autonomie fast kampflos unterliegt: so in den primitiv gebliebenen Bewußtseinslagen. Oder sie kann einen bestimmten Grad von Rationalisierung erreichen, bei dem dann Halt gemacht und den Formen, die so geschaffen sind, die theonome Weihe gegeben wird: so in China. Oder die Rationalisierung kann sofort durch die Weltformen hindurchstoßen zu dem Weltprinzip und zur innerreligiösen Mystik werden: so in Indien. Oder die Autonomie kann im innerreligiösen Bereich bleiben, wie im Protestantismus. Oder sie kann einen vollständigen Sieg erringen, wie im alten Griechenland und in der modernen Aufklärung. Oder sie kann nach einer siegreichen Periode teilweise besiegt werden, wie zu Ende des Altertums und in der antiautonomen Haltung der protestantischen Orthodoxie und der Gegenreformation. Jedes dieser Ereignisse ist ein Wendepunkt in der Geschichte. So wurde es von den Zeitgenossen empfunden, und so ist es in der Geschichte überliefert. Jedes kann als ein „Kairos", ein herausgehobener Moment im zeitlichen Prozeß, betrachtet werden, als ein Moment, in dem das Ewige in das Zeitliche einbricht, dieses erschüttert und umwendet und eine Krisis schafft im tiefstem Grunde der menschlichen Existenz.

Die Autonomie ist das dynamische Prinzip der Geschichte. Theonomie andererseits ist die Substanz und der Sinn der Geschichte. Welches sind nun die Beziehungen der beiden zueinander? Als erstes muß festgestellt werden, daß Autonomie nicht notwendig eine Abwendung vom Unbedingten bedeutet. Sie ist vielmehr gehorsame Anerkennung des unbedingten Charakters des Logos, der universalen Vernunft in Welt und Geist. Sie ist die Anerkennung der Normen von Wahrheit und Gerechtigkeit, Ordnung und Schönheit, Persönlichkeit und Gemeinschaft. Sie ist Gehorsam gegenüber den Prinzipien der individuellen und gesellschaftlichen Kultur. Diese Prinzipien haben unbedingte Gültigkeit. Gehorsam ihnen gegenüber bedeutet Gehorsam gegenüber dem Logoselement im Unbedingten. Der Unterschied jedoch zwischen Autonomie und Theonomie besteht darin, daß in einer autonomen Kultur die kulturellen Formen nur in ihren endlichen Beziehungen, in einer theonomen Kultur dagegen in ihrer Beziehung zum Unbedingten erscheinen. Autonome Wissenschaft beschäftigt sich zum Beispiel mit den logischen Formen und der Faktizität der Dinge, Theonomie dagegen darüber hinaus mit ihrem letzten Sinn und ihrer existentiellen Bedeutung. Autonomie ist nicht irreligiös, obwohl sie nicht als Träger der

Religionen dienen kann. Sie ist mittelbar religiös durch die kulturellen Formen hindurch, sie ist nicht unmittelbar religiös. Die Demut des wissenschaftlichen Forschers ist religiös, doch manifestiert sie sich nicht religiös, sie ist nicht theonom. Das Heroische der stoischen Selbstbeherrschung ist religiös, aber nicht theonom. Das Geheimnis in Leonardos Mona Lisa ist religiös; aber es verrät seine Religiosität nicht. Wenn nun sowohl Theonomie als auch Autonomie auf das Unbedingte bezogen sind, können wir dann zwischen beiden nach unserem Geschmack, unserer Stimmung oder unserer sozialen Tradition frei wählen? In der Frage ist die Antwort enthalten. Wo sie gestellt wird, ist die Theonomie bereits verloren gegangen. Solange die Theonomie mächtig ist, gibt es keine Alternative. Wenn ihre Macht gebrochen ist, kann sie in ihrer alten Form nicht wiederhergestellt werden; der autonome Weg muß bis zu Ende gegangen werden, nämlich bis zu dem Zeitpunkt, in dem eine neue Theonomie in einem neuen Kairos erscheint.

Eine neue Theonomie bedeutet weder die Verneinung der Autonomie, noch den Versuch, sie und ihre schöpferische Freiheit zu unterdrücken. Für solche Versuche, die oft, mit oder ohne Erfolg, gemacht worden sind, benutzen wir den Ausdruck „heteronom". Die Heteronomie unterwirft den menschlichen Geist einem fremden Gesetz, sei es religiös oder profan. Sie mißachtet die Logos-Struktur des Geistes und der Welt. Sie zerstört die Ehrlichkeit und die Wahrheit und die Würde der moralischen Persönlichkeit. Sie untergräbt die schöpferische Freiheit und die Menschenwürde. Ihr Symbol ist der „Terror", der durch die absoluten Kirchen oder die absoluten Staaten ausgeübt wird. Wenn die Religion heteronom wird, hat sie aufgehört, Substanz und Lebensblut einer Kultur zu sein, sie ist zu einem Teilstück geworden, das seine theonome Größe vergessen hat und eine Mischung von Arroganz und Defaitismus darstellt.

Die Theonomie steht nicht wie die Heteronomie im Gegensatz zur Autonomie. Die Theonomie ist die Antwort auf die Frage der Autonomie nach der religiösen Substanz und dem letzten Sinn des Lebens und der Kultur. Die Autonomie kann solange existieren, wie sie aus der religiösen Tradition der Vergangenheit und aus den Resten einer verlorenen Theonomie Kräfte beziehen kann. Diese geistige Grundlage geht aber immer mehr verloren. Die Autonomie wird immer leerer, immer formaler, immer mehr aufs Tatsächliche gerichtet und wird in Skeptizismus und Zynismus, Sinnverlust und Ziellosigkeit getrieben. Die Geschichte autonomer Kulturen ist die Geschichte einer fortlaufenden Verschwendung geistiger Substanz. Am Ende dieses Prozesses sehnt sich die Autonomie in ihrer Ohnmacht zu der verlorenen Theonomie zurück oder blickt auf eine zukünftige neue Theonomie in einer Haltung schöpferischen Wartens, bis der Kairos erscheint.

Kairos in seinem *einzigartigen* und universalen Sinn ist für den christlichen Glauben das Erscheinen Jesu als des „Christus". Kairos in seinem *allgemeinen* und speziellen Sinn ist für den Geschichtsphilosophen jeder Wendepunkt in der Geschichte, in dem das Ewige das Zeitliche richtet und umwandelt. Kairos in seinem *besonderen Sinn für uns,* in seinem für unsere augenblickliche Lage entscheidenden Charakter ist das Hereinbrechen einer neuen Theonomie auf dem Boden einer profanierten und entleerten autonomen Kultur.

In diesen Ausführungen und ihren dialektischen Beziehungen liegt die Antwort auf die Grundfrage der Geschichtsphilosophie: Wie kann der absolute Charakter, der einen Kairos kennzeichnet, mit der Relativität des allgemeinen Geschichtsprozesses vereinigt werden? Die Antwort ist folgende: Die Geschichte kommt aus theonomen Zeitaltern und bewegt sich auf solche zu; das sind Perioden, in denen das Bedingte dem Unbedingten geöffnet ist, ohne den Anspruch zu erheben, selbst unbedingt zu sein. Die Theonomie vereinigt das absolute und das relative Element in der Deutung der Geschichte: die Forderung, daß alles Relative zum Träger des Absoluten wird, und die Einsicht, daß nichts Relatives jemals zum Absoluten selbst werden kann. Diese Lösung räumt den besprochenen Deutungen der Geschichte eine begrenzte Wahrheit ein.

Die konservativ-absolute Geschichtsphilosophie kehrt wieder in dem Kampf der Theonomie, dem „Kampf zwischen Glaube und Unglaube", wie er genannt worden ist. Dieser Kampf geht durch die ganze Geschichte und trägt in sich die höchste Spannung, aber er ist nicht identisch mit dem Kampf um die historische Kirche.

Die revolutionär-absolute Geschichtsphilosophie ist im Recht, wenn sie die absolute Spannung auf absolute Erfüllung betont, wie sie in jedem Kairos erfahren wird. In jedem Kairos ist „das Reich Gottes nahe herbeigekommen", denn in ihm vollzieht sich eine welthistorische, unwiederholbare, einmalige Entscheidung für oder gegen das Unbedingte. Deshalb ist jeder Kairos, wenn auch verhüllt, der universale Kairos, der sich in seiner Einmaligkeit manifestiert hat in der Erscheinung des Christus, aber er bringt die Erfüllung nicht in der Zeit.

Die Warnung der indifferent-absoluten Geschichtsdeutung, daß kein besonderer Augenblick der Geschichte absolut gesetzt und zum Götzen gemacht werden dürfe, führt zu der entscheidenden Einsicht: alles kann zum Gefäß des Unbedingten, aber nichts kann selber unbedingt werden. Aus dieser Einsicht entsteht keine Indifferenz gegenüber der Geschichte, sondern eine Haltung, welche die Geschichte absolut ernst nimmt.

Die klassisch-relative Geschichtsphilosophie ist im Recht mit ihrer Vorstellung der Menschheit als eines Ganzen, mit ihrer Betonung der Autonomie, mit ihrer Anerkennung der nationalen, regionalen und traditionellen Verschiedenheiten innerhalb der Menschheit und den speziellen Bedingungen eines jeden Kairos, aber sie erkennt die absoluten Entscheidungen, die mit einem Kairos verbunden sind, nicht an.

In jedem umgestaltenden Handeln ist ein Glaube an den Fortschritt enthalten. Fortschrittsgläubigkeit ist die Philosophie des Handelns. Aus dem Kairos handeln bedeutet in Richtung auf die Theonomie handeln, und das bedeutet Fortschritt von einer noch nicht oder nicht mehr verwirklichten Theonomie in Richtung auf ihre Verwirklichung. Soweit ist die fortschrittlich-relative Geschichtsphilosophie im Recht. Sie ist aber im Unrecht, wenn sie das Gesetz des Handelns zum Gesetz des Seins erhebt, denn es gibt kein universales Gesetz des Fortschritts. Der Kampf zwischen der Theonomie und ihren Widersachern geht immer weiter und wird umso schärfer und verhängnisvoller, je mehr der technische Fortschritt die Erde verändert und die Völker zu gemeinsamen schöpferischen und gemeinsamen zerstörerischen Aktionen gleichzeitig zusammenbindet.

Die Philosophie des Kairos hat einen engen Bezug zu dialektischen Deutungen der Geschichte. Theonomie, Autonomie und Heteronomie sind dialektisch miteinander verbunden, denn jede dieser Ideen strebt über sich selbst hinaus. Aber es gibt auch wichtige Unterschiede. In der Lehre des Kairos gibt es kein Endstadium, in dem die Dialektik entgegen ihrem Wesen aufhörte, wirksam zu sein. In der Lehre vom Kairos wirkt nicht nur die horizontale Dialektik des historischen Prozesses, sondern auch die vertikale Dialektik zwischen dem Unbedingten und dem Bedingten. Und schließlich gibt es nach der Lehre vom Kairos keine logische, physikalische oder ökonomische Notwendigkeit im historischen Prozeß. Er bewegt sich in der Einheit von Freiheit und Schicksal, die die Geschichte von der Natur unterscheidet.

V.

Wir sind der Überzeugung, daß gegenwärtig ein Kairos, ein epochaler Geschichtsmoment, sichtbar ist. Diese Überzeugung zu begründen, ist hier nicht der Platz; es mag auf die immer wachsende kulturkritische Literatur hingewiesen werden, vor allem aber auf Bewegungen, in denen das Krisenbewußtsein lebendige Gestalt angenommen hat. Beweise zwingender Art sind das alles nicht, es kann sie auch nicht geben.

Denn das Bewußtsein des Kairos ist abhängig von einem inneren Erfaßtsein durch das Schicksal der Zeit. Es kann da sein in dumpfer Sehnsucht der Massen, es kann sich klären und formen in einzelnen Kreisen bewußter Geistigkeit; es kann Kraft gewinnen im prophetischen Wort; aber es kann nicht demonstriert und aufgezwungen werden; es ist Tat und Freiheit, wie es zugleich Gnade und Schicksal ist.

Die stärkste kairosbewußte Bewegung scheint uns zur Zeit der Sozialismus zu sein. „Religiöser Sozialismus" ist der Deutungs- und Gestaltungsversuch des Sozialismus vom Standpunkt der Theonomie, vom Kairos her. Er geht von der Voraussetzung aus, daß in dem tatsächlichen Sozialismus eine Reihe von Elementen enthalten sind, die der Idee des Kairos zuwider sind, die unzeitgemäß sind, in denen ursprünglich autonom-schöpferische Ideen verderbt sind. Religiöser Sozialismus nimmt darum ebenso energisch die Kulturkritik des Sozialismus auf und sucht sie zur letzten Tiefe hinzuführen, wie er vom Unbedingten her die Kritik gegen den Sozialismus selber wendet.

Im gegenwärtigen Sozialismus sind verbunden der revolutionär-absolute Typus in der Form der Diesseitigkeit und der dialektisch-relative Typus in der Form der ökonomischen Geschichtsdeutung. Aber es ist nicht gelungen, beide vom Unbedingten her auszugleichen. Das Unbedingte ist nicht als Unbedingtes in seiner positiven und negativen Bedeutung erfaßt. Nicht in seiner positiven als das Prinzip der Theonomie, das alle Seiten unserer Zivilisation, einschließlich Wirtschaft und Politik, richtet und umwandelt. Und es wird nicht die negative Kraft des Unbedingten gesehen, die die Träger der Krisis gleich denen, die von ihnen kritisiert werden, unter das Gericht stellt und die erhaben bleibt auch über jeden kommenden Weltzustand. Die Ursache dieses doppelten Scheiterns liegt darin, daß der Sozialismus sich trotz aller Kritik des „bürgerlichen Zeitalters" nicht von dem verderblichen Element desselben hat freihalten können, dem Versuch, das Unbedingte von der Sphäre des Denkens und Handelns fernzuhalten und demgemäß mit Technik und Taktik die neue Weltepoche zu schaffen. Er sah nicht, daß er damit gerade die alte verlängerte. Der Sozialismus sah den Kairos, aber er sah nicht seine Tiefe; er sah nicht, in welchem Maße er selbst unter der Krisis stand. Wenn er die „bürgerliche" Wissenschaft bekämpfte, so sah er nicht, wie er selbst die Grundvoraussetzung dieser Wissenschaft, das rein gegenständlich-objektivierende Verhalten zu der Welt, dem Geist und der Geschichte, teilte und trotz eines völlig anderen Grundimpulses in den Banden einer ihrer Richtungen lag. Wenn er die ästhetisch-aristokratische Kunst verneinte, so sah er nicht, daß er mit seiner Erhebung der inhaltlichen, ethischpolitisch bestimmten Kunst auf dem anderen Pol derselben Linie stand. Wenn er in der Pädagogik die „Aufklärung“ und die technische Disziplinierung von Intellekt und Wille zum Ziele wirtschaftlicher und politischer Machterwerbung in den Mittelpunkt stellte, so fühlte er nicht, daß er damit die Grundstimmung seiner Gegner übernahm, daß er sie mit der Waffe zu bekämpfen suchte, durch die jene die Seelen verstumpft und die Leiber zu Maschinenteilen gemacht hatten. Wenn er die höchstmögliche Steigerung des wirtschaftlichen Wohlbefindens der meisten zum alles entscheidenden Vordergrundziel machte, so sah er nicht, daß er damit lediglich ein Konkurrent des Kapitalismus wurde, der glauben kann, dasselbe mit sozialer Fürsorge und Beschäftigung besser zu machen, anstatt sein entschlossener Gegner schon in der Zielsetzung zu werden. Wenn er geistiges und religiöses Leben um seinen Selbstwert zu bringen suchte und es als Ideologie ansah, so fühlte er nicht, daß er damit die Wirtschafts- und Lebensgesinnung des materialistischen Kapitalismus stärkte. Wenn er den atomistischen Einzelnen als letzte Wirklichkeit betrachtete und ihn dann durch Solidarität der Interessen mit den andern zu verbinden suchte, so sah er nicht seine Abhängigkeit von der Auflösung der liberalen Gesellschaft und der falschen Annahme, daß menschliche Gruppen letztlich durch den „Kampf ums Dasein“ bestimmt werden. Wenn er die Religion in ihrer kirchlich-dogmatischen Form bekämpfte und dazu alle Kampfmittel und Schlagworte der liberalen Kirchenbekämpfung übernahm, so sah er nicht, daß er damit in Gefahr geriet, die Wurzeln abzuschneiden, aus denen allein ihm selbst Enthusiasmus, Weihe, „Heiligkeit“ und unbedingte Hingabe strömen können: das unbedingte Ja zum Unbedingten, ganz gleich in welchen Formen oder Symbolen.

In all diesen Dingen will der religiöse Sozialismus die Kritik weitertreiben, tiefer durchführen, zum letzten entscheidenden Punkt bringen; er will radikaler, revolutionärer sein als der Sozialismus, weil er vom Unbedingten her die Krisis zeigen will. Er will dem Sozialismus das Bewußtsein des gegenwärtigen Kairos geben.

Aus diesem Willen folgt nun aber zuletzt, daß der religiöse Sozialismus ständig bereit ist, sich selbst unter die Kritik des Unbedingten zu stellen. Weitaus die größte Gefahr scheint mir für die Bewegung da vorzuliegen, wo die „Religion“ benutzt wird um der Taktik willen. Hier wird das bürgerliche Element, das der Sozialismus mitschleppt, in verhängnisvoller Weise bekräftigt. Eine „Freundschaft“ des gegenwärtigen Sozialismus mit den gegenwärtigen Kirchen hemmt das Kommen des Kairos, indem sie wechselseitig diejenigen Elemente stärkt, die ausgeschieden werden müssen. Der religiöse Sozialismus darf zur

Zeit weder eine kirchenpolitische noch eine parteipolitische Bewegung werden, weil er dadurch die rücksichtslose Energie verliert, Kirchen und Parteien unter das Gericht des Unbedingten zu stellen.

Der religiöse Sozialismus sollte jedenfalls vermeiden, den Sozialismus als ein religiöses Gesetz anzusehen, unter Berufung auf die Autorität Jesu oder der Urgemeinde. Es gibt aber keinen direkten Weg vom Unbedingten zu irgendeiner konkreten Lösung. Das Unbedingte ist nie Gesetz und Hüter einer bestimmten Form des geistigen oder gesellschaftlichen Lebens. Die Inhalte des geschichtlichen Lebens sind Aufgaben und Wagnis des schöpferischen Geistes. Die Wahrheit ist lebendige Wahrheit, schaffende Wahrheit und nicht Gesetz. Sie ist niemals und nirgends ein abstraktes Gebot, sondern lebendige Geschichte mit ihrer Unendlichkeit konkreter Aufgaben, deren Lösung jede Epoche erfüllt.

Eine Frage noch mag sich erheben und eine kurze Antwort finden: Ist es möglich, daß die Botschaft vom Kairos ein Irrtum ist? Die Antwort ist nicht schwer: Die Botschaft ist immer ein Irrtum; denn sie sieht das in unmittelbarer Nähe, was ideal betrachtet nie Wirklichkeit wird und real betrachtet sich in langen Zeiträumen erfüllt. Und die Botschaft vom Kairos ist nie ein Irrtum; denn wo sie als Botschaft vom Unbedingten her verkündigt wird, da ist der Kairos schon da; es ist nicht möglich, daß er verkündigt wird, ohne diejenigen ergriffen zu haben, die ihn verkündigen.

KAIROS II

Ideen zur Geisteslage der Gegenwart

I

Von der Geisteslage der Gegenwart zu reden, kann einen doppelten Sinn haben. Es kann dies bedeuten, daß man sich aus der zufälligen Lage, in der man sich befindet, auf eine höhere, allgemeinere Warte erhebt, daß man von da aus in der eigenen Lage ein Stück der Gesamtlage der Zeit und in der Gesamtlage der Zeit ein Glied des historischen Prozesses sieht, der durch die Zeiten geht. Das ist die eine Möglichkeit der Betrachtung. Sie kann mehr historisch zuschauend oder mehr kritisch wertend oder mehr philosophisch konstruierend vorgenommen werden. Im allgemeinen wird keins der drei Elemente fehlen. Denn der Gegenwart kann man nicht nur zuschauen; man ist zu tief mit ihr verbunden, um nicht in das Seinsurteil eine Wertung und in die Wertung eine Zukunftserwartung einfließen zu lassen. Das alles ist in der Ordnung, macht aber die Betrachtung der Geisteslage der Gegenwart zu einer sehr subjektiven Angelegenheit, im Grunde zu einer Mitteilung über den Ort, an dem man selber steht. Je höher in einem solchen Falle der eigene Ort liegt, je weiter der Blick ist, der von ihm aus sich bietet, desto umfassender und eindrucksvoller wird eine solche Betrachtung trotz ihrer individuellen Grundlage sein können. Sie wird gelegentlich weitesten Beifall und allgemeine Erregung hervorrufen – wie etwa die Untergangsprognose, die Spengler unserer Kultur stellte. Aber die Zeit wird die Wirkung schnell wegspülen, die Erregung wird sich legen: ein interessantes Zwischenspiel, nicht mehr.

Dies ist die eine Art der Betrachtung. Wir können sie die verantwortungslose nennen, auch wo sie wertet und Zukunftserwartungen ausspricht. Denn sie nimmt die Verantwortung nicht auf sich selbst. Und sie kann es nicht; denn sie kennt keinen Ort der Betrachtung, der höher liegt, als die Überzeugung und die Blickweite des Betrachtenden selbst. Gäbe es nun einen solchen Ort, so wäre damit die andere Möglichkeit gegeben, von der Geisteslage der Gegenwart zu reden, eine Möglichkeit, die wir die verantwortliche nennen können. Ist ein solcher Ort zu finden? Es ist die gleiche Frage, die Troeltsch mit so viel Leidenschaft gestellt hat, wenn er vom Historismus und seiner Überwindung sprach. Denn Historismus, das ist ein Name für jene unverantwortliche Stellung zur Geschichte. – Es kann kein Zweifel sein: Troeltsch, und das heißt die Zeit, deren Ausdruck er war, hat den Historismus nicht überwunden, hat den Ort nicht genannt, von dem aus er überwunden ist. Überwunden ist, nicht überwunden werden kann oder wird: denn es handelt sich nicht um etwas, das von irgendeiner Zeit getan werden kann, sondern um etwas, das zu jeder Zeit schon getan ist, und zu dem sich jede Zeit hinfinden kann und muß. Wir haben darum kein Recht, uns über die vergangene Zeit des Historismus zu erheben. Denn in ihrem Geständnis, nicht überwinden zu können, und in der Verzweiflung dieses Geständnisses liegt vielleicht das Finden, dem wir auf Grund dieser Verzweiflung Ausdruck geben können.

Denn wenn ein Ort gefunden werden soll, der über dem höchsten Ort liegt, auf dem ein Künder der Gegenwart stehen kann, so darf dieses kein Ort sein, auf dem es möglich wäre zu stehen. Dann wäre es wieder nur ein Standpunkt, dem ein anderer Standpunkt gegenübergestellt werden könnte. Dann wäre also nichts erreicht. Nur ein solcher Standpunkt kann also gemeint sein, der jeden Standpunkt erschüttert, aufhebt, zur Verantwortung zieht. Das aber wäre, bildlich gesprochen, ein Punkt, eine Richtung, woher und wohin, eine Höhe über jeder möglichen Höhe, also die absolute, für jeden Vergleich unzugängliche Höhe. Nur das schlechthin Unzugängliche, Unvergleichliche, Unbedingte befreit vom Historismus und stellt die Zeitbetrachtung unter die unentrinnbare Verantwortung.

Es hat Menschen gegeben, die von hier aus die Geisteslage einer Gegenwart gedeutet haben. Auch sie standen an einem Ort in der Zeit; nur darum konnten sie die Zeit deuten. Aber das, was sie zu sagen hatten, war nun gerade die Erschütterung dieses ihres Standpunktes und aller anderen Standpunkte, der höchsten und der niedrigsten. Zwar wurde ihr Wort selbst wieder für sie und andere zu einem Ort, gewöhnlich dem höchsten, der zu ihrer Zeit erreichbar war, immerhin zu einem Ort, auf dem man stehen und auch ruhen kann, zu einer Lehre, einer Bewegung, einer Gemeinde, einer Kirche, einer Nation. Aber das war doch nicht, was sie wollten. Das bewirkten sie; und sie konnten es bewirken, gerade, weil sie es nicht bewirken wollten, weil sie nicht, wie viele in unserer Zeit, die neue Kultur, die neue Religion machen wollten. – Es ist hier wie mit der Änderung der Erdoberfläche: wenn Menschen sie machen wollen, so entstehen wohl Dämme und

Straßen und Kanäle. Wenn aber die vulkanischen Kräfte aufwachen, wenn die Gewalten des Inneren aufbrechen, dann versinken Länder und tauchen empor, dann wird wirklich Neues. Der prophetische Geist – denn so nennen wir die vulkanischen Kräfte im Geist – der prophetische Geist schafft Neues in der Zeit, weil seine Deutung der Zeit die Zeit von der Ewigkeit her erschüttert und umwendet.

Es ist klar, daß dieses nicht ein irgendwie fixierbarer Geist ist. Prophetische Zeitdeutung kann man nicht lernen, auch nicht von den alten Propheten, auch nicht vom Neuen Testament, auch nicht von Luther oder Nietzsche. Würden wir hier einen Ort suchen, der nicht mehr erschüttert werden könnte, so würden wir gerade das tun, was dem Geist der Prophetie am meisten zuwider ist, wir würden die Ergebnisse vergangener Erschütterungen für die Erschütterung selbst nehmen. Das gilt auch für das Neue Testament. Und darum ist die Zeitdeutung von der Bibel aus oft so unerträglich unwahr und pharisäisch, daß jeder sehen muß: hier ist keine Erschütterung, die den eigenen Standpunkt mit erschüttert hätte, hier steht man auf dem sicheren Ort der eigenen Frömmigkeit oder Erfahrung, von der aus die Zeit gerichtet wird. – Aber es gibt keine Stätte, an die der Geist prophetischer Zeitdeutung gebunden wäre, auch nicht die Kirche, auch nicht die Frömmigkeit. Das letzte Jahrhundert beweist das unwidersprechlich: an zwei Stellen ist im 19. Jahrhundert der prophetische Geist machtvoll hervorgebrochen und beide Male unter dem Zeichen eines Kampfes gegen das Christentum, bei Friedrich Nietzsche und bei Karl Marx. Bei Marx der Geist der alten jüdischen Prophetie in Sprache und Sache, bei Nietzsche der Geist Luthers in Sprache und Sache. Und wenn dieser Kampf – das eine Mal um die Gerechtigkeit, das andere Mal um das schöpferische Leben – bei beiden gegen Gott ging, so war es der Kampf gegen einen Gott, der einem Standpunkt verpflichtet war, dem Standpunkt der bürgerlichen Gesellschaft. Natürlich führte auch dieser Kampf wieder zu einem Standpunkt, bei ihnen selbst und bei ihren Schülern, immerhin zu dem höchsten, der damals zu erreichen war und vielleicht bis heute zu erreichen ist: fast alles, was an Schöpfungen vorliegt, die über den Geist der bürgerlichen Gesellschaft hinausdrängen, ist von hier beeinflußt; auf der einen Seite von Nietzsche her die Lebensphilosophie, die expressionistische Literatur und Kunst, die Jugendbewegung, der Kampf gegen die bürgerliche Konvention, die Wertung der aristokratischen Zucht, Stefan George und seine Schule. Auf der anderen Seite von Marx her die Geschichtsphilosophie, die leidenschaftliche zukunftsgerichtete Spannung, der Kampf gegen das bürgerliche Ethos, gegen Kapitalismus und Imperialismus, die Idee der Gemeinschaftskultur und der Protest gegen das Bündnis der Kirchen mit dem kapitalistischen Machtstaat. So verschieden der Ausgangspunkt, so oft der Widerstreit in entscheidenden Punkten, so ist es doch für den, der lebendig in beiden Bewegungen steht, nicht nur sachlich, sondern auch durchaus persönlich gewiß, daß die Gemeinsamkeit sehr viel wichtiger ist: die Überwindung des Geistes der bürgerlichen Gesellschaft. Damit aber haben wir den archimedischen Punkt der Deutung unserer Geisteslage gefunden.

Und doch wäre es unzulänglich, wollten wir diesen Punkt nur von der außerreligiösen Sphäre, nur von Nietzsche und Marx, her bestimmen. Es gehört noch eine dritte Linie dazu, die gleichsam von oben kommt und vertreten ist von der sogenannten dialektischen Richtung der protestantischen Theologie. Hier ist die Erschütterung, die Krisis jedes Standpunktes, auch des sozialistischen, dem die Bewegung in ihren Anfängen nahestand, in schärfster Paradoxie zum Ausdruck gebracht und der Protest erhoben gegen jeden Versuch, aus der Prophetie einen Standpunkt zu machen. Es war überaus reinigend und vertiefend für den Geist der Gegenwart, daß er unter dieses Gericht gestellt wurde; und doch hatte diese bloße Verneinung der Zeit von der Ewigkeit her eine verhängnisvolle Folge. Sie lehnte es ab, mußte es ablehnen, Standpunkt zu sein. Und doch konnte sie dem Gesetz aller Prophetie, Standpunkt zu werden, nicht entgehen. Wenn aber dieser Augenblick eintritt, kommt alles darauf an, wie nahe eine Prophetie dem inneren Geschehen einer Zeit steht, wie konkret sie ist, welche die Gegenwart kündende Kraft sie hat. Treten wir mit dieser Frage an die dialektische Theologie heran, so müssen wir feststellen, daß sie im Unterschied von manchen prophetischen Bewegungen der Vergangenheit eine solche Gegenwartsnähe nicht zu erkennen gibt. Sie bleibt bewußt in einem abstrakten Nein gegen die Zeit, sie wird nicht konkret zeitkritisch. Das zeigt sich besonders darin, daß sie kein Symbol für die dämonischen Kräfte unserer Zeit kennt, wie es die alten Propheten, das Urchristentum, Luther, Marx und Nietzsche für ihre Zeit sahen. Weil sie im abstrakten Nein bleibt, kennt sie kein konkretes Nein.

Das wäre nun nicht allzu bedenklich, wenn nicht der Verzicht auf ein konkretes Nein in seinen Wirkungen ein konkretes Ja zu dem Bestehenden wäre, also für die Gegenwart ein Stützen des Geistes der bürgerlichen Gesellschaft und ein Hemmen der gegen ihn ankämpfenden geistigen Mächte. Das abstrakte Nein profanisiert alle Gegensätze und drückt sie damit auf ein Niveau herab, wo sie keine letzte Wichtigkeit mehr beanspruchen können, wo darum die Tiefe und die heilige

Leidenschaft eines prophetischen Kampfes nicht mehr möglich sind. Nur ein solcher aber kann Geschichte verändern. Wo er fehlt, da ist das Bestehende in seiner angemaßten Heiligkeit durch kein abstraktes Nein zu erschüttern. – Es ist eigentümlich und doch von hier aus verständlich, wie die dialektische Theologie infolge ihrer Unkonkretheit sich in scharfem Gegensatz zu ihren eigenen Anfängen tatsächlich in bestimmten Beziehungen dem Geist der bürgerlichen Gesellschaft unterwirft: seinem Individualismus, der vom Religiösen herkommend alle übrigen Sinngebiete durchzieht und gegen den sich vornehmlich die von Marx ausgehenden Bewegungen wenden; seinem Kritizismus, dessen symbolischer Name Kant ist und über den die von Nietzsche ausgehenden Bewegungen hinauszukommen suchen. Der Individualismus im Religiösen und der Kritizismus im Philosophischen sind ausgesprochen reaktionäre Bewegungen, von der Geisteslage der Gegenwart her gesehen. Und es ist verhängnisvoll, wenn sie gerade unter dem Schutz derjenigen Theologie auftreten, deren Wesen und Verkündigung es ist, alles unter dem gleichen Nein zusammenzufassen. Es wird dadurch dem konkret-prophetischen Kampf manche wertvolle Kraft geraubt und ungewollt der Schild vor die Dämonen der Zeit gehalten. Viel besser und der Wahrheit des eigenen Standpunktes gemäßer wäre es, wenn die dialektische Theologie sich in die konkrete geschichtliche Lage begeben, den Mut zur Entscheidung aufbringen und sich damit konkret und nicht nur dialektisch unter das Gericht stellen würde. Sie brauchte darum in keinem Augenblick das Bewußtsein zu verlieren, daß auch der höchste der Zeit erreichbare Standpunkt unter einem Nein vom Unbedingten her steht. Aber sie dürfte nicht aus Furcht vor diesem Nein das konkrete wagende Nein und Ja verlieren.

Von hier aus kann nun deutlich werden, was mit dem Wort Kairos gemeint ist. Kairos heißt „erfüllte Zeit“, konkreter geschichtlicher Augenblick und im prophetischen Sinne „Zeitenfülle“, Hereinbrechen des Ewigen in die Zeit. Kairos ist also nicht der irgendwie gefüllte Augenblick, das wechselnde Stück Zeitablauf, sondern es ist die Zeit, insofern sich in ihr das schlechthin Bedeutungsvolle erfüllt, insofern sie Schicksal ist. Eine Zeit als Kairos betrachten heißt, sie im Sinne einer unentrinnbaren Entscheidung, einer unausweichlichen Verantwortung betrachten, heißt, sie im Geiste der Prophetie betrachten.

Damit ist ein Doppeltes ausgeschlossen, die rückschrittliche und die fortschrittliche Zeitbetrachtung und die Mischungen von beiden, die unendlich zahlreich sind und sich gemäßigter Fortschritt oder dergleichen nennen. Die tiefere von beiden Betrachtungen ist zweifellos der Rückschritt. Er kennt ein Hereinragen des Ewigen in die Zeit.

Er sucht es in der Vergangenheit und muß darum jede gegenwärtige oder zukünftige Änderung als Abfall beurteilen. Seine Kraft ist, daß er das Ewige als gegeben anschaut und es nicht zum Resultat menschlicher Kultur- oder Religionsarbeit macht. Er kennt einen Kairos, sieht ihn aber in einmaliger Vergangenheit. Er weiß nicht, daß, wenn man ein Einmaliges in der Vergangenheit sehen will, es allein dieses sein kann, daß einmal und für allemal das Ja und Nein über jede Vergangenheit, Gegenwart und Zukunft offenbar geworden ist, auch über die Zeit und die Form, in der es offenbar geworden ist. Von dieser Erschütterung aber jedes Zeitmomentes durch das Ewige weiß das rückgewandte Denken nichts mehr. Das gilt sowohl von dem kirchlichen Konservativismus der Katholiken wie von dem staatlich-gesellschaftlichen Konservativismus der Protestanten wie von dem religiösen Konservativismus beider. Der überzeitliche Sinn des Kairos ist ihnen verloren gegangen.

Sie haben ihn wenigstens gehabt, und sie haben ihre Kraft darin, daß sie ihn gehabt haben. Der Fortschritt dagegen kennt ihn nicht mehr. Das Ewige wird zum unendlichen Ziel, das hinter aller Zeit liegt und nie in sie hereinbricht. Dadurch wird die Zeit leer, entscheidungslos, ohne Verantwortung. Wohl gibt es eine Spannung nach vorn. Aber das Bewußtsein der Unerreichbarkeit des Zieles macht sie schlaff und wirkt einen ständigen Kompromiß mit dem Vergangenen. Dem Schwergewicht des Gegebenen hat der Fortschritt nichts Machtvolles entgegenzusetzen. Er wird zum gemäßigten Fortschritt, zur spannungslosen Einzelkritik, für die es keine unbedingte Hingabe, keine letzte Verantwortung gibt. Dieser gemäßigte Fortschritt ist die eigentliche Haltung der bürgerlichen Gesellschaft. Er ist unser aller ständige Gefahr, er ist die eigentliche Aufhebung des unbedingten Nein und Ja, der Botschaft von der Zeitenfülle. Er ist der eigentliche Gegner des prophetischen Geistes.

Beide, Rückschritt und Fortschritt, stehen dem Bewußtsein um den Kairos fern. Um so enger mit ihm verbunden aber ist ein dritter Weg, die Utopie. Ja, man könnte sagen: ohne Geist der Utopie keine umwälzende, wahrhaft prophetische Kraft. Das ist insofern richtig, als in jeder nach vorn gerichteten Spannung eine Vorstellung von dem enthalten ist, was kommen soll und was als Verwirklichung des Ideals gedacht ist. Der Gedanke an die tatsächlichen Grenzen, die jedes Kommende haben muß, ist im Handeln selbst nicht wirksam und darf es nicht sein. Darum enthält alles auf Umgestaltung der Gegenwart gerichtete, unbedingt entschlossene Handeln Geist der Utopie. Eine wirkliche Utopie aber ist erst da, wo der unbedingte Zustand als Zustand in der Zeit erwartet wird, wo der Gedanke an das Gericht, das vom Unbedingten über jedes Bedingte ergeht, ausgeschaltet ist. Gerade darum aber fällt eine solche Utopie notwendig unter das Gericht. Sie will in der Zeit die Ewigkeit verwirklichen und vergißt, daß das Ewige die Erschütterung der Zeit und all ihrer Inhalte ist. Darum führt die Utopie notwendig zur Enttäuschung; und der gemäßigte Fortschritt ist im Grunde das große Enttäuschungsprodukt der revolutionären Utopie.

Die Idee des Kairos ist aus der Auseinandersetzung mit der Utopie geboren. Sie enthält das Hereinbrechen der Ewigkeit in die Zeit, den unbedingten Entscheidungs- und Schicksalscharakter dieses geschichtlichen Augenblicks, aber sie enthält zugleich das Bewußtsein, daß es keinen Zustand der Ewigkeit in der Zeit geben kann, daß das Ewige wesensmäßig das in die Zeit Hereinbrechende, aber nie das in der Zeit Fixierbare ist. Die Richtung nach vorn ist die ins Handeln übersetzte Richtung nach oben. Die Zeit wird nicht dadurch erlöst, daß die Ewigkeit in sie eingeht; das ist nicht möglich, denn zu ihrem Wesen gehört Widerspruch zur Ewigkeit; sondern die Zeit wird dadurch erlöst, daß sie aufgenommen wird in die Ewigkeit. Die Erlösung, die Verwirklichung dessen, was die Prophetie schaut, liegt jenseits der Zeit. Das ist die Aufhebung der Utopie. Aber es ist nicht die Aufhebung des Handelns. Denn alles Handeln, das im Bewußtsein des Kairos geschieht, also das unbedingt schicksalsgebundene und darum unbedingt freie Handeln, ist Handeln mit der Richtung nach oben, mit der Richtung auf die transzendente Utopie, die nicht Utopie, sondern das wesenhaft Wirkliche ist, von dem auch die Zeit in ihrer Ewigkeitsferne in jedem Augenblick lebt. – Bereitung der Zeit für die Aufnahme in die Ewigkeit, Gestaltung der endlichen Formen als Hinweise auf das Unbedingte, das ist Handeln aus dem Kairos. So kann immer Kairos, Zeitenfülle, Hereinbrechen des Ewigen sein, aber nicht immer ist Bewußtsein um den Kairos. Dies Bewußtsein tritt dann auf, wenn eine Zeit in den Formen ihrer heiligen oder profanen Kultur, in Sakrament oder autonomer Weltgestaltung sich gefestigt und die prophetische Erschütterung, auf der sie ruht, vergessen hat, und wenn dann der prophetische Geist sich zu regen beginnt und die festen Formen der in sich ruhenden Endlichkeit erschüttert werden, weil das Ewige hereinbricht, weil es Kairos im besonderen, die Geschichte umwälzenden Sinne geworden ist. – Daß jetzt Kairos ist, nicht im Sinne einer verantwortungslosen Religions- und Kulturwende, von der man so viel spricht, sondern im Sinne eines auf uns andringenden, unbedingt verantwortlichen Hereinbrechens der Ewigkeit in die Zeit, das auszusprechen ist der Sinn alles Gesagten, auch der nun folgenden konkreten Grundlinien.

II

Die Frage nach dem Sinn dessen, was Zeitdeutung aus dem Geiste des Kairos bedeutet, hat uns von selbst die grundlegenden Gesichtspunkte für die gegenwärtige Zeitdeutung an die Hand gegeben. Auf der einen Seite sehen wir die in sich selbst ruhende Endlichkeit, als deren Symbol wir den Geist der bürgerlichen Gesellschaft bezeichnen, auf der anderen Seite das Hereinbrechen des prophetischen Geistes in den Oppositionsbewegungen, die von Nietzsche und Marx kommen, und über beiden die vom Unbedingten her ergehenden Erschütterungen jedes möglichen endlichen Standpunktes, die Verkündigung des Gerichts. Wir haben die Gegenbewegungen gegen den Geist der bürgerlichen Gesellschaft gemäß der Frage unseres ersten Abschnitts in ihrem prophetischen Element erfaßt. Aber wir haben sie damit nicht völlig erfaßt. Wir haben eins nicht genannt, was zu vergessen unsere Zeit immer geneigt ist, den priesterlichen Geist. Das Ewige aber kommt in die Zeit nicht nur durch den prophetischen, sondern auch durch den priesterlichen Geist. Das Priesterliche ist das mütterliche, tragende Prinzip, gleichsam die kosmische Wärme, deren Zusammenballung erst zu den prophetischen Spannungen und Ausbrüchen führt. So verständlich darum auch die vorzügliche Blickrichtung auf das eruptive, erschütternde Element des Religiösen ist, so unbegründet ist doch das Übersehen dessen, was jede Bewegung trägt und die Substanz schützt, des Priesterlichen.

Je und je hat das große Reservoir des priesterlichen Geistes im Abendland, der Katholizismus, schwächere oder stärkere Ströme in den Protestantismus und die autonome Kultur ergossen, so in der protestantischen Mystik, im Pietismus, in der kartesianischen Schule, im deutschen Idealismus und vor allem in der Romantik. So auch in wichtigen Bewegungen der Gegenwart, der neuen Mystik, den kultischen Bewegungen beider Konfessionen, den Einwirkungen des russischen Exils, der organologischen Staatslehre, der phänomenologischen Philosophie. Priesterlicher Geist heißt nicht klerikaler Geist; klerikal wird er, sobald er sich verhärtet und sich der prophetischen Erschütterung verschließt, wie die katholische Kirche seit der Gegenreformation. Aber dieses ist nicht sein Wesen, wenn auch seine ständige Gefahr. Jedenfalls ist sicher, daß ohne den priesterlichen Geist eine Überwindung des Geistes der bürgerlichen Gesellschaft nicht möglich ist; es bleibt sonst bei einzelnen erschütternden Stößen, nach denen die Ruhe des in sich ruhenden Endlichen wiederhergestellt wird.

Dieses ist also die allgemeine Bestimmung, die wir dem Geist der bürgerlichen Gesellschaft geben, daß er in sich ruhende Endlichkeit ist. Die bürgerliche Gesellschaft hat in gerechtem, von prophetischer Kraft entzündetem Kampf gegen den Klerikalismus den priesterlichen Geist überhaupt verloren. Sie hat die Dinge und die Gesellschaft leer gemacht, ihre Tiefe, ihre Substanz verloren, ihre innere Glut erkalten lassen. Sie hat die rationale, der exakten Erkenntnis und technischen Beherrschung zugewandte Seite der Dinge und der Gemeinschaftsformen allein in der Hand behalten. Sie hat den Einzelnen losgelöst von den kosmischen und sozialen Einheiten, ihn seiner Verbindung mit der metaphysischen Tiefe des Wirklichen beraubt und ihn als leeres Atom zur Masse zusammengeballt oder isoliert über die Masse gestellt. Sie hat das Göttliche an die Grenze der Welt gebannt, es zum Träger des ethischen oder logischen Weltbewußtseins gemacht, sie hat Gott, den Erschütterer der Zeit und der Endlichkeit, zum Abschluß oder Ausdruck der in sich ruhenden Endlichkeit werden lassen.

Wenn der Protestantismus den entscheidenden Sieg über den priesterlich-sakramentalen Geist bedeutet, so kann nicht bestritten werden, daß auch er mitgewirkt hat zum Werden dieser Profanisierung des Seins. Freilich, in ihm selbst lebt der prophetisch-heroische Geist seines Ursprungs. Wenn es aber dem prophetischen Geist nicht gelingt, sich priesterlich zu verwirklichen, so wird er abstrakt, intellektualistisch, und die profan gewordene Masse wie die formal gewordene Bildung entfernen sich von der religiösen Substanz. Es ist die eigentliche Not des Protestantismus, daß er keine zulängliche priesterliche Verwirklichung gefunden hat und darum von dem Geist der bürgerlichen Gesellschaft überwältigt wurde. Er verband sich mit ihren tragenden Mächten, dem absoluten Staat, dem liberalen Wirtschaftsethos, dem nationalen Imperialismus, und steht zurzeit im engsten politischen Bündnis mit denjenigen Parteien, die den Kampf für die Erhaltung der bürgerlichen Gesellschaft führen. Und auch die dialektische Theologie kann trotz ihrer prophetischen Kraft daran nichts ändern. Sie ist überhaupt nur vernehmbar, wo Wirkungen des priesterlichen Geistes noch oder wieder vorhanden sind. Sie ist also nicht vernehmbar in der Masse und nur selten in der autonomen Bildung. Denn hier fehlt die Substanz, über die das Gericht ergehen könnte: das Gesetz, wie Paulus und Luther, die Religion, wie wir es nennen. Nur wo Religion ist, ist das göttliche Nein über die Religion vernehmbar. Verkündigung der Krisis ist Korrektiv und nicht möglich ohne Substanz.

So waren es andere Kräfte, die gegen den Geist der bürgerlichen Gesellschaft angingen, priesterliche und konkret prophetische. Die priesterlichen Kräfte wirkten sich darin aus, daß sich eine mystische Atmosphäre bildete, in der Grund und Abgrund des Seins in den Dingen und durch sie erlebt wurde. Diese Atmosphäre machte sich geltend in der Wissenschaft, zum Beispiel in der Phänomenologie als Wille, anstatt die Dinge in ihrer rationalen Auflösung zu erfassen, mit ihnen eins zu werden in der Anschauung ihrer ewigen Gestalt. Sie machte sich bemerkbar in der Kunst, zum Beispiel im Expressionismus als ein Kunstwille, der auf die reale Form der Dinge verzichtet, um den Ausdruck des Bedeutungsgrundes der Dinge geben zu können, sei es im mystisch-sinnschweren Wort, sei es in der symbolkräftigen Linie und Farbe. Sie zeigt sich als Wiedergeburt der Metaphysik, dieser vom Geist der bürgerlichen Gesellschaft erst auf das Niveau einer rationalen Wissenschaft herabgedrückten und dann von Kants Ehrlichkeit mit Recht zerstörten Geisteshaltung. Es wird offenbar, daß Metaphysik nicht rationale Wissenschaft ist, sondern Darstellung einer ursprünglichen Schau des Seins-Grundes und -Abgrundes in rationalen Symbolen. Selbst in der protestantischen Theologie ist diese neue mystische Atmosphäre zu spüren, vielleicht am stärksten in dem Buch von Rudolf Otto über „Das Heilige" und seinem gegenwartsbezogenen Eindringen in die Religionen der Völker. Die Moraltheologie jedenfalls, die Gott zu einer Projektion der bürgerlichen Technik und des bürgerlichen Ethos machte, ist gründlich überholt.

Viel schwerer als in den aufnehmenden, theoretischen Sinngebieten ist das Eindringen priesterlichen Geistes in der praktischen, umgestaltenden Sphäre zu beobachten, denn hier steht alles auf dem priesterlichen Menschen und seinen frei durchbrechenden, gemeinschaftsbildenden Kräften. Wohl gibt es auch hier Ansätze, so in der Jugendbewegung, in kommunistischen und nationalistischen Gruppen, so in der Bildungsbewegung, sofern sie sich um eine Erfüllung des Bildungsideals mit metaphysischem Gehalt bemüht. Trotzdem muß zugegeben werden, daß hier überall Sehnsucht noch weithin Ersatz für die Wirklichkeit ist.

Denn die Wirklichkeit der Gemeinschaft kann schließlich nur aus der Religion kommen. Und hier ist priesterlicher Geist vor allem lebendig in den alten großen priesterlichen Gebilden, den katholischen Kirchen des Ostens und Westens. So sucht die katholische Neuromantik den mystisch-priesterlichen Geist wieder zu erwecken, und die russische Mystik, die sich durchaus orthodox fühlt, hat in der Berührung mit dem Westen starken Einfluß und ein entsprechendes Selbstbewußtsein bekommen. Im Protestantismus zeugt die wachsende Kraft des Pietismus und der Sekten sowie die liturgische Bewegung für die Verdichtung der mystischen Atmosphäre. Daneben geht eine niedere, dem Okkultismus entspringende Mystik einher, die es immerhin erreicht hat, in der von Steiner geistig getragenen anthroposophischen Bewegung und der daraus hervorgegangenen Christengemeinschaft eine neue sakramentale Mystik mit selbständiger Gemeindebildung zu schaffen.

So regt sich an vielen Stellen die Opposition des priesterlichen Geistes gegen den Geist der bürgerlichen Gesellschaft. Sie ist nicht wirkungslos geblieben. Sie hat den Materialismus fast spurlos verschwinden lassen, sie hat die religiösen Probleme in den Mittelpunkt des Zeitbewußtseins gestellt, sie hat eine religiöse Auflockerung in allen Gebieten bewirkt. Fast ohne Wirkung ist sie nur noch in den Schichten, die am wehrlosesten dem Geist der in sich ruhenden Endlichkeit ausgeliefert waren, den proletarischen Massen, über die der Materialismus als Schicksal kam, wie ihre ganze Lage.

Wir haben den Geist der bürgerlichen Gesellschaft bestimmt als in sich ruhende Endlichkeit und näher als Formentleerung von Natur und Gesellschaft. Dieser Entleerung gegenüber ist der mystisch-priesterliche Geist der Träger der Fülle, des Gehalts und der Tiefe. Aber dieser Gegensatz ist nur der eine und nicht der entscheidende; denn es gibt, wie in der Natur, so auch im Geist keinen leeren Raum. Und in dem Maße, in dem mit dem antiklerikalen Kampf der priesterlich-mystische Geist schwand, bemächtigte sich des Bewußtseins der dämonisch-naturalistische Geist. Der Kampf gegen die Dämonie der bürgerlichen Gesellschaft aber ist die eigentliche Kraft der prophetischen Gegenbewegungen, die wir an die Namen Nietzsche und Marx geknüpft haben, und hier erst liegt die Entscheidung über den Kairos, in dem wir stehen, hier die Forderung an den Einzelnen, sich zu entscheiden und weder in eine zeitferne Mystik, noch in eine zeitlose Paradoxie zu flüchten.

Dieses aber ist die Dämonie des bürgerlichen Geistes, daß er ein System geschaffen hat, das dazu zwingt, im unendlichen Dienst am Endlichen und im Kampf aller gegen alle Leib und Seele zu opfern. Der Name dieses Systems ist „kapitalistische Wirtschaft". In ihr kommt die Dämonie des bürgerlichen Geistes zum symbolischen Ausdruck. – Dämonisch ist eine Macht, die heilig und doch widergöttlich, tragend und doch zerstörend ist. Das aber gilt von dem kapitalistischen System. Wir alle leben vom Kapitalismus; nur er kann die Massen ernähren, nur er kann die Erde umspannen und zusammenschließen; und doch zerstört er uns. Er zerstört die Massen, die er aller Gehalte und Lebensbeziehungen beraubt, atomisiert und unter den Gesetzen der autonomen Wirtschaft zusammenschmiedet. Er zerstört seine Führer, die für den Kampf um das Endliche und die Herrschaft in ihm einen zu hohen Preis zahlen müssen, er zerstört die Gemeinschaften, indem er das

Interesse eines jeden dem jedes anderen entgegenstellt und durch die wechselnde Solidarität der Interessen den Kampf nur umfassender gestaltet, ohne wirklich Gemeinschaft zu stiften. Denn auch die Stände und Völker sind ihm längst unterworfen.

Das ist das dämonische Bild. Es ist ein Symbol. In der Wirklichkeit herrscht noch manches andere Dämonische, aber auch Göttliche. Weite Gebiete sind noch nicht unterworfen. Restbestände in jeder Seele sind da, die sich empören. Und doch ist er der oberste der Dämonen, den wir alle bejahen müssen, weil wir ihm unser Dasein verdanken. So konnte die alte Christenheit für den römischen Staat, in dem sie das dämonische Symbol ihrer Zeit sah, beten, weil er allein das Chaos hindern konnte.

Es ist die prophetische Tat von Marx, daß er diese Dämonie zuerst symbolkräftig gekennzeichnet hat, und dadurch einen gewaltigen, von prophetischer Leidenschaft getragenen Kampf gegen sie entfesselt hat. Nicht der Kampf von Arbeitern gegen Unternehmer hat diese Bedeutung – er ist ein Vorgang innerhalb der Dämonie der bürgerlichen Gesellschaft selbst –, wohl aber der Kampf gegen das Prinzip, das diesen Kampf notwendig macht. Von dem religiösen Sinn des antikapitalistischen Kampfes spricht gegenwärtig am deutlichsten der religiöse Sozialismus. Er sucht über alle Parteipolitik hinaus zu dem Prinzip vorzudringen und auf diese Weise den sozialistischen Kampf einzubeziehen in das Bewußtsein um den Kairos. Der Kampf gegen das System des Kapitalismus ist für ihn ein Teil, allerdings der wichtigste des Zeitschicksals überhaupt, damit aber auch eine Sache verantwortlicher Entscheidung für jeden, der am Zeitschicksal teilnimmt.

Diese Entscheidung kann sich nun von unseren prinzipiellen Voraussetzungen aus vereinigen mit einer Entscheidung für die von Nietzsche herkommenden Bewegungen. Nietzsche eröffnete den Kampf gegen die Dämonie der bürgerlichen Konvention, gegen die Lüge, die die Urkräfte des Lebens, den Willen zur Macht in allen seinen Formen, den Eros in seiner schöpferischen Gewalt verleugnete, um die Wirklichkeit der rationalen Form zu unterwerfen. Nietzsche durchschaute die innere Lüge dieses Versuches und den lebenszerstörenden Pharisäismus ihrer Träger. Aus der Anschauung des ursprünglichen Lebens gewann er die Kraft zu einer Verkündigung der urschöpferischen Mächte, die Generationen innerlich befreite. Sie bestimmt in klassisch-ästhetischer Form in Stefan George, in wissenschaftlicher Form in der Lebensphilosophie, in romantischer Form in der Jugendbewegung unsere Geisteslage. – In all diesen Bewegungen findet sich viel Widerspruch gegen die bürgerlichen Elemente des Sozialismus. Ein Sozialismus aber, der die von hier kommenden Kräfte verschmähte, würde damit bezeugen, wie tief er noch dem Geist der bürgerlichen Gesellschaft verfallen ist. Und umgekehrt sieht der Sozialismus mit scharfem Blick die bürgerlich-kapitalistischen Elemente in jenen romantisch-aristokratischen Bewegungen. Eine Verkündigung des schöpferischen Lebens aber des Einzelnen, der Gemeinschaften, der Völker, die dem Dämon des Kapitalismus unbefangen opfern würde, würde zeigen, wie tief auch sie noch dem Geist verfallen ist, gegen den sie sich wendet. Beide Bewegungen gehören zusammen, und beide wachsen zusammen bei den am weitesten schauenden Geistern der Zeit; und sie wachsen zusammen in der Sehnsucht nach einer neuen, geweihten Wirklichkeit.

Wenn wir nun aber auf die Wirklichkeit unserer Tage blicken, müssen wir nicht sagen: Es ist, als ob ein Reif gefallen wäre auf all die Dinge, von denen hier gesprochen ist, heißen sie Jugendbewegung oder Lebensphilosophie, heißen sie Expressionismus oder religiöser Sozialismus! War nicht doch alles Romantik, Rausch, Utopie? Eins ist sicher: es vollzieht sich an all dem, und das heißt an uns, an den Schicksalserfülltesten von uns wieder einmal das Gericht. Was nicht Realität war an dem, was wir taten und dachten, wird verbrannt. Ein Realismus, hart und brutal, tritt hervor. In der Kunst kündigte er sich an, die Wissenschaft macht neue, überaus ernste Ansätze zu tieferer Realitätserfassung, der Sozialismus wird zurückgedrängt von den realen Mächten der Lage, das schöpferische Leben fühlt, daß es dem Chaos zu verfallen drohte und wendet sich zu neuer Formung, der priesterliche Geist, der eine Zeitlang ungehindert strömte, sucht Halt hinter den Kirchenmauern, die Jugendbewegung steht in der schwersten Krisis.

Das alles aber heißt: Der Geist der bürgerlichen Gesellschaft ist viel zu stark, als daß er durch Romantik, Sehnsucht und Revolution überwunden werden könnte. Seine dämonische Kraft ist viel zu groß. Und es bedeutet zweitens, daß das Gericht vom Unbedingten her nicht nur Dialektik, sondern eine höchst reale, uns bis an die Grenzen der Verzweiflung treibende Macht ist. Und es bedeutet drittens, daß wir uns auf allen Gebieten der konkreten, realen Lage zuzuwenden haben.

Und doch: wenn wir uns den neuen Realismus ansehen, es ist etwas anderes darin als Geist der bürgerlichen Gesellschaft. Es ist der Durchbruch zum Wesen darin, zum Dämonischen, das durchschaut, zum Göttlichen, das geglaubt wird. Es ist nicht der Realismus der in sich ruhenden Endlichkeit, sondern es ist ein Realismus, der offen ist für das Ewige. Es ist ein gläubiger Realismus. Und vielleicht ist dieses das letzte, was wir heute, in dieser Stunde, vom Kairos, vom Kommen der Ewigkeit in die Zeit schauend und fordernd sagen können.

DAS DÄMONISCHE

Ein Beitrag zur Sinndeutung der Geschichte

Mit Widerstreben ist dieser Aufsatz niedergeschrieben. Echtes Erkennen ist immer Lieben, Sich-Einen mit seinem Gegenstand, der dadurch aufhört, nur Gegenstand zu sein. Mit dem Dämonischen aber kann man sich nur einen um den Preis der Selbstzerstörung: Entweder wird der Dämon aufgeweckt, der in jedem wohnt und bereit ist, ihn zu verderben. Oder das, was schöpferisch ist im Dämonischen, das um dessentwillen man überhaupt von ihm reden kann, wird enthüllt, aus der Tiefe gehoben und dadurch entleert. Es ist eine merkwürdige Erfahrung: Einer Rede über das Dämonische folgt Wildheit oder Leere oder beides – der Dämon rächt sich dafür, daß er gekennzeichnet ist. Nur der Prophet, der ihn besiegt, kann ihn ohne Schaden nennen.

Dennoch ist dieser Schaden nicht gescheut worden, jetzt nicht und in anderen Zusammenhängen nicht: in der Hoffnung, daß das, was für den einzelnen, der nicht Prophet ist, Schaden sein muß, für den prophetischen Geist der Zeit, der über dem einzelnen steht, Stärkung sein kann. Und daß er solcher Stärkung bedarf, darauf soll der kurze Schlußteil von den Dämonien der Gegenwart hinweisen. Damit verbindet sich die Hoffnung, daß sich aus der Kennzeichnung des Dämonischen ein neues Verstehen des prophetischen Geistes der Vergangenheit ergeben könne und von da aus ein Verstehen der Gesamtgeschichte aus diesem Geist.

Um dieser doppelten Hoffnung willen ist gewagt worden, von dem zu reden, von dem nicht ungestraft geredet werden kann, dem Dämon.

I. Wirklichkeit und Wesen des Dämonischen

1. Das Bild des Dämonischen

Die Kunst der Primitiven und Asiaten, ihre Götterbilder und Fetische, ihr Kunstgewerbe und ihre Tanzmasken sind uns im letzten Jahrzehnt nicht nur als ethnologisches Material, sondern auch als künstlerische und religiöse Wirklichkeit nahegerückt. Wir haben bemerkt, daß diese Dinge uns etwas angehen, daß in ihnen Wirklichkeitstiefen ausgedrückt sind, die zwar unserem Bewußtsein entschwunden waren, aber in unterbewußten Schichten niemals aufgehört haben, unser Dasein zu bestimmen. Kunstgeschichte, Religionsgeschichte, Psychologie des Unbewußten haben gemeinsam den Zugang zu diesen Wirklichkeiten gebrochen, deren Beschreibung, Deutung und Wertung freilich noch in den Anfängen steht, in ihrem Fortgang aber unsere Geisteslage entscheidend beeinflussen muß.

Es ist eine eigentümliche Spannung, die diese Dinge enthalten und durch die sie für unser abendländisches Bewußtsein so lange unzugänglich waren: Sie tragen Formen, menschliche, tierische, pflanzliche, die wir als solche verstehen und in ihrer künstlerischen Gesetzmäßigkeit auffassen können. Mit diesen organischen Formelementen verbinden sich andere, die alles uns auffaßbare Organische zersprengen. Wir können diese Elemente nicht als Mangel an künstlerischer Formkraft, als Primitivität im Sinne irgendeines Entwicklungsgedankens, als Grenze der Gestaltungsmöglichkeiten deuten und damit diese ganze ungeheure menschheitliche Hervorbringung entwerten. Wir müssen vielmehr anschauen, wie diese Elemente, die die organische Form durchbrechen, zu einer eigenartigen, in sich notwendigen und ausdrucksvollen künstlerischen Form führen, der gegenüber von Gestaltungsmangel zu reden, nur Fremdheit und Verständnislosigkeit beweist. Jene zerstörerischen Elemente, die die organische Form zerbrechen, sind selbst Elemente des Organischen; aber sie treten so auf, daß sie den in der Natur vorgebildeten organischen Zusammenhang radikal vergewaltigen. Sie brechen in einer Weise hervor, die jeder natürlichen Proportion Hohn spricht; sie erscheinen in einer Kräftigkeit, Stellung, Zahl, Umbildung, die zwar immer noch die organische Grundlage erkennen läßt, aber zugleich etwas völlig Neues aus ihr macht. Die Organe des Machtwillens wie Hände, Füße, Gebiß, Augen, und die Organe der Zeugungskraft wie Brüste, Schenkel, Geschlechtsteile, bekommen eine Ausdruckskraft, die sich bis zur wilden Grausamkeit und orgiastischen Raserei steigern kann. Es sind die vitalen Kräfte, die die lebendige Form tragen, die aber, wenn sie übermächtig werden und sich der Einordnung in die übergreifende organische Form entziehen, die Prinzipien des Zerstörerischen sind. Die Tatsache, daß es möglich ist, diese schöpferischen Urkräfte in ihrem Durchbruch durch die organische Form aufzufassen und sie der Einheit künstlerischer Gestaltung unterzuordnen, ist vielleicht das Erstaunlichste, was uns jene Plastiken und Masken offenbaren. Denn sie zeigt unwiderleglich: Es gibt ein positives Formwidriges, das in eine künstlerische Form einzugehen imstande ist. Es gibt nicht nur einen Form-Mangel, sondern auch eine Form der Form-Widrigkeit, es gibt nicht nur ein Minder-Positives, sondern auch ein Gegen-Positives. Dieser Konsequenz könte man sich nur dadurch entziehen, daß man einer Negerplastik, einem Schivabild grundsätzlich die ästhetischen Qualitäten bestritte, d. h. durch eine Absolutsetzung der klassischen Ästhetik. Wer sich zu dieser Konsequenz nicht entschließen kann, muß anerkennen, daß uns die menschheitliche Kunst die Tatsache des positiv Formwidrigen, des Dämonischen offenbart.

Was die Menschheitskunst für die Gegenwart unmittelbar eindrucksvoll zur Anschauung bringt, das bestätigt mit unerschöpflichem Material die Geschichte der Religionen. Sowohl in den vital-orgiastischen Naturkulten wie in den Religionen der sozial-ethischen und geistigen Formung, ja selbst im Gebiet der ethischen Gnadenreligionen finden sich unzählige Vorgänge und Vorstellungen, die jener künstlerischen Formung entsprechen. Heilige Dämonien sind in gleicher Weise in den orgiastischen Phalluskulten mit der Zerstörung der schöpferischen Potenz wie in der kultischen Prostitution mit der bedingungslosen Hingabe der Zeugungskräfte im Dienste der Gottheit – Haltungen, die einschließlich ihrer dämonischen Elemente in die höchsten Formen der asketisch-erotischen Mystik hineinreichen. Heilige Dämonien sind in den rauschhaften Zerreiß-Mythen und -Orgien – die auf höchster Stufe im sakralen Opfer der Gottheit nachklingen; sind im Blutopfer für den Bodengott, der Leben verschlingt, um Leben zu schaffen – das Urbild der menschenzerstörenden Dämonie der Wirtschaft. Heilige Dämonien sind im Kultus der Kriegsgötter, die Macht verzehren, um Macht zu geben – das Urbild der Dämonie des Krieges. Ein überragendes Symbol heiliger Dämonie ist der Moloch, der um der Rettung der Polis willen ihre Erstgeburt verschlingt – das Urbild aller politischen Dämonie. Das unserer Zeit eindrücklichste, die letzte Tiefe der heiligen Dämonie erfassende Symbol ist der „Großinquisitor", wie ihn Dostojewski geschaut und dem Christus gegenüber gestellt hat: die Religion, die sich absolut setzt und darum den Heiligen, auf dessen Namen sie ruht, vernichten muß – der dämonische Machtwille des sakralen Seins.

In diesen Wirklichkeiten ist überall die gleiche Spannung enthalten wie in den Schöpfungen der vorklassischen menschheitlichen Kunst: die übergreifende Form, die ein gestaltendes und gestaltzerstörendes Element in sich vereinigt, und damit ein Gegen-Positives, eine positive, d. h. formschaffende Formwidrigkeit. Auch hier könnte man dieser Konsequenz nur dadurch entgehen, daß man den geistig formbestimmten Charakter der gesamten, nicht-humanistischen Menschheitsgeschichte verneint, ihre Staaten- und Rechtsbildung, ihre gedanklichen und kultischen Formen.

Die Spannung zwischen Formschöpfung und Formzerstörung, auf der das Dämonische beruht, grenzt es ab gegen das Satanische, in dem die Zerstörung ohne Schöpfung gedacht ist. Gedacht ist – denn das Satanische hat keine Existenz wie das Dämonische. Um Existenz zu haben, müßte es zur Gestalt kommen können, also einen Rest von Schöpfung in sich tragen. Das Satanische ist das im Dämonischen wirksame negative, zerstörerische, sinnfeindliche Prinzip, in Isolierung und Vergegenständlichung gedacht. Darum ist das Satanische da, wo es gewollt ist, unfähig, zur Verwirklichung zu kommen. Zum Beispiel die in der schwarzen Messe versuchte Satanisierung der kirchlichen Messe ist zu einem Teil unproduktive Nachäffung, zum anderen Teil Rückfall in orgiastische Dämonien der Religionsgeschichte. Es ist richtig, daß das Dämonische sich um so mehr dem Satanischen annähert, je geringer seine schöpferischen Kräfte, je leerer und negativer es wird. Diese Annäherung kann einen Punkt erreichen, wo der Eindruck des Satanischen unmittelbar entsteht. Eine eindringende Analyse wird aber immer den dämonisch positiven Rest feststellen können. – Auch wo der Satan als der Versucher charakterisiert wird, ist das dämonische Element offenkundig. Denn eine Versuchung, die nicht in den schöpferischen Kräften des Kreatürlichen wurzelt – etwa in dem mit dem Erkenntnistrieb verbundenen Machtwillen –, hat keinen Anknüpfungspunkt, ist keine Versuchung, weil sie keine Dialektik, kein Ja und Nein in sich hat. Mythologisch gesprochen ist der Satan der oberste der Dämonen, ontologisch gesprochen ist er das im Dämonischen enthaltene negative Prinzip.

Die Dialektik des Dämonischen erklärt den schwankenden Sprachgebrauch des Wortes „dämonisch“. Immer bleibt die Grundbedeutung erhalten, wenn das Wort noch nicht zum entleerten Schlagwort geworden ist: die Einheit von formschöpferischer und formzerbrechender Kraft. Das gilt von dem Dämon, der das große, alle vorhandenen Formen sprengende Schicksal bestimmt, das gilt von dem Dämon, der die Persönlichkeit über die Grenzen ihrer gegebenen Form hinaustreibt zu Schöpfungen und Zerstörungen, die sie nicht als die ihren auffassen kann. Wo das Zerstörerische fehlt, kann von überragender Macht, von Genialität, von schöpferischer Kraft geredet werden, nicht von Dämonie. Und umgekehrt, wo die Zerstörung ohne schöpferische Form zur Anschauung kommt, ist es angemessen, von Mangel, Fehler, Zerfall oder dergleichen zu reden, nicht aber von Dämonie. Auf humanistisch beeinflußtem Boden besteht die Neigung, das Dämonische stärker der

Form zuzuordnen und das große Schicksal wie die große Schöpfung unmittelbar, ohne Beziehung zur Negation auf den Dämon zurückzuführen. Das bewirkt aber auf die Dauer eine Entleerung des Begriffs. Umgekehrt wird in stark religiösen Zeiten das Dämonische dem Satanischen so angenähert, daß die schöpferische Potenz verschwindet und damit der Begriff unwirklich wird. Die Tiefe des Dämonischen ist das Dialektische in ihm.

2. *Die Tiefe des Dämonischen*

Das Dämonische enthält in sich Gestaltzerstörung, die nicht von außen kommt, nicht auf Mangel oder Unmächtigkeit beruht, sondern aus dem Grunde der Gestalt selbst stammt, der organischen wie der geistigen. Diesen Zusammenhang verstehen, heißt das im Begriff des Dämonischen Gemeinte in seiner Wahrheit und Notwendigkeit, also in seinem metaphysischen Wesen erfassen. Der Weg dazu geht über die Analyse des Grundverhältnisses zum Sein, das jede unserer Seinsbeziehungen, theoretische wie praktische, trägt. Wenn wir durch die Schichten der Relation, die jedes Ding mit jedem andern verknüpft, also durch seine Weltverbundenheit hindurchsehen, so kann sich uns eine Tiefe in ihm erschließen, die wir als die reine Existentialität der Dinge, als ihr Getragensein vom Seinsgrund, als ihr Teilhaben an der Seinsfülle bezeichnen können. Dieses Getragensein, dieses Hinweisen der Dinge auf ein „Anderes", das doch kein anderes Ding ist, sondern eine Tiefe in den Dingen, ist nicht rational, das heißt aus der Weltverbundenheit der Dinge nachweisbar; und das „Andere", auf das die Dinge, als ihr Getragensein vom Seinsgrund, als ihr Teilhaben an der eine Qualität der Dinge, die sich der Schau in ihre Tiefe erschließt – oder verbirgt. Von dieser Tiefe sagen wir, daß sie der Seinsgrund der Dinge sei, wobei „Sein" unbedingt, transzendent genommen ist als Ausdruck des Geheimnisses, hinter das das Denken nicht zurück kann, weil es selbst als Existierendes auf ihm ruht. Um dieses aber sagen zu können, müssen wir noch ein weiteres sagen: daß die Tiefe der Dinge, ihr Seinsgrund, zugleich ihr Abgrund ist, oder daß die Tiefe der Dinge unerschöpflich ist. Wäre sie erschöpflich, erschöpfte sie sich in der Gestalt der Dinge, so gäbe es einen direkten, rationalen, aufweisbaren Weg von der Tiefe der Dinge zu ihrer Gestalt, so könnte die Welt als notwendige und eindeutige Entfaltung des Seinsgrundes erfaßt werden, so würde der tragende Grund sich ganz ergießen in den Kosmos der Gestalten, so würde die Tiefe aufhören, Tiefe zu sein, das Sein aufhören, transzendent, unbedingt zu sein. Jede unserer Seinsbeziehungen aber hat dieses in sich, daß sie sich auf etwas richtet, das trotz seiner Endlichkeit teilhat an der Unerschöpflichkeit des Seins. Nur dadurch wird es davor bewahrt, in den Abgrund der Erschöpftheit und Leere zu stürzen, der Seins- und Sinnlosigkeit zu verfallen. Die Unerschöpflichkeit, um die es hier geht, ist nun aber nicht zu deuten als passive Unerschöpflichkeit, als ruhender Ozean, den irgendein Subjekt, eine Gestalt, eine Welt nicht ausschöpfen kann, sondern sie ist zu verstehen als aktive Unerschöpflichkeit, als produktive innere Unendlichkeit des Seins, das heißt als das „verzehrende Feuer", das jeder Gestalt der wirkliche Abgrund wird. So ist die Seinsunerschöpflichkeit zugleich der Ausdruck für die Gefülltheit, Seins- und Sinnhaftigkeit jedes Seienden und der Ausdruck für seine innere Fragwürdigkeit, Begrenztheit, Abgrundverfallenheit.

Seinsgestalt und Seinsunerschöpflichkeit gehören zusammen. Ihre Einheit als Wesenstiefe schlechthin ist das Göttliche, ihr Auseinander in der Existenz, das relativ selbständige Hervorbrechen des „Abgrundes" in den Dingen, ist das Dämonische. Ein absolut selbständiges Hervorbrechen des „Abgrundes", ein bloßes Verzehren jeder Gestalt wäre das Satanische, das eben darum nicht zur Gestalt, zur Existenz kommen kann. Im Dämonischen dagegen ist immer noch das Göttliche, die Einheit von Grund und Abgrund, von Gestalt und Verzehren der Gestalt enthalten; darum kann das Dämonische zur Existenz kommen, freilich in der Spannung beider Elemente. – Die Spannung ist wirklich im Ding, im Getragenen. Der jedem Ding innewohnende, es erfüllende Trieb zur Gestaltung und das Grauen vor dem Gestaltzerfall ist begründet im Gestaltcharakter des Seins. Zum Sein kommen heißt zur Gestalt kommen. Die Gestalt verlieren heißt das Sein verlieren. Zugleich aber wohnt in jedem Ding die innere Unerschöpflichkeit des Seins, der Wille, die aktive Unendlichkeit des Seins in sich als einzelnem zu verwirklichen, der Trieb zur Durchbrechung der eigenen, begrenzten Gestalt, die Sehnsucht, den Abgrund in sich zu verwirklichen. Aus dem Zusammenwirken beider Tendenzen ergibt sich die lebendige Gestalt mit der Fülle und den Grenzen ihres Seins. Aus der Isolierung und dem gestaltlosen Hervorbrechen des Unendlichkeitswillens ergibt sich die dämonische Verzerrung. Dämonie ist gestaltwidriges Hervorbrechen des schöpferischen Grundes in den Dingen.

3. Der Ort des Dämonischen

Das Dämonische kommt zur Erfüllung im Geist. Nicht in „Geistern", also Wesen, die nur dadurch bestimmt wären, daß sie Dämonen sind. Auch „Geister" – wenn dieser Begriff eine gegenständliche Bedeutung hat – sind zunächst lebendige Gestalten, also „Naturen", an denen sich dämonische Erscheinungen, Ekstasen und Besessenheiten zeigen oder nicht zeigen können. Die Bejahung des Dämonischen hat nichts zu tun mit einer mythologischen oder metapsychischen Bejahung einer Geisterwelt. Wohl aber erhält erst in geistigen Gestalten das Dämonische seine Schärfe. Denn hier, wo die Form nicht nur unmittelbar wächst, nicht nur dem Dasein aufgeprägt ist, sondern wo sie als Forderung dem Sein gegenübertritt, wo sie sich an die Freiheit und Selbstmächtigkeit des Seienden wendet, wird das Formzerstörerische zum geistigen Widerspruch, zur aktuellen Erhebung des Abgrundes gegen die Gestalt. – Und doch erfüllt sich darin nur die Tendenz, die allem Seienden innewohnt und die auch in der ganzen Natur anzuschauen ist: die vitalen Urkräfte, die ins Grenzenlose über jede Gestalt hinaustreiben und doch nur in der Gestalt zur Wirklichkeit kommen können, die innere Unruhe alles Lebendigen, die Unfähigkeit, seiner selbst mächtig zu sein und das eigene Sein als eigenes zu erfassen und darin zur Ruhe zu kommen. Darum liebt es die mythische und künstlerische Symbolik, zur Darstellung des Dämonischen in die untermenschliche Sphäre herabzusteigen; denn in ihr drücken sich die vitalen Potenzen mit ihrer schöpferisch-zerstörenden Gewalt ungehemmt durch die menschlich geistige Form aus. Und doch erhalten zum Beispiel die Gestalten der tierähnlichen Dämonen eine Beziehung zur menschlichen Form, durch die sie über das bloß Tierisch-Unmittelbare hinausgehoben sind. So besteht hier wieder eine eigentümliche Dialektik: Im Geist kommt das Dämonische zur Erfüllung, aber die Kräfte, die im Dämonischen zerstörerisch walten, sind unmittelbar anschaulich im Untergeistigen. Das Tierisch-Geistverzerrte ist das stärkste Bild des Dämonischen; denn es enthält diese Doppeldialektik von schöpferisch und zerstörerisch, von geistig und untergeistig.

In der geistigen Persönlichkeit kommt das Dämonische zur Erfüllung, und darum ist die geistige Persönlichkeit das vornehmste Objekt der dämonischen Zerstörung. Denn die Persönlichkeit ist die Trägerin der Form in ihrer unbedingten Geltung. Der geistige Widerspruch ist Widerspruch gegen die geistige Gestalt, gegen den Ort, an dem er allein zur vollen Existenz kommt. Damit ist die innere Spannung des Dämonischen in einer neuen Schicht aufgedeckt: Die Persönlichkeit, das seiner selbst mächtige Sein, wird von einer Macht ergriffen, durch die sie in sich selbst zwiespältig wird. Diese Macht ist nicht etwa das Naturgesetz. Dämonie ist nicht Rückfall auf die vorgeistige Seinsstufe. Der Geist bleibt Geist. Er bleibt der Natur gegenüber seiner selbst mächtig. Etwas anderes aber ergreift Besitz von ihm. Dieses andere hat die vitalen Mächtigkeiten in sich; zugleich aber ist es geistig und – geistverzerrend. Es ist der Zustand der „Besessenheit", durch den sich die Dämonie im Persönlichen verwirklicht. Besessenheit aber ist Zerspaltung des Persönlichen. Die Freiheit, die Selbstmächtigkeit des Persönlichen ist begründet in ihrer Einheit, in dem synthetischen Charakter des Bewußtseins. Die Besessenheit ist der Angriff auf die Einheit und Freiheit, auf das Zentrum des Persönlichen. Bewußtseinsspaltung hat von jeher als Zeichen der Besessenheit gegolten. Daher der Mythos von dem im Geist wohnenden Dämon, der ein anderes Zeugnis redet als der Geist selbst und anderes tut, als das persönliche Zentrum zuließe. Der Satz, daß es sich hierbei um organisch begründete Krankheiten handle, ändert an der metaphysischen Bewertung der Tatsache nichts. Auch kann nicht jede geistige Krankheit als Besessenheit gedeutet werden. Der einfache organische Zerfall ist gerade das Gegenteil von dämonischer Mächtigkeit. Nur da ist das Dämonische anschaubar, wo die Ichzerspaltung ekstatischen, in aller Zerstörung schöpferischen Charakter hat. So erkennen zum Beispiel in der evangelischen Geschichte die Besessenen den Christus als Christus. Die Besessenheit kennt ihr Korrelat und ihre Überwindung: die Begnadetheit, während das freie, rationale, synthetische Bewußtsein daran vorübergeht.

Besessenheit und Begnadetheit entsprechen sich, dämonisches und göttliches Überwältigtsein, Inspiriertsein, Durchbrochensein sind Korrelate. In beiden Erscheinungen sind es die schöpferischen Urkräfte, die formzersprengend in das Bewußtsein einbrechen. In beiden Fällen wird der Geist über seine autonome Isolierung hinausgehoben, in beiden Fällen einer Macht unterworfen, die nicht Naturmacht ist, sondern der tieferen Schicht des auch die Natur tragenden Abgrundes entstammt. Die Paradoxie der Besessenheit ist so stark wie die Paradoxie der Gnade; die eine ist so wenig wie die andere mit kausalem Denken, mit Kategorien der rationalen Naturbetrachtung aufzulösen. Der Unterschied ist nur der, daß die gleichen Kräfte als Gnade mit der höchsten Form geeint sind, als Besessenheit der höchsten Form widersprechen. Darum wirkt die Gnade auf den Träger der Form seinsfüllend und formschaffend, während die Besessenheit in der Konsequenz die geistige Persönlichkeit durch Seinsberaubung und Sinnentleerung zerstört. Der göttlichen Erfülltheit folgt die Seinserhöhung, die Schöpfung und Gestaltung, der dämonischen Erfülltheit folgt die Seinsminderung, die Zersetzung und der Verfall. Die dämonische Inspiriertheit sieht zwar mehr als die rationale Nüchternheit; sie sieht das Göttliche, aber als das, vor dem sie Angst hat, das sie nicht lieben, mit dem sie sich nicht einen kann. Aus dieser Verwandtschaft erklärt es sich, warum in der Religionsgeschichte Begnadetheit so oft in Besessenheit umschlagen konnte und warum die moralische Auffassung der Religion beide in gleicher Weise verneint.

Das Dämonische äußert sich als Einbruch in das Zentrum der Persönlichkeit, als Angriff auf die synthetische Einheit des Geistes, als übergreifende und doch nicht naturhaft-ungeistige Macht. Der seelische Ort, aus dem es hervorbricht, ist das Unbewußte. Die eigentümliche Zwiespältigkeit zwischen Eigencharakter und Fremdcharakter der Besessenheit ist darin begründet, daß in der Besessenheit sich Elemente des Unbewußten erheben, die der Persönlichkeit zwar ständig ihren vitalen Impuls, ihre unmittelbare Seinsfülle geben, die aber nicht als eigene Gestalten in das bewußte Leben eintreten dürfen. Wie wir diese Elemente benennen, hängt von den Symbolen ab, mit denen das Unbewußte gedeutet wird. Sie können dichterisch, metaphysisch, psychologisch sein, bleiben aber immer Symbole, also Hinweise. Ob von dem „Willen zur Macht" oder von dem „Chaos" oder von dem „Ich- und Erostrieb" oder von der „Libido" gesprochen wird, immer werden Gefühle oder Vorgänge des geformten Bewußtseins zu Symbolen der vorgeformten Seelentiefe gemacht. Nur so erklärt sich der universale und dadurch uneigentliche Gebrauch des Machtwillens bei Nietzsche, des Sexuellen bei Freud. Aber natürlich ist die Symbolwahl nicht zufällig, sondern zeigt die Richtung, in der zuerst die Tiefenschau einsetzt. – Bezeichnen wir, ohne Absicht der Fixierung, Machttrieb und Erostrieb als die beiden polaren und doch verbundenen Kräfte des Unbewußten, so kommen wir am besten an das Verständnis der oben aufgewiesenen, in Kunst und Ritus sich darstellenden Dämonien heran und werden auch den Erscheinungsformen der Besessenheit am besten gerecht. Die dichterische, metaphysische und empirische Tiefenpsychologie haben in gleicher Weise gezeigt, wie die vitalen Kräfte des Unbewußten selbst die feinsten und abstraktesten geistigen Akte tragen und ihnen das „Blut" geben, das den Geist schöpferisch macht, das aber auch die geistige Form hemmen und zerstören kann. Diese Dialektik des Vitalen und Geistigen ist in jedem bewußten Akt aufweisbar. Sie beherrscht den gesamten Prozeß des persönlichen Lebens. Zu dämonischer Kraft erhebt sich das Unbewußte da, wo es sich das Bewußtsein unterwirft, aber so unterwirft, daß das Bewußtsein über sich hinausgehoben wird zu schöpferisch-zerstörerischen, schließlich nur zerstörerischen Ausbrüchen. Wenn es darum auch berechtigt ist, das Dämonische als Hervorbrechen des Unbewußten und seiner vitalen Kräfte zu bezeichnen, so ist diese Bestimmung doch nicht ausreichend. Es muß die eigentümliche Qualität des „Abgrundes", des Ekstatischen, Überwältigenden, Schöpferischen, die Persönlichkeitsgrenzen Sprengenden hinzukommen. Diese Qualität aber ist nicht notwendig mit dem Unbewußten verbunden. Sie ist etwas Neues, das nicht durch die Alternative bewußt-unbewußt erschöpft werden kann. Psychisch gehört das Dämonische ebensosehr zum Unbewußten, dem es entstammt, wie zum Bewußten, in das es sich ergießt. Wie im dämonischen Bild, so zeigt sich auch hier, daß die Zweiheit der Kategorien nicht ausreicht, um den Gegenstand zu erfassen. Das Dämonische wie das Göttliche zwingen uns, eine dritte Kategorie zu bilden, zu der wir zwar von den beiden anderen her den Zugang suchen, die aber nicht in sie aufgelöst werden kann.

Das Doppelverhältnis des Dämonischen zum Bewußten und Unbewußten, zum Geistigen und Untergeistigen, zum Menschlichen und Tierischen, zu Form und Chaos wird vielleicht am deutlichsten sichtbar, wenn wir uns von der Persönlichkeit zur Gesellschaft, von der psychischen zur sozialen Dämonie wenden. Auch hier ist es möglich, mit Hilfe der Psychologie des Unbewußten, sofern sie soziologisch gewendet wird, den Dingen näherzukommen. Die gleichen vitalen Urkräfte, die wir als Eros- und Machttrieb zusammengefaßt haben, tragen auch die soziale Dämonie. Aber wieder – und hier noch nachdrücklicher – ist zu sagen: Nicht die Erhebung des Machtwillens und der Eroskräfte an sich ist Dämonie, sondern ihr ekstatisches, geistgetragenes, geistzwingendes und geistzerstörendes Hervorbrechen. Es ist der Abgrundcharakter, das unbedingt Übermächtige, die Besessenheit, das auch die soziale Dämonie charakterisiert. Darum ist die sakrale Dämonie der Ursprung und Urtypus aller sozialen Dämonie. Denn im Sakralen, in der heiligen Sphäre, ist ja der Abgrund, das Unbedingt-Mächtige, in die Wirklichkeit Hereinbrechende gemeint. Aber die sakrale Sphäre ist nicht der einzige Ort des Dämonischen. Denn der „Abgrund" trägt ja auch die Geistesakte und Sinngebiete, in denen nicht er gemeint ist, sondern die auf ihm ruhenden Gestalten und Sinnformen. Und darum kann er sich auch in der Hingabe des Geistes an diese Gebiete schöpferisch-zerstörerisch, geistig-untergeistig erweisen, ohne daß ein ausdrücklicher kultischer Akt sich auf ihn richtet.

Die soziale Dämonie wirkt sich wie alle Dämonie an einer geistigen, sinnhaften Form aus. Der einfache Formmangel freilich, die Schwäche eines sozialen Gebildes, ist nicht dämonisch. Wohl aber die Herrschaft einer übergreifenden, unantastbaren, das Leben tragenden Form, die in sich das Bild des Zerstörerischen hat und zwar so hat, daß es wesensmäßig mit ihrer tragenden, schöpferischen Kraft verbunden ist. So die heiligen Dämonien der Macht- und Erossphäre, die oben angedeutet sind. So die profanen Dämonien der gleichen Sphäre, von denen unten zu reden sein wird. Nicht im Chaos, sondern in der höchsten, symbolkräftigsten Form einer Zeit ist die soziale Dämonie zu suchen. Dort nur gewinnt sie ihre Macht. – Gegenstand der dämonischen Zerstörung ist die im sozialen Zusammenhang stehende Persönlichkeit und der von ihr getragene soziale Zusammenhang selbst. Es handelt sich hier also nicht um die Zerspaltung des Persönlichen von der eigenen psychischen Tiefe her, sondern um die Zerbrechung des Persönlichen durch die übergreifende soziale Einheit. Es gibt vom Sozialen her ein Zerbrechen des Einzelwillens bis zur Vernichtung seiner physischen Grundlage, die notwendig ist und als Opfer der natürlichen Willkür für den geistigen Zusammenhang bejaht werden muß. Gerade in diesem Opfer des unmittelbaren Seins offenbart die Persönlichkeit ihre Freiheit, ihre Persönlichkeitsart. Insofern von der Gemeinschaft der Anspruch auf dieses Opfer ausgeht, ist sie nicht dämonisch. Dämonisch wird das Zerbrechen der Persönlichkeit in dem Augenblick, wo Macht- und Eroswille zu ihrem zerstörenden Ziel die übergreifende soziale Form und ihren gerechten Anspruch auf Opfer benutzen, wo es darum auch nicht nur zu einer Vernichtung der physischen Grundlage der Persönlichkeit, sondern zu einem Zerbrechen ihrer geistigen Selbstmächtigkeit kommen kann. Die Dämonie des Staatlichen, Kirchlichen, Wirtschaftlichen ist da anschaubar, wo die Heiligkeit dieser Sozialformen, ihr Recht auf Opfer, zerstörerisch mißbraucht wird – womit in der Konsequenz die Selbstzerstörung, nämlich die Erschütterung des Glaubens an ihre Heiligkeit, verbunden ist. Auch hier zeigt sich das Doppelangesicht des Dämonischen in seiner unheimlichen Dialektik wie in der Plastik der Volksreligionen.

4. Dämonie und Sünde

Das Dämonische ist die Verkehrung des Schöpferischen und gehört als solches zu den Erscheinungen der Wesenswidrigkeit oder Sünde. Im schöpferischen Akt an sich ist das Dämonische Grund und Tiefe, aber es bricht nicht als dämonisch hervor; es trägt, aber es erscheint nicht, es ist gebunden an die Form. Es durchbricht wohl die gegebene Form um der höheren willen, aber es zerbricht nicht um des Zerbrechens willen. – Die Wirklichkeit des Dämonischen ist gebunden an die Wirklichkeit des Wesenswidrigen. Es ist aber nicht berechtigt, beide Begriffe zu vermengen. Die Sünde erscheint nicht immer in dämonischer Form. Es sind bestimmte Erscheinungen, eben die beschriebenen, in denen sie sich zur Dämonie erhebt. Normalerweise bleibt sie in den Grenzen unschöpferischer Schwäche. Das ändert ihren Charakter als Sünde nicht. Sie ist Wesenswidrigkeit und darum das schlechthin zu Verneinende, Sinnwidrige, die Trennung vom unbedingt Seienden; und sie ist es, ganz gleich, ob sie in Schwäche oder ekstatischer Kraft auftritt. Dieser Unterschied ist nicht entscheidend. Er betrifft nicht den Begriff der Wesenswidrigkeit selbst. Er betrifft vielmehr ihre Erscheinung im Lebensprozeß des einzelnen und der Gesamtheit; und hier ist er von grundlegender Bedeutung. Denn das Dämonische ist die übergreifende, den Lebensprozeß zusammenfassende, mit seinen tragenden Kräften sich einende Erscheinungsform der Wesenswidrigkeit.

Nach dieser grundsätzlichen Abgrenzung ist es aber wichtig, das Verhältnis von Sünde und Dämonie an einzelnen Punkten durchzuführen.

Schon angedeutet war die Bedeutung des Dämonischen für die Versuchung. Es ist durchaus notwendig, die Versuchung vom Dämonischen her zu verstehen, denn nur so kann die positive Kraft aufgewiesen werden, die ständig über den Stand der Unschuld hinausdrängt und die nur deswegen Versuchung werden kann, weil sie die Kraft des Schöpferischen ist. Dieser Zusammenhang ist sowohl im Mythos vom Fall der Engel wie im biblischen Mythos von der Schlange gesehen. Beide Male kommt die Sünde an den Menschen aus einer Schicht heran, die außerhalb seiner Freiheit liegt, obwohl sie sich an seine Freiheit wendet. Und beide Male ist es der schöpferische Wille, zu sein wie Gott, der zum Fall führt, nicht das einfache Überwältigtwerden von der sinnlichen Natur.

Auch der naturhafte und gesellschaftliche Zusammenhang der Sünde ist nicht zu verstehen ohne den Begriff des Dämonischen. Die Tatsache der Gesamtsünde weist über die Freiheit des einzelnen hinaus in die vorbewußten Schichten der Natur und in die überpersönlichen Zusammenhänge der Gemeinschaft. Das, was in der Lehre von der Erbsünde gemeint war, kann ohne den Begriff des Dämonischen nicht wirklich verstanden werden. Das Moment der Notwendigkeit, das der Sünde anhaftet, die Paradoxie, daß im wesenswidrigen Akt Verantwortlichkeit und Unentrinnbarkeit sich verbinden, entspricht durchaus der Dialektik des Dämonischen. Denn dieses ist ja gerade dadurch charakterisiert, daß es zugleich in die Tiefe des vorpersönlich Natürlichen hinab und des überpersönlich Sozialen hinausreicht und doch im Zentrum des persönlichen Seins seine Verwirklichung findet. Die Schau des Dämonischen überwindet den moralistischen Begriff der Sünde. Es ist kein Zufall, daß die Aufklärung mit dem Kampf gegen die Mythologie des Dämonischen, der durchaus begründet war, nicht nur den Begriff des Dämonischen, sondern auch den religiösen Begriff der Sünde verlor.

Die Wurzel der Sünde ist nach theologischer Tradition das Mißtrauen gegen Gott. In dieser Bestimmung ist ihr religiöser Charakter aufs schärfste ausgedrückt. Mit dieser Bestimmung ist auch der tiefste Einblick in das Wesen des Dämonischen gegeben: denn Mißtrauen gegen Gott ist Dämonisierung Gottes im menschlichen Bewußtsein. Der Mensch wagt nicht die Hingabe an das Unbedingte, weil er es als das schaut, was ihn richtet, zerstört, zerbricht. Die ganze Religionsgeschichte ist erfüllt von dieser Dämonisierung des Göttlichen. Am furchtbarsten erscheint sie da, wo unter Beseitigung aller sakramentalen Vermittlung der Mensch unmittelbar vor Gott gestellt wird und die Erfahrung seines unbedingten Anspruches und seines verwerfenden Zornes macht. Oder wo unter Zerfallen aller Lebensinhalte das Unbedingte als der Abgrund des Nichts erscheint. Hier erhält das Göttliche rein dämonischen Charakter, und der Kampf um die Gnade und um den Sinn wird zu einem Kampf um die Überwindung des dämonischen Gottes durch den, der in Wahrheit Gott ist. Wem diese in völlige Verzweiflung stürzende Schau Gottes als Dämon zuteil geworden ist, für den hört das Göttliche auf, Objekt unmittelbarer Erkenntnis und Beziehung zu sein. Die Göttlichkeit Gottes wird zur absoluten Paradoxie, zur Gnade, die niemals erwartet und bewiesen werden kann. Außer der Gnade ist Gott Gesetz, Gericht, das zur Verzweiflung treibt. Gott – im Gegensatz zum Dämon – wird er durch die Gnade. Das ist die tiefste Beziehung von Sünde und Dämonie.

So zeigt sich, daß die Sündenlehre ohne die Erfassung des Dämonischen ihres Inhaltes beraubt werden muß. Auch treibt die gegenwärtige Geisteslage dazu, das Verständnis der Sünde von der Schau des Dämonischen her zu erwecken. Denn diese Schau wird immer allgemeiner und erschütternder und setzt sich auch da durch, wo der überlieferte Begriff der Sünde unverständlich bleibt.

II. Das Dämonische und die Geistesgeschichte

1. Mythos und Geschichte

Der Mythos führt die großen Katastrophen des kosmischen Geschehens auf die Kämpfe der Götter und Dämonen zurück. Die bedeutungsvollste Betrachtung der Welt als Geschichte, die persische, hat in dem Dualismus der göttlichen und dämonischen Macht das Prinzip seiner Urzeit und Endzeit zusammenschließenden Schau. Es ist dem mythischen Denken bewußt, daß nur das Geschehen letzte Wichtigkeit beanspruchen kann, in dem es um das Unbedingte und sein Erscheinen in der Zeit geht. Dieser Grundsatz aber gilt für jede Geschichtsschreibung, auch die unmythische oder besser: Jede Geschichtsschreibung, die ernst genommen werden soll, muß dieses mythische Element in sich haben, durch das sie über eine Beschreibung bloßer sich ablösender Endlichkeiten hinausgehoben wird. Das gilt auch von den rationalen Geschichtsdeutungen, den utopischen, den fortschrittlichen, den konservativen. Den Mythos der Urzeit und Endzeit oder vollkommenen Vorzeit und des Falles aus ihr haben sie alle in sich. Aber sie schwächen das mythische Element dadurch ab, daß sie dem Unbedingten die Jenseitigkeit nehmen und ausschließlich auf seine diesseitige Verwirklichung gerichtet sind. Der Mythos wird rational verflacht. Die historischen Dinge verlieren ihre Transzendenz, ihre Symbolkraft. Die Utopie übersieht die Tatsache des Dämonischen als Element aller geschichtlichen Schöpfung. Sie nimmt eine diesseitige, entdämonisierte Welt in Aussicht. Sie weiß nichts von der Verbundenheit der Menschheit mit der Natur und allem Seienden unter der Zweideutigkeit und Wesenswidrigkeit. Der Fortschritt aber, gewissermaßen der zahm gewordene revolutionäre Utopismus, entwertet jedes Moment der Geschichte zugunsten des Ideals, das im Unendlichen liegt statt im Ewigen. Er kennt nicht die schöpferische Tiefe jedes Augenblicks, seine Unmittelbarkeit zum Ewigen und seinen Entscheidungscharakter, durch den er zwischen Göttlichkeit und Dämonie gestellt ist und mit seiner Entscheidung ebenso den Weg der Zerstörung wie den Weg des Fortschritts gehen kann. Die konservative Geschichtsdeutung endlich sucht sich dem Angriff zu entziehen, der vom Ewigen her gegen jede historische Lage gerichtet ist und gerichtet sein muß, weil keine noch so altheilige Form der Dämonisierung entgehen kann. Diese kritischen Bemerkungen zeigen, daß eine Deutung der Geschichte erfordert ist, der das mythische Bewußtsein, die Einsicht in die Dialektik des Göttlichen und des Dämonischen zugrunde liegt. Sie soll nicht in den mythologischen Symbolen der Vergangenheit sprechen, aber in Symbolen, die in aller Rationalität den Hinweis auf die Transzendenz des Geschichtlichen in sich tragen.

Nur als Heilsgeschichte angeschaut hat die Geschichte unbedingten Sinn. Dieser Charakter liegt freilich in ihrer Tiefe; er kann nicht Darstellungsprinzip werden. Er kann nicht heraufgeholt werden an die Oberfläche der Berichterstattung. Dann wird er ein Prinzip unter anderen und verliert seine unbedingt sinngebende Bedeutung. Er muß Hintergrund, Tiefe bleiben. Die wirkliche Geschichtsbetrachtung hat es mit den Erscheinungen zu tun, die wahrnehmbar sind, durch die aber die Tiefe aufleuchten kann: der Kampf des Göttlichen gegen das Dämonische, das Hereinbrechen des „Heils".

Für diese Schau kann jedes geschichtliche Geschehen Symbol werden: Völkerschicksale und einzelne Gestalten, Kampf von politischen Gruppen und Massenbewegungen. Zu bewußter Symbolgestalt aber kommt der Sinn des geschichtlichen Werdens in den geistigen Ausdrucksformen einer Zeit, einer Gruppe, eines Einzelnen: zuerst und grundlegend in den religiösen Symbolen, dann abgeleitet, aber für gewisse Zeiten von entscheidender Bedeutung, in künstlerischen, philosophischen und sozialen Symbolen.

Von einzelnen solcher Symbole und Symbolentwicklungen soll die Rede sein. Sie sollen gedeutet werden als Ausdruck einer bestimmten schöpferischen Lage, eines Momentes im Widerstreit des Göttlichen und Dämonischen. Die Gewißheit, daß dieser Widerstreit in Ewigkeit entschieden ist, enthebt nicht von der Pflicht, sich um die konkreten Lösungen in der Zeit zu bemühen, in denen die ewige Entscheidung sich darstellt. Jeder ist in jedem Augenblick an sie gebunden und wirkt, wissend oder nicht, in dieser oder jener Richtung mit. Kein individuelles Heilsbewußtsein kann von der Verantwortung für die Geschichte und ihre konkreten Entscheidungen entbinden.

2. Der Kampf gegen das Dämonische in der Religionsgeschichte

Das Dämonische ist die negative und positive Voraussetzung der Religionsgeschichte. Aus dem dämonischen Untergrunde erheben sich alle höheren, individuellen, historisch geprägten Formen der Religion, im Kampfe mit dem Dämonischen gewinnen sie ihre eigentümliche Gestalt, in dem dämonischen Element, das als Untergrund nie schwinden darf, haben sie ihre zwingende Kraft für das Bewußtsein.

Abgesehen von den eigentümlichen, noch nicht wirklich durchschauten Erscheinungen der anscheinend ebenso undämonischen wie unkultischen und unkulturellen Urhebergottheiten, kann man sagen: Je ungeformter eine Religion ist, desto weniger wird in ihr das Dämonische unterschieden von dem Gegendämonischen, dem Göttlichen. Die sakrale Qualität, die den meisten Dingen und Vorgängen, ja den Teilen vieler Dinge zugesprochen wird, gibt allem einen zugleich göttlichen und dämonischen Charakter. Das Geformte und Formwidrige, das Sinnhafte und Sinnwidrige gilt in gleicher Weise als heilig. – In den großen Kulturreligionen setzen sich übergreifende Zusammenhänge theoretischer und praktischer Art durch. Das Einzelne, Zufällige erhält seine Heiligkeit von diesem Allgemeinen, Notwendigen und hat keine Heiligkeit außer ihm. Das Heilige wird zusammengefaßt in göttlichen Gestalten, die für diese Sphäre, dieses Sinngebiet Symbolkraft haben. Fragwürdig, sinnwidrig bleibt aber auch hier das Verhältnis dieser Sinngebiete zueinander. Gegeneinander bleiben sie Einzelne, Zufällige und darum Dämonen. Auch die monarchische Erhebung einer Gottheit über die anderen verändert diese Lage nicht wesentlich. Denn dieser Monarch unter den Göttern ruht ja selbst auf einer begrenzten, endlichen Grundlage. Er kann sie nicht verlieren, ohne zum abstrakten Absoluten zu werden und damit die Vielheit überhaupt aufzuheben. Darum ist es in der Sache begründet, wenn sich die anderen Gottheiten – fremder Völker oder der eigenen Monarchie – gegen ihn erheben. Der höchste Gott des monarchischen Monotheismus ist nicht imstande, die Dämonie der Zerspaltenheit des Unbedingten zu überwinden. Er bleibt Dämon, ein Endliches, das das Unbedingte erschöpfen will, und zerbricht mit seinem Volk an den zerstörerischen Auswirkungen seiner Dämonie. Alle Götter der großen nationalen Kulturreligionen haben ein Element des Sinnwidrigen in sich, ja erst bei ihnen kommt es infolge ihrer hohen Formung und Sinnhaftigkeit zu vollkommenem Ausdruck. Weil ihre Göttlichkeit mächtiger geworden ist, ist auch ihre Dämonie furchtbarer geworden. Denn die Gewalt des Sinnwidrigen wächst mit der Höhe des Sinnhaften, an dem es in Erscheinung tritt. Der primitive Kannibalismus hat nicht entfernt die dämonische Kraft des hochkultivierten Molochdienstes. Infolgedessen bedeutet es auch keine Befreiung vom Dämonischen, wenn göttliche Gestalten überwundener Stufen in die Rolle dämonischer Zwischenwesen gedrängt werden. Sie verlieren auch in dieser Entmächtigung ihre dämonische Gewalt nicht ganz und stehen jederzeit bereit, bei einer Krisis der herrschenden gottheitlichen Gestalten wieder in den Vordergrund zu treten. Sie haben ihre Gewalt nicht verloren, weil die siegreichen Götter selbst des Dämonischen voll sind.

Immerhin kann diese Spaltung in der Sphäre des Heiligen zu einem radikalen Dualismus und damit zu einer der wichtigsten Erscheinungen in der Religionsgeschichte gerade unter dem Gesichtspunkt der Dämonie führen. Im radikalen Dualismus sind alle dämonischen Elemente in der einen und alle göttlichen Elemente in der anderen Gottheit konzentriert, und beide stehen sich mit gleicher Gewalt gegenüber. Es ist kein Zufall, daß diesem Boden der höchsten Spannung des antidämonischen Kampfes die grundlegende mythisch-metaphysische Sinndeutung der Geschichte, ihres Rhythmus und ihres Zieles entsprungen ist. Aber eine solche Sinndeutung wäre doch nicht möglich gewesen, ja diese Religion hätte das Bewußtsein spalten und damit sich selbst dem Dämon endgültig unterwerfen müssen, wenn nicht in Wahrheit der Gott des Lichtes als endlicher Sieger und damit als der eigentliche Gott betrachtet worden wäre. Die Äquivalenz des Göttlichen und Dämonischen ist unmöglich. Wird sie bejaht, so ist in Wahrheit das Dämonische übermächtig. Das aber ist in keiner wirklichen Religion gemeint. Die Übermächtigkeit des Göttlichen wird gewahrt. Aber diese Übermächtigkeit ist nicht unbedingte Mächtigkeit. Und darum ist der Dualismus nicht Sieg über das Dämonische, und er kann es nicht sein, weil sein Gott des Lichtes selbst noch dämonische Züge trägt: Das Licht ist nicht Symbol des unbedingt Sinnhaften, der vollkommenen geistigen Gestalt und Einheit, sondern es ist Symbol einer naturhaften Seinssphäre, der eine andere naturhafte Seinssphäre gegenübersteht. Damit aber läßt der Gott des Lichtes die wirkliche Klarheit Gottes vermissen, dieses, daß er seiner selbst und alles Seienden unbedingt mächtig ist. Der religiöse Dualismus ist die Form, in der das Problem der Religionsgeschichte (des Heidentums) am klarsten gestellt ist. Die Antwort aber wird in ihm nicht gegeben. Darum führen die Religionen, in denen grundsätzlich die Überwindung des Dämonischen erstrebt ist, sowohl über die nationalen Kulturreligionen, wie über den religiösen Dualismus hinaus.

Die älteste Form, in der das Bewußtsein sich vom Dämonischen grundsätzlich befreien wollte, ist die asketische Mystik. Überaus eindrucksvoll erscheint unter diesem Gesichtspunkt die Gestalt des indischen Büßers, vor dem die Götter-Dämonen zittern, weil er die Welt, mit der sie unlöslich verbunden sind, zur Auflösung treibt. Das radikale Nein zu allen Seinsformen hebt auch den dämonischen Grund alles Seienden auf. Das unbedingte Sein aber, der Brahman-Atman, im Buddhismus der Nirvanazustand, ist reine Göttlichkeit, dem Dämonischen unverhaftet. Es ist klar, daß in einer solchen Auffassung die Wirklichkeit wesentlich als dämonisch empfunden wird. Die brahmanischen Weltengeburten sind für den Buddhisten ebenso dämonisch wie für die spätere brahmanische Spekulation die Maya-Welt. Das zeigt sich sehr deutlich darin, daß diese weltschöpferischen Prinzipien an den Büßer oder Mönch mit der versucherischen Absicht herantreten, sie von dem Weg der Entsagung zurückzubringen. Wird die Versuchung abgeschlagen, so ist das eine Erschütterung des dämonischen Reiches, nämlich der erscheinenden Welt. – In der abendländischen Mystik, deren Urtypus der Neuplatonismus ist, sind die dämonischen Elemente außerordentlich geschwächt. Das ist in der vorhergehenden profan-antidämonischen Entwicklung des Griechentums begründet. Es ist hier nicht wie in Indien, daß das Dasein lediglich als Abfall gewertet wird. Es ist Überfluß des Unbedingten, Überseienden. Aber es hat doch ein dämonisches Element in sich, die Materie, das *μὴ ὄν*, das mehr ist als ein Nichts, das auch in der griechischen Philosophie immer den Ort des Widerstandes gegen die Sinnform bezeichnete und das bei Plotin das Umschlagen des Lichtes in die Finsternis, des Göttlichen in das Widergöttliche ausdrückt. Die Notwendigkeit der Askese, das Streben, sich in der Ekstase mit dem Überseienden zu einen, wurzeln in diesem dämonisch-materiellen Element, das dem Dasein anhaftet. – Die asketische Mystik kennt eine Überwindung der Dämonie; aber sie ist verbunden mit der Überwindung des Daseins. Im Dasein kann das Dämonische nur in der seltenen Vorwegnahme der Vollendung durch ekstatische Erlebnisse überwunden werden. Abgesehen davon bleibt es in Macht. Seins- und Sinnformen der Wirklichkeit sind nicht Ausdruck göttlicher Wesenhaftigkeit, sondern dämonischen Truges, demiurgischer Begrenztheit oder halbdämonischen Nicht-Seins. Infolgedessen hat das Unbedingt-Seiende die Eigenschaft, jenseits der Sinnformen zu stehen, auch jenseits von Gemeinschaft und Persönlichkeit. Insofern nun die Zerstörung dieser Formen Merkmal des Dämonischen ist, hat das Unbedingte der asketischen Mystik selbst einen halb-dämonischen Charakter. Die Anschauung der mystischen Askese bestätigt diesen Schluß. Der – Persönlichkeit, Gemeinschaft und jede Form zerstörende – Charakter vieler Arten dieser Askese erinnert an die stärksten Erscheinungen der Dämonie in den primitiven und nationalen Religionen.

Dem mystischen Weg, der alle einzelnen Formen aufhebt, steht gegenüber der exklusive Weg, der alle Formen zugunsten einer einzigen entdämonisierten ausschließt. Hier ist die geistige Form als göttlich bejaht. Alles was ihr mit zerstörerischer Qualität entgegensteht, wird verneint. Die gesamte heilige Sphäre, die außerhalb der vollkommenen ethisch-sozialen Idee steht, wird in Frage gestellt und, insofern sie selbständig auftritt, als dämonisch bekämpft. Die Vielheit wird nicht von einer Einheit oder einem Unbestimmten überboten, sondern wird von einem Einzelnen bekämpft und unterworfen, aber exklusiv, nicht monarchisch. Der „eifersüchtige" Gott ist der exklusiv-antidämonische, die geistige Form tragende und darum wahre Gott. Denn nur da ist die Gottheit Gottes gewahrt, wo die Unbedingtheit und Sinneinheit gegenüber jeder dämonischen Vereinzelung und Zerspaltung unangetastet ist. In der Entwicklung der jüdischen Prophetie sind alle wesentlichen antidämonischen Kampfstellungen herausgearbeitet. Durch sie ist der antidämonische Charakter der christlich-abendländischen Religionsgeschichte bis zur Gegenwart bestimmt. – In dieser Entwicklungslinie wird das dualistische Element der asketischen Mystik ausgeschieden. Das Seiende ist Kreatur und als solche undämonisch. Die Sinnwidrigkeit, Formzerstörung, entstammt dem Willen der Kreatur, nicht einem dämonisch-schöpferischen Prinzip. Sie ist entstanden durch Freiheit, nicht durch transzendente Setzung. Die dämonischen Wesen der Vergangenheit klingen nach als untergeordnete, dienende Gestalten ohne gottheitliche Qualität und eigenen Heiligkeitscharakter. Und doch treibt auch diese Entwicklungslinie zu einer eigentümlichen Wiederkehr echt dämonischer Motive. Der exklusive Gott ruht ja auch auf einer Einzelbasis völkischer und kultureller Art. Insofern er nun den exklusiven Anspruch erhebt, muß er ihn auch gegen sich selbst in dieser seiner Besonderheit durchführen. Wird die Besonderheit aufrechterhalten, wie etwa im jüdischen Ritualismus, so verliert der Gott das innere Recht zur Unbedingtheit und Exklusivität. Wird die Besonderheit abgestoßen, so geht die Gegenwärtigkeit, die Unmittelbarkeit und Konkretheit des Göttlichen verloren. Er entschwindet in einer unnahbaren Transzendenz, die das religiöse Bewußtsein entleert.

Ein dritter Weg zur Überwindung des Dämonischen wird auf dem Boden der kultischen Religion selbst beschritten. Man kann ihn als den Weg der Mysterien bezeichnen. Wesentlich für seinen Geist ist dieses, daß der Gott freiwillig die dämonische Zerstörung gegen sich selbst wendet und dadurch überwindet. Der Mythos vom leidenden und sterbenden, vom niedrigen und menschgewordenen Gott ist der Ausdruck dieses Weges. Das Dämonische zerbricht in sich, denn die Gottheit selbst trägt die Zerstörung. Das Göttliche erscheint als einzelnes, aber so, daß es sich in seiner Einzelheit unter das Gericht stellt. Das Göttliche ist konkret gegenwärtig, dem Menschen und der Kreatur verbunden; aber seine Unbedingtheit bleibt unangetastet. Denn Leiden und Tod verneinen den Anspruch auch des Göttlich-Einzelnen auf Unbedingtheit. Die antidämonische Kraft dieser Vorstellungen hängt einerseits davon ab, inwieweit der Mittlergott in seiner Gestalt das

Dämonische überwunden hat, andererseits davon, inwieweit es gelungen ist, einer Zerspaltung des Göttlichen und damit einem Zurücksinken in die Volksreligionen zu entgehen. Ein Mittlergott, der nicht Träger der unbedingten geistig-personhaften Form ist, sondern Willkürelemente zeigt, ist ein Dämon; und ein Mittlergott, der göttliche Art neben Gott hat und nicht durch ihn hat, was er hat, ist ein Dämon.

Die drei Wege der Überwindung des Dämonischen in der Religionsgeschichte kommen durch sich selbst, durch eigene Dialektik nicht zum Ziel. Sie haben eine innere Grenze, die nur durch einen ursprünglichen Akt in der Geschichte, einen Durchbruch des Unbedingten zu überwinden ist. Ein solcher Durchbruch aber ist nicht mehr mit dialektischer Betrachtung der Religionsgeschichte zu erfassen. Er ist nur einem ebenso ursprünglichen Akt, einem Durchbruch in der Seele zugänglich. Wird er aber so erfaßt, so ist es nachträglich möglich und notwendig, aufzuzeigen, in welchem Sinne er die Erfüllung des in der Religionsgeschichte Erstrebten, also Besiegung des Dämonischen ist.

Die christologische Arbeit der alten Kirche war diesem Nachweis gewidmet. Alle ihre Formeln hatten nur den Sinn, dämonische Verzerrungen in jeder Richtung abzuwehren. Das christologische und trinitarische Dogma ist das gewaltige Zeugnis des siegreichen antidämonischen Kampfes der ersten Christenheit. Das ist sein Sinn. Darum hatte es existentielle Bedeutung für die Kirche und war keineswegs ein Ausfluß des theoretischen Wunsches, Evangelium und griechische Philosophie zu vereinen.

Doch ist es keinem menschlichen Werk vergönnt, auch nicht dem christlichen, sich der dämonischen Beherrschtheit alles Wirklichen zu entziehen. Darum ist auch die Kirche wieder und wieder der Dämonie verfallen. Das gilt für die sakramentale Hierarchie der katholischen Kirche mit ihrer Wiederherstellung zahlreicher im Urchristentum überwundener Dämonien. Das gilt trotz ihrer grundsätzlich antidämonischen Richtung für die protestantische Orthodoxie mit ihrer Dämonie der reinen Lehre. Das gilt für die Gesamtentwicklung und jeden Einzelnen. Und doch hat das christliche Bekenntnis die Gewißheit in sich, daß das Dämonische überwunden ist, daß die Möglichkeit besteht, sich dem Gott zu nahen, der es in Wahrheit ist. – Alles weitere in dieser Beziehung ist Sache der christlichen Dogmatik, die in Zukunft in ganz anderem Maße als bisher mit dem Bewußtsein arbeiten muß, in dem Kampf zwischen Göttlichem und Dämonischem zu stehen und darum in jeder Entscheidung, die sie trifft, dem einen oder dem anderen zu dienen.

3. Profanisierung und Entdämonisierung

Allen innerreligiösen Formen der Überwindung des Dämonischen steht gegenüber die Profanisierung. Auch sie ist eine Form der Überwindung des Dämonischen. Aber sie überwindet es, indem sie sich zugleich vom Göttlichen losreißt. Das ist freilich nicht die Absicht der Träger dieser Entwicklung. Sie bekämpfen das Dämonische um der Reinheit des Göttlichen willen. So die griechische Philosophie die Dämonie der homerischen Götter. So die Aufklärung die Dämonien der christlichen Konfessionen. Aber dieser Kampf geschieht mit anderen Waffen als der innerreligiöse. Er geschieht mit den Waffen der rationalen Form. Ursprünglich ist weder von der griechischen noch von der modernen Philosophie ein Gegensatz zwischen Göttlichkeit und rationaler Form empfunden worden. Vielmehr wollte man in der Vollendung, Geschlossenheit, Rationalität der Form die göttliche Klarheit schauen und anschaubar machen. Aber über der göttlichen Klarheit ging die göttliche Tiefe verloren: das Unerschöpfliche, Durchbrechende, Unbedingt-Transzendente. Das Göttliche wurde zum Prinzip einer in sich ruhenden, statisch vollendeten oder dynamisch bewegten Endlichkeit. Jede Beunruhigung durch dämonische Tiefen wurde abgewehrt. Mit den wirklich zu bekämpfenden Dämonien der Vergangenheit wurden auch die göttlich-schöpferischen Tiefen des Daseins verneint. Die Dämonenangst wurde beseitigt, Epikur, der vollendete Naturalist, als Heiland gepriesen – was er der heidnischen Dämonenfurcht gegenüber auch weithin war –, der Teufelsglaube und seine grauenvollen Konsequenzen versanken vor dem Licht der Aufklärung – und Aufklärung war sie in Wahrheit gegenüber jener Besessenheit eines ganzen Zeitalters. Mit der Dämonenfurcht aber versank auch die Furcht vor dem Göttlichen, die Erschütterung und Begnadung durch das Unbedingte. In Griechenland wurden die Götter in die Weltzwischenräume verbannt, wo sie ein seliges Leben führen – nach dem Bilde der Gärten Epikurs – ohne Einbruchsmöglichkeit in die innere und äußere Welt. Im Abendland wird Gott zur Zentralmonade, zur Synthesis der Weltformen, zum Vermittler der objektiven und subjektiven Sphäre, zum Garanten der moralischen Weltordnung, zum Grenzbegriff. Er ist das weihende Wort für das in sich geschlossene Weltsystem, für die vollendete Immanenz und ihre rationale Struktur. Das Denken wird zweidimensional: Form und Stoff. Entweder im Sinn der Anschauung eines schon geformten Stoffes oder einer unendlichen Aufgabe, die Form dem Stoff einzuprägen, oder einer Synthese zwischen beiden. Die dritte Dimension nach oben und unten, die göttlich-dämonische, formdurchbrechende, begnadende und verderbende wird nicht gesehen. Das Negative ist Endlichkeit, Mangel, Trägheit, aber nicht aktiver Widerstand, nicht Gegenpositives. – Auf diese Weise ist es möglich, die Welt zu erkennen und zu beherrschen. Sie leistet keinen prinzipiellen, unbedingten Widerstand. Sie ist rationabel, wenn auch in unendlicher Arbeit. Die mythischen Kategorien der Schöpfung, des Ursprungs, des Wunders, der Begnadung und Besessenheit verschwinden oder werden sentimental umgedeutet. Die mythische Furcht vor dem Unheimlichen in den Dingen und Wesen, die das Anrühren und Beherrschen gefährlich macht, der Schauer vor den alt-heiligen sozialen Mächten, die sich der rationalen Kritik und Gestaltung entziehen, entschwindet. Es gibt kein Tabu mehr, das den Erkenntnis- und Herrschaftswillen hindert, sich alles Sein zu unterwerfen. – Der Einzelne gilt als frei. Die Möglichkeit, viel oder wenig Stoff zu formen, weit oder weniger weit die Grenzen des Rationalen herauszuschieben, ist durch nichts eingeschränkt. Für einen unfreien Willen, ein *servum arbitrium* für diesen dämonisch-paradoxen Gedanken ist in der zweidimensional gesehenen Welt kein Raum.

Und doch geht die Rechnung der Rationalität nie rein auf: Auf griechischem Boden bleibt das *μὴ ὄν*, die Materie, die nicht nur das Nichts ist, sondern der aktive, unüberwindliche Widerstand gegen die Form. Die religiöse Entdämonisierung der Welt war nicht bis zum Schöpfungsgedanken durchgedrungen, und darum konnte die profane Entdämonisierung nicht weiter kommen als bis zu diesem Dualismus der Form und der aktiv widerstrebenden Materie. Bei Epikur und den Stoikern schien die Materie entdämonisiert zu sein. Aber der stoische Schicksalsbegriff, der sich mit der halb-dämonischen Tyche der Spätantike verband, zeigt, daß auch hier das Ziel nicht erreicht war. So kam es, daß bei Beginn der christlichen Zeit die Antike fast durchweg von Dämonenglauben überwuchert war und die christlichen Apologeten die Überwindung des Dämonischen durch Christus zu einem Hauptargument ihrer Verantwortung gegenüber dem Heidentum machten. Im Abendland war die Lage völlig anders, da im Hintergrund der christliche Schöpfungs- und Vorsehungsgedanke stand. Die Renaissance setzt darum mit einem Ja zur Welt ein, wie es die Antike nie gekannt hatte, und im Protestantismus werden die Restbestände der asketischen Mystik, die das Christentum aufgenommen hatte, abgestoßen und die reine Geschöpflichkeit der Dinge immer klarer bejaht. Aber mit dieser neuen Naturbejahung verbindet sich ein tiefes Bewußtsein um den Zwiespalt in der Natur selbst. Nicht die Materie, nicht das Geschöpfliche als solches, aber die Freiheit der Kreatur schafft den

Zwiespalt. Die Lehre von der Erbsünde, die der Protestantismus bis zu radikalsten Konsequenzen durchführt und die ihn bis an die Grenze des manichäischen Dualismus treibt, ist der Ausdruck für die neue Schau des Dämonischen. Dabei kommt es in gewissen mystischen Gedankengängen, wie bei Jakob Böhme, zu Formulierungen, die dem dämonischen Willen eine metaphysische Notwendigkeit geben und die rationale Entdämonisierung der Wirklichkeit in Frage stellen, ja geradezu aufheben. Der Erbe dieser Gedanken, der metaphysische Pessimismus, ist der bewußte Ausdruck dämonischer Weltbetrachtung auf profanem Boden.

Beides, die Tendenz zur radikalen Entdämonisierung und der ständige pessimistische Gegenschlag, charakterisieren die Profanität. Insofern die Profanität Verwirklichung der reinen rationalen Form ist, bedeutet sie Überwindung des Dämonischen, insofern sie den Widerstand gegen die Verwirklichung der rationalen Form anerkennen muß, fällt sie ins Dämonische zurück. Es ist überaus bezeichnend, daß Kant, der reinste Vertreter der rationalen Formidee, gezwungen war, in dem „radikalen Bösen" ein Prinzip anzuerkennen, das völlig aus der rationalen Weltanschauung herausfällt. Diese seine Lehre war das Einbruchstor für die dämonisch-pessimistische Wendung des deutschen Idealismus.

Die religiöse Lage in der Profanität ist demnach diese: Insofern im Göttlichen die Forderung enthalten ist, daß die reine Form verwirklicht werde, ist Profanisierung Bejahung des Göttlichen. Insofern im Göttlichen die unbedingte Transzendenz gegenüber jeder Form enthalten ist, bedeutet Profanität Entgöttlichung. Das ist der Preis, den sie für die Entdämonisierung zahlt. Auf der anderen Seite und in Reaktion dagegen bricht in die Profanität ständig das Dämonische ein, nun aber als Gegensatz gegen das Göttliche, als das Formzerstörerische, aktiv-Negative. In der Profanität ist das Göttliche ohne die Tiefe des Dämonischen und das Dämonische ohne die Klarheit des Göttlichen. Doch ist die Lage mit dieser Alternative noch nicht erschöpft. Es gibt auch in der Profanität ständig Verbindungen von Göttlichem und Dämonischem, Formverwirklichung und schöpferischem Abgrund. Durch sie lebt die Profanität. Die reine Rationalität wie die reine Negation sind die Pole, auf die das Profane immer hinstrebt. Aber diese Pole werden nie erreicht, weil sie keine Möglichkeit der Existenz in sich tragen. Die Wirklichkeit liegt zwischen den Polen; zwischen ihnen spielt sich der mythische Kampf von Göttlichem und Dämonischem ab, der auch die Profanität erfüllt. Freilich ist er in ihr nicht direkt sichtbar, denn das Vorzeichen der Profanität ist das Rationale, nicht das Mythische. Aber der Kampf ist doch da; und er ist wie in der

Religion ein Kampf zwischen Priestern des Dämonischen und prophetischen Verkündern des Göttlichen.

Ein wichtiges Beispiel profaner Entdämonisierung ist die Entwicklung der griechischen Plastik. Die Archaik der griechischen Kunst ist noch ganz erfüllt von dem mythisch-dämonischen Gehalt der Vergangenheit, und doch sind die Götter der archaischen Periode nicht mehr Dämonen nach Art etwa des asiatischen Polytheismus. Sie haben die Tendenz zur reinen Form des Menschlichen, wenn auch dies Ziel noch nicht erreicht ist. Sie sind noch gebunden an die strenge hieratische Gebärde. – In dem kurzen Höhepunkt der Klassik ist die vollkommene Befreiung und Formung zugleich erreicht. Das Dämonische ist entschwunden, das Göttliche und Gotterfüllte ist geblieben. Das Göttliche hat den Charakter der Klarheit, der idealen Form bekommen. Der Abgrundcharakter, das Grauenvolle, Verzehrende schwingt nur noch insoweit nach, als notwendig ist, um die Klarheit vor Flachheit zu schützen.

Einer schmalen Grenzscheide gleicht diese, wie jede Klassik. Schon beginnt die Form, die Herrschaft zu übernehmen. Die Strenge schwindet zugunsten der Bewegtheit, die Göttlichkeit zugunsten der menschlichen Idealität und schließlich Realität. Das Dämonische der Archaik schwingt auch nicht einmal mehr nach. Die Formen werden leerer, oder sie füllen sich mit endlicher, rein diesseitiger Dynamik, zum Beispiel der geistigen Individualität. Dabei erscheint in eigentümlicher Dialektik eine neue Dämonie. Die vitalen Urkräfte können ja nicht gebannt werden, und der Blick des Realismus kann an ihnen nicht vorübergehen. So kehrt die erotische Symbolik, die Geste brutalen Machtwillens, die Darstellung aller Rauschformen in naturalistischem Gewande wieder. Eine Dämonie der Profanität, die ins Untermenschliche weist, weil sie die Dämonie im Übermenschlichen verloren hat.

Die Spätzeit endlich mit ihren archaistischen Tendenzen und ihrem langsamen Verlust an formender Kraft ist der Ausdruck jener Rückwendung zu heilig-dämonischer Gebundenheit, die sich auf allen Gebieten zeigt und die in den spätantiken Religionsbildungen ihre durchschlagende Verwirklichung gefunden hat. Es sind freilich nicht dämonisch-fratzenhafte Göttergestalten, die hier auftreten, wohl aber ist es eine neue metaphysische Bannung aller irdischen Wesen und Vorgänge unter das beherrschende geistig-transzendente Prinzip: eine Archaik auf mystisch-monotheistischer Basis.

Ein anderes Beispiel ist die griechisch-abendländische Entwicklung des Dramas. Sie ist vor allem deswegen wichtig, weil sie die Grenzen aufzeigt, in denen es auf griechischem Boden überhaupt zur Überwindung des Dämonischen gekommen ist. Die griechische Tragödie enthält in sich ein Doppeltes: die unaufgehobene Herrschaft des Dämonischen in der Schicksalssphäre und den Protest gegen diese Herrschaft von seiten der heroischen, geistgeformten Persönlichkeit. Die Persönlichkeit geht an diesem Zwiespalt zugrunde in der Sphäre des Schicksals. Sie überwindet es in der Sphäre der persönlichen Freiheit. Dieser letzte Zwiespalt bleibt unüberbrückt. Die Macht, die das Schicksal trägt und die zur Schuld zwingt, ist eine andere als diejenige, in der die geistig-persönliche Formung des Einzelnen und der Gemeinschaft gegründet ist. Heroische Autonomie erhebt sich gegen dämonische Heteronomie. Soweit das Tragische diesen Zwiespalt enthält, ist Tragödie nur auf dämonischer Grundlage möglich. – Insoweit gibt es keine christliche Tragödie. Das Shakespearesche Drama kennt keine objektive Schuld. Im Zentrum der Persönlichkeit, in der Entscheidungssphäre kommt es zur Schuld. Und doch ist es nicht Moralität, die an Stelle der Dämonie tritt. Es ist die eigentümliche Verflechtung von Schicksal und Verantwortlichkeit, von der die christliche Erbsündenlehre zeugt und auf der das abendländische Drama beruht. Das Gericht über den Schuldigen wird bejaht, insofern er die Verantwortung für die Schuld trägt. Kein heroischer Trotz erhebt sich im Namen einer höheren Ordnung über das Schicksal. Denn die höhere Ordnung ist es ja gerade, die verletzt ist und das Gericht ausübt. Aber sie übt es nicht aus über die moralische Fehlhandlung, sondern über die im Einzelnen hervorbrechenden dämonischen Mächte, die zugleich seine schöpferische Größe und sein Verderben sind. Was also im abendländischen Drama an Tragik enthalten ist, beruht auf dem dämonischen Element. Nur daß im Gegensatz zum Griechentum des Dämonische hier keine seinsmäßig begründete Herrschaft mehr hat, sondern nur durch den verantwortlichen Willen zur Wirklichkeit kommen kann. Darum gibt es hier eine Erlösung, nicht nur den Heroismus des Unterganges.

Im jüngsten Drama hat mit dem Sieg des dämonischen Realismus das tragische Element des Dramas eine erhebliche Verstärkung erfahren. Schon das gesellschaftskritische Schauspiel hatte übergreifende Zusammenhänge offenbart, die den Einzelnen oft nach Art des objektiven Schicksals schuldig werden lassen. Aber darin war immer noch viel sozialethische Moralität enthalten. Dagegen hat das tiefenpsychologische Drama der Gegenwart mit seiner Erfassung der unterbewußten Mächte oft eine ganz starke Dämonisierung und damit Tragisierung des Dramas erreicht. Namentlich die Zerspaltung der Generationen – eine soziale Analogie zur Bewußtseinsspaltung – hat den Blick für echt dämonische Zusammenhänge erschlossen. Doch findet sich hier nirgends eine Neigung, zur griechischen Auffassung zurückzukehren. Die reine Objektivität des Schuld- und Schicksalsbegriffs ist für die christliche Kultur unwirklich. Der Durchgang durch Bewußtsein und Verantwortung ist bedingend für unseren Schuldbegriff – aller Übermächtigkeit des Unbewußten zum Trotz.

III. Dämonien der Gegenwart

Die profane Linie der Entdämonisierung – in Gegensatz und Gemeinsamkeit verbunden mit der prophetisch-protestantischen – hat dem Allgemeinbewußtsein der Gegenwart das Dämonische fast völlig entschwinden lassen. Die zweidimensionale Denkweise ist zur Selbstverständlichkeit geworden. Wo vom Dämonischen die Rede ist, da geschieht es in dem abgeschwächten Sinne von übermächtiger Kraft oder gar im Sinne von erotischer Pikanterie. Am allerwenigsten ist ein Bewußtsein um das Dämonische in der sozialen Sphäre zu finden. Hier sieht man zwar Probleme, Notstände, Mängel, oder auch Sündhaftigkeit und Verderbtheit, aber man sieht nicht die eigentümliche Dialektik der großen, die soziale Wirklichkeit tragenden Mächte. Und doch ist nur, wenn diese Dialektik verstanden wird, eine grundsätzlich richtige Haltung im Sozialen möglich. Sonst bleibt es entweder bei dem Verbesserungswillen der fortschrittlichen oder bei dem Bewahrungswillen der konservativen Auffassung. Die erste sieht überall den Stoff, der irgendwann einmal dem Ideal entsprechend geformt sein wird, die zweite sieht überall die unüberwindliche Sündhaftigkeit, die eine entscheidende Wandlung unmöglich macht. Die Erkenntnis der Dialektik des Dämonischen führt über diesen Gegensatz hinaus, führt zur Anerkennung eines Gegenpositiven, das nicht durch Fortschritt, auch nicht durch bloße Revolution, sondern durch Schöpfung und Begnadung zu überwinden ist – und führt zugleich zur Erfassung der besonderen Dämonie jeder Gesellschaftslage und zu ihrer Kennzeichnung und Bekämpfung. Der Kampf gegen die Dämonien einer Zeit wird zur unabschiebbaren religiös-politischen Pflicht. Das Politische erhält die Tiefe eines religiösen Tuns. Das Religiöse erhält die Konkretheit eines Kampfes mit „Geistern und Mächten“.

Freilich kann das nicht so gemeint sein, als ob eine Erscheinung einfach als dämonisch und eine andere einfach als göttlich bezeichnet werden könnte. Der Gegensatz beider Prinzipien geht durch jede Person und jede Erscheinung hindurch. Eine Einrichtung oder Gemeinschaft, die sich diesem Urteil entziehen wollte, würde eben damit der pharisäischen Dämonie verfallen. – Wohl aber ist es notwendig, in gewissen Formen, die eine Gesellschaft tragen, dämonische Symbole anzuschauen und mit der Kennzeichnung dieser Symbole den Kampf gegen die Dämonie einer Zeit zu eröffnen. Einen anderen Weg gibt es überhaupt nicht, da alles, was ins Unbedingte weist, Symbolcharakter hat und nie eigentlich, empirisch gefaßt werden kann. So und nur so soll auch in folgendem von Dämonien der Gegenwart gesprochen werden.

Die Profanisierung ist immer Rationalisierung, das heißt Erfassung der Dinge durch Auflösung in ihre Elemente und Zusammenfassung unter dem Gesetz. Diese den Dingen wesensmäßige und dem Verhältnis von Subjekt und Objekt angemessene Haltung wird dämonisch verzerrt durch den Herrschaftswillen, der sich ihrer bemächtigt und den Dingen die Wesenhaftigkeit und Selbstmächtigkeit raubt. Es ist die im Begriff des Intellektualismus gemeinte Stellung zur Wirklichkeit, die nicht etwa zu denken ist als ein Zuviel von Intellekt und Rationalität, sondern als eine Vergewaltigung der Gesamtwirklichkeit von seiten des rationalen Subjekts. Die Schilderung dieser Sachlage und ihrer zerstörerischen Folgen ist vielfach gegeben und kann hier nicht wiederholt werden. Das Dämonische des Intellektualismus ist dieses, daß die rationale Dingerfassung in sich die Konsequenz unendlichen Fortschreitens hat und wesenmäßig haben muß, und daß sie andererseits mit jedem Schritt vorwärts das Lebendige, Selbstmächtige in den Dingen und damit das Eros- und Gemeinschaftsverhältnis zwischen Erkennenden und Erkanntem zerstört. Das Tragende ist zugleich das Zerstörende. Die Unentrinnbarkeit dieses Verhängnisses wird besonders deutlich, wenn man auf das Schicksal der antiintellektualistischen Bewegungen sieht und bemerkt, wie sie unbewußt ständig die Waffen des Intellektualismus gebrauchen und ihm damit selbst verfallen. Eine Theologie, die gegenüber solchen Zusammenhängen religiöse Indifferenz und „Sachlichkeit" fordert, sieht nicht die unlösliche Verknüpfung des Sachlichen, Sinnhaften mit dem Sinnwidrigen, sieht nicht, daß „Sachlichkeit" abstrakte Forderung bleibt und die Wirklichkeit des Erkennens in dem Gegensatz von Göttlichem und Dämonischem steht, wie alle Wirklichkeit.

Den Anspruch, den Intellektualismus zu überwinden, erhebt die ästhetische Wirklichkeitsbetrachtung, und zwar nicht nur in ihrem eigensten Gebiet des Künstlerischen, sondern darüber hinaus in Metaphysik und Wissenschaft. Nicht mit Unrecht; denn die ungebrochene Herrschaft des Intellektualismus ist durch sie in der Tat erschüttert.

Aber die ästhetische Haltung verfällt selbst der Dämonie. Sie wird zum Ästhetizismus. Ein breiter Strom dieses Geistes geht durch unsere Kultur. Auch hier zeigt sich das typische Doppelgesicht des Dämonischen: die universale Einfühlungsfähigkeit des Ästheten, die jede feste Grenze in unseren Seinsbeziehungen auflöst, und die damit verbundene Entwurzelung und Entleerung des Seins. Die Distanz, die mit der Einfühlung verbunden ist, hebt das echte Erosverhältnis auf und führt zu einer herrschaftlich-erotischen Subjektivität, die die Dinge nicht minder vergewaltigt wie der Intellektualismus. Ja, letztlich ist zu sagen, daß die Dämonie des Ästhetizismus nur ein Gegenspiel der Dämonie des Intellektualismus und ihr unterworfen ist. – Es könnte scheinen, als ob diese Haltung weniger allgemein und leichter überwindlich sei; aber das trifft nicht zu. Unsere ganze Zeit und alle Schichten in ihr stehen vor dem Abgrund des Sinnverlustes, stehen in vergeblichem Suchen nach dem Punkt eines unbedingt Wirklichen, in dem sie wurzeln können. Ästhetizismus ist eben keineswegs gebunden an eine Ausbildung oder Vorherrschaft der ästhetischen Funktion, sondern er ist eine ganz allgemeine Haltung. Und er ist eine notwendige Haltung. Es ist nicht möglich, künstlich Absolutheiten und Seinsverwurzelungen zu schaffen, also absichtlich dem Einfühlen Grenzen zu setzen, sich in selbstgewählten Konkretheiten zu fixieren. Die Krampfhaftigkeit aller derartiger Versuche und ihr schließliches Scheitern zeigt, daß die ästhetizistische Dämonie nicht überwunden, sondern nur überdeckt war. – Was uns ständig vor den Abgrund der Sinnlosigkeit und Seinsentleerung stellt, das öffnet uns zugleich ständig den Zugang zu allem Seienden. Das ist die Dialektik des Ästhetizismus.

In der praktischen Sphäre sind es gleichfalls zwei Dämonien, die an Bedeutung und Symbolkraft alle anderen überragen und das Antlitz unserer Zeit formen. Es ist die Dämonie der autonomen Wirtschaft, der Kapitalismus, und die Dämonie des souveränen Volkes, der Nationalismus. Dabei ist es aber so, daß das zweite zum Teil Gegenbewegung gegen das erste ist und diesen Charakter auch nie ganz verliert, daß es aber nicht nur selbst dämonischen Charakter annimmt, sondern schließlich dem ersten verfällt – genau wie das Verhältnis in der theoretischen Sphäre liegt.

Die autonome Wirtschaft ist mit Hilfe der Mittel, die ihr die Technik zur Verfügung stellt, die erfolgreichste Form der Güterbeschaffung, die je existiert hat. Der Mechanismus des freien Marktes ist die kunstvollste Maschine zum Ausgleich von Angebot und Nachfrage, sowie zur ständigen Steigerung der Bedürfnisse und Bedürfnisbefriedigung, die sich für uns denken läßt. Es kann kein Zweifel sein, daß die kapitalistische

Wirtschaftsform in höchstem Maße den tragenden, schöpferischen und umschaffenden Charakter hat, der zum Dämonischen gehört. Ebenso aber, daß diese ihre tragende Kraft verbunden ist mit einer zerstörenden von grauenhafter Gewalt. Die Schilderungen dieser Zerstörung bei den Massen und bei den Einzelnen, geistig, seelisch und körperlich, sind so zahlreich und von so unwiderleglicher Eindruckskraft, daß es unnötig ist, sie hier zu wiederholen. Es ist auch nicht möglich, mit religiös-moralischen Kategorien wie Mammonismus das Dämonische der Wirtschaft auf das Niveau der allgemeinen Sündhaftigkeit herabzudrücken, um das Technische des Kapitalismus davon abzulösen. Die Tiefe des Dämonischen ist gerade die, daß das Sinnhafte und Sinnwidrige in ihm unlöslich verbunden sind. Darauf beruht seine Unentrinnbarkeit, seine übergreifende Gewalt, vor der jedes Moralisieren zur Ohnmacht verurteilt ist. Wohl ist die Sündhaftigkeit, zu der auch der Mammonsdienst gehört, die allgemeine Voraussetzung jeder Dämonie. Aber zur wirklichen Dämonie – wenn anders dieses Wort etwas inhaltlich Besonderes aussagen soll – kommt es erst in Verbindung mit einer positiven, tragenden, schöpferisch-zerstörerischen Gestalt.

Das gilt auch von der letzten großen Dämonie der Gegenwart, dem Nationalismus. Allem Pazifismus der Schwachheit, der Mystik und des rationalen Weltbürger- oder Weltproletariertums gegenüber ist zunächst dieses zu sagen: Die nationalen Impulse des bürgerlichen Zeitalters waren die einzigen, die Kraft genug hatten und weithin noch haben, der technischen Ökonomisierung des gesamten abendländischen Daseins Widerstand zu leisten. Sie durchbrechen die reine Rationalität ständig. Sie schaffen ein bluthaft unmittelbares Bewußtsein, das vom Intellektualismus noch wenig zersetzt ist und den Ästhetizismus immer wieder aufrüttelt und das durch Erfüllung mit Konkretheiten das Bewußtsein vor völliger Sinnentleerung bewahrt. Die nationalen Dinge erhalten sakrale Unantastbarkeit und kultische Würde. – Eben damit aber beginnt die Dämonisierung. Mit den schöpferisch-tragenden Kräften verbinden sich die zerstörerischen: die Lüge, mit der die Selbstgerechtigkeit der einen Nation das wahre Bild der eigenen und fremden Wirklichkeit entstellt; die Vergewaltigung, die das andere Volk zum Gegenstand macht, dessen Eigenwesen und Selbstmächtigkeit mißachtet und zertreten wird; der Mord, der im Namen des der Nation verpflichteten Gottes zum heiligen Krieg geweiht wird. Darüber hinaus ist es die Eigenart der nationalen Dämonie unserer Zeit, daß sie sich dem Kapitalismus unterworfen hat. Die Nationen traten im Weltkrieg gegeneinander als kapitalistische Machtgruppen; und die Hauptträger des Kriegswillens waren zugleich die Träger der kapitalistischen

Herrschaft im eigenen Volk; nicht aus irgendeiner persönlichen Dämonie, sondern selbst getragen von der dämonischen Gesamtgestalt des Kapitalismus, die sie repräsentieren. So offenbart sich die soziale Dämonie der Gegenwart in ihrer Doppelseitigkeit, in ihrer ungeheuren tragenden und zerstörenden Kraft. Für einen Augenblick erschüttert, ist sie zur Zeit im Begriff, sich neu zu festigen, um besser zu tragen und – besser zu zerstören.

Es gibt keinen Weg, der erdacht werden könnte, um die Dämonien, die geistigen und sozialen, zu überwinden. Die Frage nach Mitteln und Wegen ist die Frage des Intellektualismus, also schon als Frage der dämonischen Lage entsprungen und mit jeder Antwort den Dämon stärkend. Die Dämonie zerbricht allein vor der Göttlichkeit, die Besessenheit vor der Begnadetheit, das Zerstörerische vor dem erlösenden Schicksal. Es ist wohl möglich und prophetischem Geiste gemäß, in Vorgängen der Zeit Zeichen erlösenden Schicksals zu sehen, und es ist notwendig und unbedingt gefordert, den Dämon zu enthüllen und alle Waffen des Widerstandes zu suchen und zu gebrauchen, aber es gibt keine Gewißheit des Erfolges. Denn es gibt keine Gewißheit, daß eine endliche Wirklichkeit, und wäre es die christliche Kultur, unzerstörbar ist. Eine solche falsche Gewißheit gibt der Dämon ein. Nur eine Gewißheit gibt es, daß das Dämonische im Ewigen überwunden ist, daß es im Ewigen Tiefe des Göttlichen und in Einheit mit der göttlichen Klarheit ist. Nur im Hinblick auf das Ewige darf von der Überwindung des Dämonischen gesprochen werden, nicht im Hinblick auf irgendeine Zeit, eine Vergangenheit oder Zukunft. Daß wir aber so auf das Ewige blicken können, daß wir nicht dem Dämon das gleiche Recht wie dem Göttlichen und damit das höhere, das einzige Recht zusprechen müssen, daß wir nicht im Angesicht der Welt dem Nein, dem Abgrund, der Sinnlosigkeit das letzte Wort geben müssen, das ist die Erlösung in der Zeit, die wieder und wieder Wirklichkeit wird, das ist das grundsätzliche Zerbrechen der Herrschaft des Dämonischen über die Welt.

ESCHATOLOGIE UND GESCHICHTE

1. Theologische Wesensschau

Der wissenschaftlichen Betrachtung religiös gegebener Gegenstände bieten sich zunächst zwei Wege an: Der erste führt zu den autoritativ umschriebenen Orten wie Kirchenlehre und Schrift, um aus ihnen das normative Material für die wissenschaftliche Bearbeitung zu erheben. Der zweite wendet sich den seelischen und allgemein-historischen Prozessen zu, in denen Religion sich verwirklicht und religiöse Gegenstände gemeint sind. Der erste Weg ist allen Formen des Supranaturalismus gemeinsam. Der zweite verbindet Schleiermacher mit der modernen Psychologie, Soziologie und Geschichte der Religion. Der erste Weg scheitert daran, daß sich zwischen autoritativem Material und wissenschaftlicher Bearbeitung ein wesensmäßiger Widerstreit erhebt, bei dem entweder die Wissenschaft autoritativ verstümmelt oder die Autorität aufgelöst wird. Der zweite Weg aber hat gegen sich, daß er in die Subjektivität des religiösen Bewußtseins eingeschlossen bleibt und es niemals zu unmittelbarer Erfassung des im religiösen Akt Gemeinten kommt. Es ist aber wesenswidrig, den Aktgegenstand vom Akt her bestimmen zu wollen, statt umgekehrt den Akt vom Gegenstand her.

Diese Bemerkung enthält den Hinweis auf einen dritten Weg, den systematische Theologie gehen könnte und der im folgenden beschritten werden soll. Es ist der Weg unmittelbarer Wesensschau, es ist der Versuch, das im religiösen Akt enthaltene theoretische Moment, nämlich die Richtung auf bestimmte Inhalte, für sich herauszuheben und zu wissenschaftlicher Klärung zu bringen. Wir wenden uns also weder den Autoritäten noch dem religiösen Bewußtsein zu, sondern unmittelbar der Wirklichkeit und bemühen uns, diejenige Wirklichkeitsschicht aufzudecken, die vom religiösen Akt gemeint ist. Das ist natürlich nicht möglich, ohne den religiösen Akt gegenwärtig zu haben, das heißt ohne ihn vollzogen zu haben und seiner Evidenz bewußt zu sein.

Damit scheidet sich dieser Weg ausdrücklich vom Rationalismus, der da meinte, durch Schlüsse aus der Wirklichkeit ohne Vollzug des religiösen Aktes den Gegenstand der Religion erreichen zu können. Das ist unmöglich und bedeutet in Wahrheit die Verneinung der religiösen Inhalte. Sie werden in die Sphäre verstandesmäßiger Objektsetzung herabgedrückt und sind damit zum Verschwinden verurteilt. Denn die gegenständliche Existenz ist nicht die Seinsform der religiösen Inhalte.

Dem gegenüber hat das reine Hinschauen auf die Dinge und die Erfassung der im religiösen Akt gemeinten Seinsschicht den religiösen Akt gleichsam als Substanz in sich, ohne dadurch selbst zu einem religiösen Akt zu werden. Als Wissenschaft vollzieht die Theologie theoretische Akte. Aber als Wissenschaft vom religiösen Inhalt hat sie die Evidenz des religiösen Aktes in ihrem Grunde.

Es könnte von seiten der dialektischen Theologie eingewandt werden, daß in der unmittelbaren religiös-theoretischen Schau der Wirklichkeit jedenfalls die Inhalte der christlichen Verkündigung nicht zu finden sind. Diese seien ausgezeichnet durch den Charakter unbedingter Transzendenz und Unerfaßbarkeit. Soweit dieser Gedanke auf einen Offenbarungs-Supranaturalismus zurücklenken soll – und so ist es weithin –, bedarf es nach dem über die erste Methode Gesagten keiner weiteren Auseinandersetzung. Soweit er nur darauf aufmerksam macht, daß die im religiösen Akt gemeinte Seinsschicht jedenfalls transzendent ist, muß er in jede theologische Betrachtung eingehen und ist eine Grundvoraussetzung der hier versuchten. Sollte jedoch der Blick auf die Dinge der Theologie verwehrt werden, weil nicht in ihnen, auch nicht durch sie hindurch die religiösen Inhalte erfaßbar wären, so wäre zu fragen: Also schaut der Glaube von den Dingen weg, nicht in ihre Tiefe? Ihr Wesensgrund liegt nicht in der Blickrichtung des religiösen Aktes? Ihr Kreatursein, ihr Stehen in Gericht und Heil, ihre ewige Bestimmung, das alles liegt außerhalb ihres Wesens? Das kann nur über sie gesprochen, nicht an ihnen geschaut werden? – Es ist klar, daß ein solcher an keinem Ort und in keiner Schicht der Wirklichkeit erschaubarer Spruch nur autoritativ und supranatural zu begründen wäre – von dem „Ethos der Distanz“ und Entleerung der Wirklichkeit, das daraus folgen müßte, zu schweigen!

Der Weg, den wir gehen wollen, ist der Weg der theologischen Wesensschau. Es soll die Schicht in den Dingen gesucht werden, die der religiöse Akt meint. Darin liegt ein Doppeltes: einmal dieses, daß wirklich eine Aussage über das Seiende gemacht werden soll; zugleich aber das andere, daß in dieser Aussage das Seiende transzendiert, und zwar unbedingt transzendiert wird. Beides in Einheit aber heißt: Es sollen am Seienden die Orte seiner Transzendenz aufgezeigt werden. So kann verstanden werden die Mannigfaltigkeit der religiösen Symbole für das, was jede Mannigfaltigkeit und jedes Symbol überragt.

Es sind die verschiedenen Grundformen des Seins, die in ihrer inneren

Transzendenz die religiösen Symbole schaffen. Eine solche Grundform soll uns beschäftigen, das Seiende, sofern es geschichtlich ist, und ein Symbol, das sich darauf gründet, das Eschaton. Denn das Eschaton ist der transzendente Geschehenssinn.

2. Theologische Ontologie

Ehe wir jedoch den transzendenten Geschehenssinn ins Auge fassen, müssen wir uns auf das richten, von dem er sich unterscheidet und was das Prius jeder theologischen Betrachtung ist: auf den transzendenten Seinscharakter, auf den Ort, an dem das Sein als Sein für die religiöse Aussage von Bedeutung wird.

Es gibt keine theologische Aussage ohne theologische Ontologie, oder wenn es erlaubt wäre, ein neues Wort zu bilden, Protologie: die Auffassung des Unbedingt-Transzendenten als Erstes, als das, was dem Seienden Sein gibt. – Wir suchen darum zunächst die Bewegung des religiösen Bewußtseins, sofern es in der ontologischen Anschauung der Dinge steht, zu theoretischer Klarheit zu erheben.

In der Anschauung des Seienden, sofern es ist, drängt sich dem Bewußtsein zweierlei auf: die Ernsthaftigkeit und die Ungesichertheit des Seins der Dinge. Dadurch, daß etwas ist, daß es am Sein teil hat, kommt ihm dieses Zwiefache zu. Es sind nicht Eigenschaften, die die Dinge durch ihre besondere Struktur haben, sondern die ihnen dadurch zukommen, daß sie sind. – Ernsthaftigkeit soll der Ausdruck sein für die Unabschiebbarkeit, Unerfindbarkeit des Seins, für die Undurchdringlichkeit des Seinskerns jedes Dinges. Ungesichertheit des Seins soll der Ausdruck dafür sein, daß es in seinem Sein etwas Schwebendes hat, eine Gewichtslosigkeit, einen Hinweis auf mögliches Nichtsein, einen Mangel an unbedingtem Gewicht. Beides, Ernsthaftigkeit und Ungesichertheit, eröffnen sich der theologischen, von religiöser Evidenz getragenen Seinsschau der Dinge. Kein Seiendes erfüllt das Sein, aber jedes hat teil am unbedingten Sein. Daß es an ihm teilhat, zeigt seine Ernsthaftigkeit, die Unentrinnbarkeit des „Ist". Daß es das Sein nicht erfüllt, zeigt seine Ungesichertheit, das Verrinnenwollen des „Ist". Kein Seiendes ist Proton in bezug auf das Sein, jedes aber weist positiv und negativ auf ein Proton hin, an dem es teilhat. Dieses Proton ist der transzendente Ort des Seienden, sofern es ist. Und das Stehen des Seienden in diesem transzendenten Ort ist der Gegenstand aller Aussagen der religiösen Ontologie oder Protologie, also dessen, was in der dogmatischen Tradition als Lehre von der Schöpfung vorlag (die freilich diesen ihren eigentlichen Sinn immer weniger verstanden und erfüllt hat). Hier ist zu sprechen von den Eigenschaften der Kreatürlichkeit, von Mut und Schwermut, von Schöpferlust und Todeswille des Seienden, von den Stufen der Seinsmächtigkeit, der Fremdheit und Verbundenheit der Seinsformen und dem wesensmäßigen Widerstreit der Mächtigkeiten, von der Spannung von Geist und Vitalität und dem transzendenten Ort dieser Spannung in der Einheit von Klarheit und Tiefe des Seinssinnes selbst: alles Probleme, die im Mythos klingen, die in der alten Theologie noch ihren Platz hatten und die dann verlorengingen zugunsten einseitiger Hinwendung zur Soteriologie, obwohl diese doch auf der Ontologie ruht und mit ihr die gesamte personale und soziale Ethik bis zu den drängendsten Problemen des Tages.

Nur ein für alles folgende maßgebliche Problem der theologischen Ontologie ist zu behandeln: das Verhältnis des Seins zur Zeit. Ich möchte hier der Meinung entschieden widersprechen, als sei die Ungesichertheit, die Ungewichtigkeit des Seienden eins mit seiner Zeitgebundenheit. Mangelnde Seinserfüllung ist nicht zeitliche Vergänglichkeit. Aus solcher Auffassung ergibt sich der pathetische Gebrauch des Vergangenheits- und Vergänglichkeitssymbols und die undialektische Gegenüberstellung von Ewigkeit und Zeit. Demgegenüber ist zu sagen: Das Gegenwärtige hat vor dem Vergangenen und vor dem Zukünftigen darin nichts voraus, daß es ist. Im transzendenten Seinsbezug sind alle Zeitmomente gleich seinsmächtig und gleich seinsohnmächtig. Das Gegenwärtige ist immer gegenwärtig „für"; es ist die Form, in der Seiendes, Lebendiges sich selbst als seiend erlebt. Zeit ist kein leerer Strom, wie Raum kein leeres Gefäß für alle möglichen Inhalte, eventuell auch ohne Inhalte. Sondern beide sind Setzungen des Lebens, in dem dieses sich selbst in seiner Existenz erfaßt. Zeit ist die Daseinsform des in sich gespannten Seins. Als solche nimmt sie teil an Macht und Ohnmacht des Seins, aber sie ist nicht die Form der Ohnmacht des Kreatürlichen.

Mit diesen Andeutungen verlassen wir das Gebiet des Seinscharakters, die theologische Ontologie, um nun den Geschehenscharakter, die theologische Eschatologie, ins Auge zu fassen.

3. Theologische Eschatologie

Jedes Seiende, sofern es im Geschehen steht, ist bezogen auf das Eschaton. Und dieses ist in ihm als Geschehendem anschaubar, wie das Proton in ihm als Seiendem erschaubar ist – erschaubar für den Akt, der sich der inneren Transzendenz der Dinge zuwendet, also für den Glauben. Geschehen ist nicht in sich geschlossene Bewegung des Seins; der Kreis ist nicht das Symbol des Geschehens. Er repräsentiert die Geschlossenheit des in sich gespannten Seins, aber er ist das Entgegengesetzte des Geschehens. Auch alles Geschehen hat eine Seite, nach der es ein Vorgang ist und als Vorgang gebunden an den Kreis des in sich gespannten Seins. Zum Geschehen wird ein Vorgang, sofern in ihm ein Neues gesetzt wird, das den geschlossenen Kreis des Seins durchbricht. Nicht das Noch-nicht-Dagewesene hat diesen Charakter; das Noch-nicht-Dagewesene ist, sofern es zum Dasein kommt, Entfaltung des gespannten Seins in der Form der Gegenwärtigkeit. Damit aber ist es dem Sein verhaftet. Es wird von ihm herausgeschleudert und wird von ihm zurückgenommen. Entfaltung ist nicht Geschehen. Echtes Geschehen ist mehr als Entfaltung, ist Durchbrechung der Entfaltungsmöglichkeit, ist Durchbrechung des Seinskreises. Und doch muß es sein! Dieses Sein aber, in dem das Sein über sich hinausstößt, ist der Sinn. Auch der Sinn ist; aber er ist als Erhebung über das Sein als Sinn des Seins. Das Sein des Sinnes durchbricht den Seinskreis und setzt schlechthin Neues. Geschehen liegt da vor, wo in einem Vorgang Sinn verwirklicht wird.

Nun aber gilt: Alles Geschehen hat wie alles Sein den Doppelcharakter der Ernsthaftigkeit und der Ungesichertheit, der Gewichtigkeit und der Ungewichtigkeit. Alles Geschehen hat die Unerschöpflichkeit des Sinnes ebenso in sich wie die Drohung, zu stürzen in den Abgrund der Sinnlosigkeit, zu verschweben in das Nichts. An der Macht und Ohnmacht der Sinnverwirklichung unseres eigenen Lebens können wir das jederzeit schauen. Darin aber liegt der Hinweis auf einen im Geschehen nicht verwirklichten und doch das Geschehen tragenden unbedingten Geschehenssinn, liegt der Hinweis auf eine unbedingte Geschehenstranszendenz. Sie ist nicht die Transzendenz des Ursprungs, sondern des Ziels; aber sie hat die gleiche Notwendigkeit wie jene. Sie ist das Eschaton, der Gegenstand aller Eschatologie. Sie ist die jedes Geschehen tragende Geschehenstranszendenz; im Eschaton hat das Geschehen seinen transzendenten Ort.

Darin liegt das Urteil beschlossen: Der Geschehenssinn haftet nicht am Entwicklungssinn. Entwicklung ist die Entfaltungsseite des Geschehens, das, worin das Geschehen noch Vorgang ist, noch Ausdruck des in sich geschlossenen Seins. Es liegt nicht im Entwicklungsbegriff, daß in der Entwicklung etwas geschieht. Und es liegt nicht im Geschehensbegriff, daß sich im Geschehen etwas entwickelt. Beides kann vereinigt sein, muß es aber nicht. Der Übergang von der Antike zum Christentum zum Beispiel war in eminentem Sinn Geschehen, aber kaum in irgendeinem Sinne Entwicklung. Der Geschehenssinn ist transzendent, ist das Eschaton, nicht das zufällige und fragwürdige Resultat einer Entwicklung. Weder liegt der Geschehenssinn eines einzelnen Lebens in seinem Alter, noch der der Antike in der Moderne, noch der der Menschheit in einer letzten Generation, sondern jedes beliebig kleine oder beliebig große Geschehen nimmt teil am Eschaton, am transzendenten Geschehenssinn.

Daraus folgt unmittelbar die Ablehnung der Utopie und des Fortschritts als Versuchen, den Geschehenssinn in das Geschehen selbst hineinzuverlegen. Das ist unmöglich und hebt den Geschehenssinn auf; denn jede Vergangenheit und jede Gegenwart werden zugunsten einer vorgestellten Zukunft entwertet. Es kommt nie zur Sinnverwirklichung, und die Enttäuschung an Utopie und Fortschritt stürzt in Verzweiflung am Geschehenssinn. Und zugleich beendigt die verwirklichte Utopie das Geschehen. Wenn Marx sagt, daß mit der klassenlosen Gesellschaft die Vorgeschichte der Menschheit ein Ende hat und die Geschichte beginnt, so liegt es nahe zu fragen, ob nun in dieser Geschichte noch etwas geschieht, ob nicht vielmehr alles echte Geschehen der Vorgeschichte angehört. Auf das Eschaton gesehen, ist alle Geschichte Vorgeschichte. Und nur dadurch, daß sie es ist, hat sie ihren Geschehenssinn.

Wo aber so von Geschehen die Rede ist, da ist auch die konservativ-organische Auffassung der Geschichte überwunden. Die unmittelbare Beziehung jedes Geschehens auf das Eschaton hat nicht das Ruhen in dieser Unmittelbarkeit zur sachgemäßen Konsequenz. Dieses Ruhen in der Unmittelbarkeit einer Zeit zu Gott ist in Wahrheit Rückfall in den Kreis des in sich geschlossenen, wenn auch noch so reich und weit gespannten Seins. Die christlich-konservative Auffassung rechnet zwar mit einem Eschaton. Aber dieses steht außerhalb des konkreten Geschehens an seinem mythologischen Ende und ohne Wesensbeziehung zu ihm. Das Eschaton wird zu einer mythischen Vorstellung, die höchstens dem Einzelschicksal gegenüber zukünftige Bedeutung hat, die aber das Geschehen unberührt läßt und es zu einem seinsgebundenen Vorgang macht. Demgegenüber gilt vom echten Geschehen, daß es Durchbrechung des jeweiligen Seinskreises ist, daß ihm darum das revolutionäre, umschaffende Element innewohnt, im Individuellen wie im Sozialen. Das ist der Grund, warum der Religiöse Sozialismus glaubt, daß die sozialistische Bewegung den Sinn des Eschaton besser zur Geltung gebracht hat als der christliche Konservativismus.

Hier muß das in der Ontologie über die Zeit Gesagte wieder aufgenommen werden. Der transzendente Seinscharakter der Dinge ist unabhängig von ihrer zeitlichen Entfaltung. Das gleiche gilt von ihrem transzendenten Geschehenssinn. Er ist unberührt durch die Scheidung von Vergangenheit und Zukunft im Akt der Gegenwartssetzung. Er ist unberührt durch Geburt und Tod, die Entfaltungsgrenzen des in sich gespannten Seins. Die Transzendenz ist weder zu bestimmen als Ende der Zeit noch als Überzeitlichkeit – beides Bestimmungen, die am Zeitbegriff orientiert sind. Sondern die Transzendenz ist vom Sein her zu bestimmen als Proton des Seins und vom Geschehen her als Eschaton der Sinnverwirklichung. Wer in der Seinsohnmacht die Unbedingtheit der Seinsmacht erlebt, die ihn trägt, wer in der Geschehensfragwürdigkeit die Unbedingtheit des Geschehenssinnes erlebt, auf den hin seine Geschichte gerichtet ist, nur der steht in der Gewißheit der Transzendenz, religiös gesprochen: des ewigen Lebens; und die Entfaltungsvorgänge, die den Charakter jeweiliger Gegenwärtigkeit haben und von hier aus Vergangenheit und Zukunft setzen, können ihm diesen Blick nicht verdunkeln.

Und doch liegt noch etwas Tieferes in der Zeit, als daß sie bloße Form der Entfaltung ist. Die Zeit hat den Charakter der einseitigen Richtung nach vorn, der Unumkehrbarkeit. Der bloße Vorgang kann in Raumdimensionen aufgelöst werden, wie die Mathematik zeigt. Er hat kein inneres Verhältnis zur Zeit. Daß er dennoch in der Zeit vor sich geht, ist der Ausdruck dafür, daß er die Tendenz hat, Geschehen zu tragen. Erst im echten Geschehen erfüllt sich die Form der einseitig gerichteten Zeit mit angemessenem Inhalt. – Vom Sein her kann das auch so ausgedrückt werden: Die Spannung des in sich kreisenden Seins geht auf Durchbrechung des Kreises, auf Setzung des Neuen, auf Geschichte. Das zeigt sich darin, daß seine Spannung sich nicht nur als Raum, sondern auch als Zeit darstellt. Wer sich in der Geschlossenheit des Seins halten will, muß die Zeit entwerten, wie es zum Beispiel die griechische Philosophie tat, für die sie nur die Form der in sich zurückkehrenden, im Grunde zeitlosen Bewegung war. Auch alle organisch-vitalistische Philosophie muß irgendwie die Zeit ausschalten. So zum Beispiel Nietzsche trotz seiner ungeheuren Gespanntheit im Sein durch seine Lehre von der ewigen Wiederkehr. Nur vom Eschaton aus kann die Gerichtetheit der Zeit verstanden werden.

4. Erfüllung und Entscheidung

Wie ist nun das Eschaton näher zu bestimmen? Dadurch offenbar, daß man auf das Geschehen schaut und sieht, was in ihm liegt als Hinweis auf den transzendenten Geschehenssinn. So geschieht es in der unmittelbaren religiösen Schau, so geschieht es in unserer nachzeichnenden Theorie. In zwei Stufen mag sich die Erfassung dessen vollziehen, was im Geschehen geschieht. Auf der ersten Stufe ergeben sich zwei Begriffe, die das Eschaton näher bestimmen. Das Eschaton ist Erfüllung und Entscheidung. Unter Erfüllung ist hier verstanden diejenige Seite echten Geschehens, nach der im Geschehen Sinn des Seins verwirklicht wird. Die übliche Benennung dieser Seite ist Kultur. Sofern Geschehen echte Geschichte ist, ist es Kultur, ist es Einführung von Seinssinn ins Sein. Daraus ergibt sich, daß das Eschaton zu bestimmen ist als das Unbedingte in der Erfüllung, als das unbedingte Erfüllte. Voll-Endung, erfülltes Ende ist das Eschaton. Erfüllung aber ist Seinssetzung von Sinn.

Dieses ist das eine, was sich aus der Schau des Geschehens ergibt. Das andere ist darin begründet: Wäre das Geschehen als Prozeß gedacht, in dem sich Seinssinn seinsnotwendig verwirklicht, so wäre dieser gesamte Prozeß wieder als einfache Seinsentfaltung zu deuten, nicht als echtes Geschehen. Der Sinn ist aber das, was den Kreis des in sich gespannten Seins durchbricht, also das, was in Freiheit besteht und nur durch Freiheit zum Sein kommen kann. Und das bedeutet, daß die Sinnverwirklichung getragen sein muß von Freiheit und sich darstellen muß in Entscheidungen. Entscheidung ist, wo Möglichkeit ist, wo seinsfreies Sein ist. Sofern im Eschaton der Geschehenssinn zur Erfüllung kommt, kommt die Entscheidung in ihm zur Erfüllung. Und insofern ist das Eschaton das Entschiedene. Das Entschiedene im Entscheidungsprozeß und das Erfüllte im Erfüllungsprozeß ist das Eschaton: der unbedingte Erfüllungsort, der unbedingte Entscheidungsort.

Beides aber ist im Geschehen aneinander gebunden. Ein Sinngeschehen, eine kulturelle Sinn-Verwirklichung ist ein bloßer Vorgang, sofern er nicht Entscheidungscharakter hat, sofern in ihm nicht die Freiheit vom Kreis des Seins zum Ausdruck kommt. Jede kulturelle Schöpfung beruht auf Ethos, hat in sich Ethos und ist nur kulturell in dem Getragensein von diesem Ethos. Und umgekehrt: das Ethos hat keinen anderen Inhalt als den der Sinnverwirklichung. Jede Entscheidung wählt zwischen Möglichkeiten der Sinnverwirklichung.

Durch diese Betrachtung bekommt das kulturelle Tun unbedingtes Gewicht, die Geschichte unbedingten Sinn. Es werden die beiden Betrachtungsweisen ausgeschlossen, die den Sinn der Geschichte aufheben: die nur kulturelle und die nur ethische. Die erste wird weithin vom Idealismus vertreten, die zweite von der pietistisch-individualistischen Geschichtsdeutung des Christentums bevorzugt.

Die Geschichte in ihrer Doppelspannung von Erfüllung und Entscheidung bekommt unbedingtes Gewicht. Sie ist nicht der Ort, wo der Mensch für sich ist. Einen solchen Ort gibt es nicht; sondern sie ist der Ort, in dem das Eschaton verwirklicht wird, in dem das Sein sich zum Seinssinn erhebt. Im Eschaton ist nichts, was nicht in der Geschichte ist. In ihm ist keine Erfüllung, die nicht durch das Geschehen zur Erfüllung kommt, und in ihm ist keine Entscheidung, die sich nicht im Entscheidungsgeschehen vollzieht.

Das Eschaton ist das Erfüllte, das Entschiedene. Natürlich bedeutet das nicht, daß das Eschaton eine neue Wirklichkeitsform ist, die am Ende der Geschichte steht. Der Begriff eines Endes der Geschichte im zeitlichen Sinn ist unvollziehbar. Es wäre kein Ende, sondern ein Abbruch. Der Gedanke eines Abbruchs der Zeit aber ist selbst ein zeitbestimmter Gedanke und hebt sich darum selbst auf. Das Ende jedes Geschehens ist sein Stehen im Eschaton. Denn in diesem kommt es zu seinem Ziel. Das Eschaton steht also jedem Geschichtsmoment gleich nahe und gleich fern. Das Eschaton dagegen als End-Katastrophe ist eine Mythologisierung, in der zwar das unbedingte Gewicht des Geschehens in Entscheidung und Erfüllung zu höchster Plastik kommt, das uns aber nicht zur Umbildung, sondern nur zur Sinndeutung veranlassen darf.

Die religiösen Namen für die Doppelseitigkeit des Eschaton sind das Gericht und das Reich Gottes. Gericht ist der Entscheidungscharakter des Geschehens, im Eschaton gesehen. Gericht ist der transzendente Ort des Entscheidungslebens. Das letzte Gericht, das Endgericht, ist die im Eschaton enthaltene Entschiedenheit, die durch den Geschehensprozeß gesetzt wird. Reich Gottes ist die vom Geschehen gesetzte Erfüllung. Reich Gottes ist der transzendente Ort für die Erfüllung, für die Verwirklichung des Seins als sinnhaften Seins. Reich Gottes umspannt also alles, was im Geschehen steht, als dessen transzendenter Sinn. Wo Geschehen ist, wissen wir nicht. Wir wissen es nicht einmal in den Vorgängen, deren Subjekte Menschen sind. Wir wissen es noch weniger in den Vorgängen, die sich an den übrigen Wesen abspielen. Wir wissen von der Geschichte immer nur so weit, als wir handelnd in ihr stehen, als wir das, was als Geschichte an uns kommt, zu eigener Geschichte machen können, als es uns zu Entscheidungen treibt.

Darum können wir der Inhaltsbestimmung des Eschaton keine Grenzen setzen. Im Mythos gehört die Natur dazu – und mit Recht. Und zwar nicht nur in dem Sinne, daß die Natur der Ort der Sinnverwirklichung ist und der reine Geist eine Abstraktion, sondern auch in dem Sinn, den uns die moderne Naturwissenschaft immer machtvoller enthüllt hat, wenn sie uns die Gerichtetheit des Naturgeschehens vor Augen führt, von der Atomzertrümmerung und dem Sterben der Sterne bis zum Tod der Arten und der Umwandlung seelischer Organe; freilich können wir sie nicht als Geschehen verstehen, aber wir können es ihr auch nicht bestreiten.

Außerhalb der theologischen Eschatologie steht die Frage nach dem Schicksal des Einzelwesens nach dem Tode. Weder Fegefeuer noch Zwischenzustand, weder Seelenwanderung noch Reinkarnation, weder die Lehre von den Wesensreichen noch vom Aufgehen ins All berühren direkt die Frage nach dem Eschaton: dieses alles liegt dem Eschaton, der Geschehenstranszendenz gegenüber in der Empirie. Das alles gehört zum Geschehensprozeß, nicht zum Eschaton. Was darin theologisch zum Ausdruck kommt, sind bestimmte Deutungen des Geschehens aus dem Ethos. In der christlichen, namentlich protestantischen Lehre steht der Entscheidungscharakter des Geschehens im Vordergrund, in den übrigen der Erfüllungscharakter, in der christlichen die Einheit des Persönlichen in sich, in den übrigen die Einheit alles Seienden. Vom Eschaton her ist keine Entscheidung zu geben, vom Ethos her höchstens eine Empfehlung, von der Empirie her kein Beweis. Es bleibt unentscheidbar.

5. Geschichte und Heilsgeschichte

Und nun zur zweiten Stufe der Frage nach dem Inhalt des Eschatons. Die Antwort ergibt sich aus dem Verhältnis von Sein und Seinssinn; denn in diesem Punkt tut sich eine Fragwürdigkeit auf, die allem Seienden anhaftet. Die Erfüllung des Sinnes ist nicht Prozeß, sondern Geschichte. Sie ist kein berechenbarer Fortschritt, der ja nichts anderes wäre als wieder Seinsentfaltung, sondern sie ist konkrete Entscheidung, die immer die Möglichkeit, sinnwidrig zu sein, in sich trägt. Geschichte ist Hervorbrechen niemals eindeutiger, niemals berechenbarer Sinnverwirklichungen. Echtes Geschehen hat den Charakter des Sprunges. Damit aber kommt in das Gesamtgeschehen eine Zweideutigkeit. Es besteht keine Notwendigkeit der Sinnverwirklichung. Der Geschehenssinn könnte sinnwidrig, das Eschaton könnte dämonisch sein. Wo sinnlose Aufgipfelungen vitaler Mächtigkeit zum Geschehenssinn gemacht werden, ist dieser Gedanke bewußt oder unbewußt erreicht.

In Wahrheit aber ist damit der Sinn des Geschehens aufgehoben. Das Sein zertrümmert seinen Sinn.

Das bedeutet aber: Im echten Geschehenssinn ist enthalten der Sieg über die Zweideutigkeit, ist enthalten das Heil. Es ist ein Akt, der den Geschehenssinn anerkennt und das Heil als diesen Sinn bejaht. Das bedeutet, daß kein Mensch aufgewiesen werden kann, in dem nicht ein heimliches Bewußtsein um das Eschaton als Heilserfüllung durchklingt.

Und wie die Erfüllung, so bekommt die Entscheidung erst jetzt ihre eigene Tiefe: Das Entschiedene ist entschieden in bezug auf Heil und Unheil. Das Gericht ist Symbol dieser in jeder konkreten Entscheidung sich vollziehenden eschatologischen Entscheidung, durch die der Geschehenssinn erfüllt oder nicht erfüllt wird. Hier liegen die Wurzeln des Gedankens der Doppelbestimmung, der einen zum Heil, der anderen zum Unheil. Die Verbindung von Entscheidungscharakter und Heilssinn treibt zu diesem Gedanken. Sinnlos wird er nur, wenn Heil und Unheil als empirische Zustände innerlicher oder äußerlicher Art gedacht werden. Sobald das geschieht, haben sie mit dem Eschaton nichts mehr zu tun, sondern gehören, auch wenn sie das Prädikat „ewig“ widerrechtlich erhalten, in die empirische Sphäre.

Alle eschatologischen Begriffe werden sinnlos, wenn die strenge Korrelation zur Geschichte aufhört, wenn sie eine selbständige Objektsphäre darstellen sollen, die ihren realen Grund verloren hat und an lauter unlöslichen Widersprüchen diese ihre Realitätslosigkeit zeigt. Es ist die Bedeutung der schauenden Methode, daß sie in allen dogmatischen Problemen diesen Realitätsgrund, die Wirklichkeit selbst unverrückbar im Auge behält. Es ist die Art schlechter Scholastik, Probleme aus Begriffen statt aus Sachen abzuleiten. Diese Art führt zu zahllosen Widersinnigkeiten auf allen Gebieten, um derentwillen die Theologie geschmäht und die Religion abgetan wird. Sie gehören nicht zur Paradoxie des Unbedingten oder zur Tiefe der Religion. Sie können und müssen abgestoßen werden, um die lebendige, konkrete, reale Macht der religiösen Symbole neu aufleuchten zu lassen. Dieser ungewohnte Weg, in dem kaum ein Wort der religiösen Tradition benutzt war, dafür aber mühsames Hinschauen auf die uns nächsten, tragendsten und darum am schwersten zu erschauenden Dinge gefordert war – dieser Weg ist gemeint als ein Versuch zu jenem Ziel, als ein Versuch, der andere, bessere nach sich ziehen will, mit unseren Augen das zu sehen und mit unseren Worten das zu benennen, was an keine Zeit, an kein Auge und an kein Wort gebunden ist.

CHRISTOLOGIE UND GESCHICHTSDEUTUNG

„Christologie und Geschichte" ist die Verbindung zweier Begriffe, die abgesehen von dieser Verbindung nicht vollständig behandelt werden können. Irgendwo trifft die christologische Untersuchung notwendig auf den Geschichtsbegriff, und irgendwo führt die Wesensanalyse der Geschichte notwendig zur christologischen Frage. Das ist auch dann der Fall, wenn es nicht ausdrücklich bemerkt wird, ja in den allermeisten Fällen wird es nicht einmal bemerkt.

Die altkirchliche Christologie war ausschließlich auf das Problem der „Natur" gerichtet. Das Ineinander der göttlichen und menschlichen Natur wurde in Christus angeschaut; freilich in dem historischen Christus, denn nur der historische ist Träger der wahren menschlichen Natur, weil die menschliche Natur an die Zeit gebunden ist. Aber diese seine Historizität war nicht selbst das christologische Problem. Sie war die notwendige Voraussetzung, deren innere Problematik nicht ausdrücklich zum Bewußtsein kam. Und doch stand auch hier im Hintergrund eine universale, die gesamte Zeitlichkeit umfassende Anschauung des Geschehens, deren Mitte die Erscheinung der göttlichen in der menschlichen Natur des historischen Jesus ist. Christologie führt notwendig zur Geschichtsdeutung.

Und ebenso gilt das Umgekehrte: Geschichtsdeutung führt notwendig zur christologischen Frage. Es ist Selbsttäuschung, wenn profane Geschichtsdeutung fortschrittlicher oder revolutionärer, konservativer oder organischer Richtung meint, ohne die christologische Frage mit der Geschichte fertig werden zu können. Denn jeder geschichtliche Ort, von dem aus Sinn und Rhythmus der Geschichte angeschaut wird, liegt im Blickpunkt der christologischen Frage. Christologie treiben bedeutet ja, den konkreten Ort beschreiben, an dem ein Unbedingt-Sinngebendes in die Geschichte eintritt und ihr Sinn und Transzendenz gibt; und eben dieses ist die Tiefe des geschichtsphilosophischen Problems. Diese Tiefe kann dadurch verdeckt werden, daß der konkrete Ort ungenannt bleibt oder durch abstrakt-allgemeine Formulierungen unsichtbar gemacht wird, vorhanden ist er immer; denn Geschichte wird Geschichte allein durch Beziehung auf einen konkreten Ort. Im Zusammenhang der geschichtsphilosophischen Fragestellung ist es unmöglich, dem christologischen Problem auszuweichen. Geschichte und Christologie gehören zusammen wie Frage und Antwort. Wir wollen darum so vorgehen, daß wir zunächst die geschichtsphilosophische Frage entfalten, um dann den Sinn der christologischen Antwort aufzuweisen.

1. Sein und Geschehen

Wo das Seiende grundsätzlich als Natur angeschaut wird, steht es unter dem Symbol der in sich zurückkehrenden Kreislinie. Darin ist ein Doppeltes enthalten: zuerst die innere Dynamik, die Gespanntheit des Seins, die nach Entfaltung drängt; dann die Grenze der Entfaltung, die jedem Entfaltungsmoment innerlich gesetzt ist, der Zwang zu sich selbst zurückzukehren und das Ende an den Anfang anzuschließen. Wohl wird das Seiende unter diesem Symbol nicht als schlechthin ruhend gedacht. Die Kreisbewegung kann stärkste Spannung und Unruhe bedeuten. Aber jenseits jeder Unruhe und Spannung steht die Ruhe letzter Ausgeglichenheit. Die Spannung ist begrenzt, das Ganze zuletzt im Gleichgewicht. Auf diesem Boden ist echtes geschichtliches Denken unmöglich. So ist für die griechische Philosophie fast durchweg jede Abweichung von der Kreislinie Ausdruck von Seinsminderung. Die irdischen Dinge zeigen ihren minderen Charakter gegenüber den himmlischen eben darin, daß sie sich nicht kreislinig, sondern in auseinanderlaufenden und sich durchkreuzenden Linien bewegen. Die Abweichung von der Kreislinie ist Seinsminderung, nicht Seinsmehrung. Darum gibt es im Griechentum keine Anschauung der Welt als Geschichte, wenn auch Historie als Bericht über das Durcheinander der menschlichen Bewegungen und als Exempel der Politik nicht fehlt. Auch da, wo die Unendlichkeit der Zeitvorstellung das Bild des Kreises bedroht, in der Weltperiodenlehre, siegt mit der „ewigen Wiederkehr des Gleichen“ das Kreissymbol. Man könnte sagen, daß in diesem Denken der Raum die Zeit in sich verschlungen hält. Freilich ist die Zeit da und nimmt dem Räumlichen den Charakter simultaner Erstarrtheit. Aber der Raum läßt die Zeit nicht aus sich heraus, wie denn auch die ontologisch in dieser Weltauffassung fundierte Physik die Zeit den Raumdimensionen einordnen konnte.

Auf dem Boden geschichtlicher Seinsanschauung ist die Kreislinie durchbrochen. Die Zeit reißt das Seiende aus seiner Raumgebundenheit heraus und gibt ihm die Linie, die nicht in sich zurückkehrt, und doch nicht Seinsminderung, sondern Seinsmehrung ist. Das Geschehen, sofern es durch die Zeit bestimmt ist, geht auf etwas zu; es hat eine Richtung, in der etwas verwirklicht werden soll, das nicht als Wiederkehrendes, sondern als Neues in den Umkreis des Seienden tritt. Die Spannung, die schon der Natur zugehört, wird zur Spannung des Seienden über sich selbst hinaus, zur durchbrechenden Spannung. Die mit dieser Spannung gegebene Unruhe ist durch keine übergreifende Ruhe im Gleichgewicht gehalten. Die Wirklichkeit geschichtlich sehen, heißt sie wesensmäßig ungleichgewichtig sehen. Aber dieses physikalische Bild muß sofort wieder überwunden werden. Die Ungleichgewichtigkeit des Seienden in der historischen Anschauung ist kein gegenständlicher Vorgang, sondern ist gerichtete, einem Nichtverwirklichten zueilende Spannung. Die Spannung kann ausgedrückt werden als Sich-selbst-Voraussein und steht dann in Korrelation zu einem Hinter-sich-Zurückgehen. Diese Ausdrücke, die gegenständlich-räumlichen Verhältnissen entnommen sind, haben doch zugleich in der Undurchführbarkeit ihrer Bildvorstellung den Hinweis darauf, daß etwas anderes in ihnen gemeint ist. Das andere aber, das gemeint ist, ist die nur dem Mitvollzug zugängliche eindeutig gerichtete Spannung. Eindeutig gerichtet ist die Spannung, sofern die Richtung unumkehrbar ist, sofern es unmöglich ist, das im Sich-Voraussein und das im Hinter-sich-Zurücksein Ergriffene zu vertauschen. Die Spannung geht nie in umgekehrter Richtung, die Zeitlinie ist eindeutig bestimmt. Eben damit ist die Wiederholbarkeit ausgeschlossen. Jeder Moment der gerichteten Spannung hat den Charakter der Einmaligkeit. Sofern das Seiende als geschichtlich angeschaut wird, wird es als einmalig angeschaut. Das Sich-Wiederholende, zum Beispiel das Typische, ist eben das Nicht-Geschichtliche am Seienden. Der Typus gehört wesentlich dem Raum an. Für Typen ist es angemessen, nebeneinander in den Raum gestellt zu werden. Das Nacheinander ihres Auftretens betrifft sie nur äußerlich. In der eindeutigen Gerichtetheit, in der Einmaligkeit und Unwiederholbarkeit reißt sich die Zeit vom Raum, die Geschichte von der Natur los. In solchem Losreißen aber erfüllt sich das Wesen der Zeit.

Mit der eindeutigen Gerichtetheit der Zeit ist grundsätzlich ihre Sinnhaftigkeit gegeben. Das sinnfrei Nur-Seiende ist vertauschbar. Die Zeitordnung, der es unterworfen ist, trifft es nicht im Wesen. Es ist nicht ein anderes dadurch, daß es an einem anderen Zeitpunkt erscheint. Diese Behauptung schließt die andere nicht aus, daß es notwendig an einem Zeitpunkt erscheint, daß es im Kausalzusammenhang an diesem und keinem anderen Punkt des Raumes und der Zeit erscheinen kann. Sinnhaft aber wird sein Erscheinen an einem Zeitpunkt – und keinem anderen – erst dadurch, daß der Gesamtzusammenhang in der Zeit und durch die Zeit eine eindeutige Richtung erhalten hat, daß also die Art des Nacheinander durch den Sinn des Nacheinander bestimmt ist.

Daß eindeutige Gerichtetheit und Sinnhaftigkeit aneinander gebunden sind, kann an dem Prozeß des sinnhaften sittlichen Einzellebens angeschaut werden. Sofern die Einordnung der einzelnen Erlebnisse in einen Zusammenhang seelischer Kausalität versucht wird, ist das Einzelerlebnis bezüglich seines Zeitpunktes zwar seinsmäßig gegenständlich determiniert, sinnhaft, aber unbestimmt und vertauschbar. Für die sittliche Beurteilung dagegen, also für die Gerichtetheit auf ein Telos, ein Wesensziel, sind die vertauschbaren Erlebnisse negativ zu bewerten. Die sittliche Gerichtetheit weiß um sich selbst durch eindeutige, unvertauschbare Einordnung ihrer Erlebnisse in eine auf das Telos zugehende Linie. Die aus dieser Linie für das Bewußtsein herausfallenden Erlebnisse sind aus dem geschichtlichen Zusammenhang des Einzellebens ausgeschlossen. Ein Leben mit überwiegenden Erlebnissen dieser Art ist ungeschichtlich, bringt es nicht zu einer erfüllten Zeitlinie, wird verschlungen vom vertauschbaren Nebeneinander des Raumes.

Mit dieser Analogie ist nun zugleich eine weitere Frage gestellt. Die Zusammengehörigkeit von erfüllter, gerichteter Zeit und Sinn ist deutlich. Sinn aber ist kein objektiv feststellbarer Tatbestand. Die unumkehrbare Richtung der Zeit weist auf Sinn hin, aber sie garantiert nicht Sinn. Damit ist gesagt: Die unumkehrbare Richtung der Zeit ist eine Tendenz, keine Tatsache. Der Gedanke der Rückkehr der Zeitlinie in sich, die Wiederholung der Kreise von Kreisen kann nicht durch Analyse der Zeit ausgeschlossen werden. Geschichte ist nicht objektiv feststellbar, denn Sinn und Gerichtetheit sind nicht objektiv feststellbar. Feststellbar ist die Tendenz, die in der Zeit liegt, sich in Geschichte zu erfüllen. Feststellbar sind einzelne Richtungstendenzen und Sinnerfüllungen. Freilich auch dieses nicht als objektive Eigenschaft der Zeit, wohl aber als Relation bestimmter, zum Beispiel sittlicher Erlebnisse zur Zeit. Die Entscheidung selbst aber über Zeit und Raum, über Geschichte und Nicht-Geschichte ist durch analytische Bemühungen nicht zu treffen. Sie ist synthetisch und erfolgt aus einer Schicht heraus, in der auch die ethische Selbstanschauung noch transzendiert ist.

Es handelt sich also um eine Entscheidung gegen die sinnwidrige Zurücknahme der Zeit in den Raum, eine Entscheidung für den Sinn gegen die letzte, wenn auch noch so verhüllte Sinnlosigkeit des Seienden. Wie ist eine solche Entscheidung möglich? Offenbar nicht so, daß in abstracto entschieden wird, daß also Ja gesagt wird zum Sinn der Geschichte überhaupt: Solch „überhaupt“ würde eine Möglichkeit bleiben, die keinen Widerstand leisten könnte gegen die ständig andrängenden konkreten Sinnwidrigkeiten. Ihnen gegenüber kann nur ein konkret-sinngebendes Prinzip die Entscheidung tragen. Die Frage nach der Geschichte oder der eindeutig gerichteten sinnerfüllten Zeit trifft also zusammen mit der Frage nach einer konkreten Wirklichkeit, in der das Sinnwidrige als überwunden angeschaut, die Möglichkeit letzter Sinnlosigkeit aufgehoben ist. Damit aber ist die Entscheidung über die Geschichte eingegangen in die Entscheidung der christologischen Frage.

2. *Die Mitte der Geschichte*

In der bisherigen Betrachtung war von der Geschichte so die Rede, daß die Möglichkeit nicht ausgeschlossen war, Geschichte als objektives Phänomen aufzufassen, über dessen Sein und Nichtsein eine subjektive Entscheidung gefällt werden muß, die den Seinscharakter der Geschichte an und für sich nicht berührt. Aber solche Scheidung von objektivem Bestand der Geschichte und subjektivem Urteil über ihr Sein und Nichtsein ist durchaus zu verwerfen. Geschichte ist mit der Entscheidung für oder wider sie gesetzt oder aufgehoben, und abgesehen von dieser Setzung hat sie kein objektives Sein. Aber – das muß gleichzeitig und mit gleichem Nachdruck gesagt werden – diese Setzung ist nicht subjektiv. Sie ist selbst etwas Geschichtliches und nur möglich auf dem Boden eines geschichtlichen Ergriffenseins. Die Entscheidung für oder gegen Geschichte ist selbst historisches Schicksal und Geschichte verwirklicht sich einzig und allein mit diesem historischen Schicksal.

Daraus ergeben sich eine Reihe von Konsequenzen für die Struktur der historischen Wirklichkeit. Wäre Geschichte ein objektiv im Seienden verlaufender Prozeß, so würde sie objektiv einen Anfang und ein Ende haben müssen, auch dann, wenn man beides, Anfang und Ende in das Unendliche verschieben würde. Es würde dann die Antinomie der Zeitlichkeit überhaupt für die Geschichte in Kraft treten. Nun kann das sekundär der Fall sein (in der Betrachtung der Natur als Geschichte); primär, in der Konstitution der Geschichte als Geschichte gilt es keineswegs. An die Stelle der Kategorien „Anfang und Ende“ tritt die Kategorie der „Mitte“. Alle drei haben mit räumlicher Anschauung zu tun. Aber in bezug auf die Mitte zeigt sich in der Undurchführbarkeit des räumlichen Bildes, daß etwas anderes gemeint ist als eine meßbare Mitte einer gemessenen oder auch unermeßlichen Zeitlinie. Mitte der Geschichte als Resultat einer Messung ist jedes Sinnes bar und könnte ja auch nur vorgenommen werden, wenn Anfang und Ende als gegenständlich fixierte Punkte gegeben wären. In Wahrheit liegen die Dinge umgekehrt: Nicht Anfang und Ende der Geschichte bestimmen ihre Mitte, sondern ihre Mitte bestimmt Anfang und Ende. Die Mitte der Geschichte aber ist der Ort, an dem das sinngebende Prinzip der Geschichte angeschaut wird. Die Geschichte ist konstituiert dadurch, daß ihre Mitte konstituiert ist, oder – da dieses kein subjektiver Akt ist – dadurch, daß eine Mitte sich als Mitte erweist.

Von einer solchen Mitte aus sind dann Anfang und Ende bestimmt. Anfang ist das Ereignis, in dem (außer seiner sonstigen Bedeutung) der Einsatz derjenigen Bewegung angeschaut wird, für die sich die Mitte als Mitte konstituiert hat. Ende ist das durch die Mitte bestimmte, in ihr prinzipiell begründete Ziel des Geschehens. Es ist ebenso falsch, solchen Anfang als Zeitmoment zu werten, in dem objektiv etwas in der Zeit angefangen hat, wie es falsch ist, das Ziel nach Art einer Endkatastrophe zu deuten, die zu irgendeinem Zeitpunkt eintritt. Mag der Anfang der Geschichte auch ein historisch-empirisch feststellbares Ereignis sein, Anfang der Geschichte wird er nur durch die Beziehung, in die er zur Mitte der Geschichte tritt. Das Gleiche gilt vom Ende, nur mit dem Unterschied, daß das Ende als das „In-Aussicht-Genommene" überhaupt keinen empirisch feststellbaren Charakter hat.

Mit der Aufhebung der Geschichte als objektivem Vorgang ist zugleich die Möglichkeit einer Universalgeschichte aufgehoben. Da Geschichte so weit reicht wie die Mächtigkeit der Mitte, in der sie konstituiert ist, so ist ihr Umfang abhängig von der Mächtigkeit ihrer Mitte. Es kann also mehrere Geschichtsverläufe geben, denen mehrere „Mitten" entsprechen. Aber solch eine Möglichkeit hat rein abstrakten Charakter. Sie ist außergeschichtlich gedacht und darum, sofern Geschichte konstituiert ist, unwahr. Denn sie hebt für den Redenden die Konstitution der Geschichte wieder auf. Sie stellt ihn an einen Ort, der außerhalb seines historischen Ergriffenseins liegt, einen Ort, von dem aus gesehen relative Geschichtsverläufe nebeneinander im Raum stehen. Es ist der Ort, in dem Geschichte verneint ist. Wird diesem Ort und dem, was von ihm aus zu sehen ist, das letzte Recht bestritten – und das geschieht ja, wenn Geschichte sein soll –, so ist damit zwar nicht die Universalgeschichte wiederhergestellt, wohl aber ist erkannt, daß mit der Setzung einer Mitte der universale Anspruch erhoben ist. Jede Mitte setzt sich als Mitte überhaupt. Sie verneint die anderen Mitten als solche und erhebt Anspruch auf das Seiende schlechthin, sofern es geschichtlich angeschaut wird. Eben dieser Anspruch aber ist der christologische. Und das Problem, das mit ihm gestellt ist, ist das christologische. Nicht nur die Frage nach dem Wesen, sondern auch die Frage nach der Konstitution der Geschichte mündet ein in die christologische Frage.

3. Der Träger der Geschichte

Zu der Frage nach dem Wesen und der Konstituierung der Geschichte kommt die weitere nach dem Träger der Geschichte. Träger der Geschichte nennen wir dasjenige Seiende, an dem sich Geschichte vollzieht. Wir waren ausgegangen von der Betrachtung des Seienden als Natur. Das könnte zu der Meinung Anlaß geben, als wäre die Natur von der Geschichte ausgeschlossen, als richte sich der Anspruch der geschichtsgründenden Mitte nur auf den Menschen. Das aber trifft nicht zu. Schon rein methodisch ist solche Scheidung unmöglich. Es könnte sich zeigen, daß der Begriff des Menschen gar nicht definierbar ist ohne die Beziehung auf Geschichte. In diesem Falle wäre jene Aussage eine leere Tautologie. Es ist aber auch keineswegs deutlich, ob eine abgrenzbare Gruppe von Seiendem als Natur sinnvoll zusammengefaßt werden kann. Selbst aber wenn das der Fall wäre, wäre noch nicht entschieden, ob die Eigenschaften, die dieser Gruppe zukommen, ihre Teilnahme an der Geschichte ausschlössen.

Nicht von hier aus kann der Träger der Geschichte bestimmt werden, sondern nur aus dem Wesen der Geschichte selbst, und zwar daraus, daß in ihr Neues gesetzt und Sinn verwirklicht wird. Aus diesen ihren Eigenschaften ergibt sich, daß das Seiende nur insofern Träger der Geschichte sein kann, als in ihm Neues erscheinen und gerichtete Spannung, Hinwendung auf Sinnerfüllung enthalten sein kann. Beides aber setzt eine Eigenschaft des Seienden voraus, die wir als Freiheit bezeichnen. Der Freiheitsbegriff – dessen ontologische Bestimmung natürlich auf anderem Wege gewonnen werden muß – kann in unserem Zusammenhang expliziert werden aus den beiden Merkmalen der Geschichte, die angedeutet sind durch den Begriff des Neuen und durch den Begriff des Sinnes.

Das Neue, das den Kreis des in sich gespannten und bewegten Seienden durchbricht, kann zum Seienden als Neues nur hinzukommen, sofern das Seiende über sich hinaus ist, sich selber übersteigt. Was nicht durch Freiheit des Seienden von sich selbst gesetzt ist, gehört zum Seinskreis in seiner Notwendigkeit und bedeutet keine Setzung eines Neuen. Die Notwendigkeit hält das Seiende gleichsam im Bann seiner selbst. Die Notwendigkeit des Seienden ist seine Unmöglichkeit, über sich selbst hinauszukommen, ist die Unmöglichkeit des Neuen. Freiheit ist die Möglichkeit des Seienden, Neues zu setzen. Im Setzen des Neuen durch das Seiende liegt ein doppeltes: einmal dieses, daß das Neue dadurch, daß es gesetzt ist, mit dem Alten (das eben dadurch Altes wird) verbunden bleibt; dann dieses, daß solche Verbindung nicht die Notwendigkeit ist, unter der das Seiende sich selbst und seinen Kreis bejahen muß. Beide Momente sind zusammengefaßt in der Setzung durch Freiheit oder in der Geschichte.

Es kommt nun darauf an, die Art der Freiheit des Seins von sich selbst zu beschreiben und damit überzugehen zu dem anderen Moment, das für die Geschichte maßgebend und durch Freiheit bedingt ist, zum Sinn. Die Freiheit des Seienden von seiner Notwendigkeit ist die Erhebung des Seienden zum Sinn. Im Sinn seiner selbst ist das Seiende zugleich bei sich und über sich hinaus. Setzung von Sinnhaftem ist Setzung von Neuem. Träger der Geschichte ist das Seiende, sofern von ihm Sinn verwirklicht wird. Durch diese Bestimmung ist noch nichts darüber ausgemacht, welche Gruppe des Seienden und ob überhaupt eine Gruppe dadurch charakterisiert ist, daß in ihr und durch sie Sinn verwirklicht wird. Doch erweist die Möglichkeit, sinnhaft zu reden vom Sinn, wie sie dem Menschen zu eigen ist, darauf hin, daß jedenfalls von ihm Sinn verwirklicht werden, er also Träger der Geschichte sein kann. Inwieweit über die in unserem Menschsein unmittelbar erfahrbare Seinsgruppe hinaus mit Recht von Freiheit des Seienden gesprochen werden kann, ist fragwürdig. Jedenfalls gilt der universale Anspruch, den die Mitte der Geschichte erhebt, für alles Seiende, sofern es mittelbar oder unmittelbar Teil hat an der Setzung von Neuem, an der Verwirklichung von Sinn. Und der Gedanke, daß alles Seiende zum mindesten mittelbar teilhat, daß alles Seiende indirekt durch die Zeit in eine einmalige sinnerfüllende Linie gerissen wird, erscheint grundsätzlich als der zunächst liegende; und er kann in neueren wissenschaftlichen Einsichten empirische Hinweise auf seine Möglichkeit finden.

Mit diesen Fragen ist zugleich die Einbeziehung der Kosmologie in die Christologie als Problem gestellt und für die mannigfachen grandios-mythischen Lösungen dieser Frage das geschichtsphilosophische Fundament aufgezeigt.

4. Der Sinn der Geschichte

Nach den Ausführungen über Freiheit und Sinn könnte es scheinen, als sollte Sinnverwirklichung als letzter Sinn des geschichtlichen Prozesses genannt werden. Das aber ist weder beabsichtigt noch möglich. Wenn Sinn durch Freiheit gesetzt ist, so besteht eben damit die Möglichkeit, daß sich die Freiheit gegen den Sinn entscheidet, daß es also nicht zur Sinnverwirklichung kommt. Der Gedanke an diese Möglichkeit aber ist selbst nur möglich, weil sie eine Wirklichkeit ist. Die Freiheit erfaßt sich darin als Freiheit, daß sie sich dem Sinn entgegenstellt. Das Seiende kommt dadurch über sich hinaus, daß es sich gegen sein wahres Sein stellt. Das unterscheidet die Freiheit vom dialektischen Prozeß, daß sie sich dem Sinnwidrigen zuwenden kann; und nur wo Freiheit sich so als Freiheit bewährt, ist wirkliche Geschichte. Geschichte ist Sinnverwirklichung durch Freiheit, aber so, daß der Sinn in jedem Augenblick verflochten ist mit Sinnwidrigem. Die Freiheit schafft Geschichte nur auf dem Wege der Willkür. – Solche Erörterung über die Einheit von Sinn und Sinnwidrigem, von Freiheit und Willkür hat nun die Gefahr, gerade durch ihre Wahrheit unwahr zu werden. Sie nimmt die Willkür in den Sinn der Geschichte als notwendiges Element auf, das heißt sie rationalisiert die Willkür. Sie hebt den Sinn des Sinnwidrigen auf. Damit aber wäre diese Betrachtung selbst der Geschichte enthoben. Es gäbe einen zugänglichen Ort, von dem aus man die Geschichte als sinnerfüllendes Geschehen eindeutig feststellen könnte. Einen solchen Ort aber gibt es nicht. Die Entscheidung für (oder gegen) die Geschichte ist selbst geschichtlich. Sie fällt im Ringen mit der Willkür, mit der Drohung der Sinnlosigkeit. Sie steht nicht jenseits dieses Ringens, sondern ist selbst ein Teil von ihm. Sie steht darum unter der Unsicherheit jedes ernsthaften Ringens. Die Entscheidung für Geschichte, das heißt für die eindeutige sinnhafte und sinnerfüllende Richtung der Zeit, ist geschichtliches Wagnis, in dessen Tiefe die Drohung der Willkür liegt. Diese Erwägungen enthalten den Hinweis auf einen allgemein formulierbaren Inhalt des geschichtlichen Prozesses: Sofern Geschichte gesetzt ist, ist sie gesetzt als Heilsgeschichte, das heißt, sie ist Überwindung der mit der Willkür als Voraussetzung der Geschichte verbundenen Bedrohung ihres Sinnes. Geschichte ist Heilsgeschichte, ein Satz, der freilich nur in die hypothetische Form gefaßt werden darf: „Wenn überhaupt Geschichte gesetzt ist, ist eben damit Heilsgeschichte gesetzt". Das bedeutet aber wieder, daß das Geschichtsproblem einmündet in das christologische Problem. Das sinngebende Prinzip, das als Mitte der Geschichte Geschichte setzt, ihren Anfang und ihr Ende bestimmt, erweist sich als Ort der Überwindung des Sinnwidrigen oder – was das gleiche ist – als Ort des Heils. Und nichts anderes ist der Inhalt des christologischen Problems, als Bestimmung und Beschreibung des „Ortes des Heils".

Das sinngebende Prinzip oder die Mitte der Geschichte konstituiert sich in einem Ineinander von Ergreifen und Ergriffen-werden, von Entscheidung und Schicksal. Daraus folgt, daß es für das Bewußtsein um Geschichte in jeweiliger Vergangenheit liegen muß. Sie kann nicht in der Zukunft liegen, denn die Zukunft als geschichtliche Zukunft ist von ihr bestimmt. Daß es überhaupt eine geschichtliche Zukunft gibt, daß überhaupt etwas in Aussicht genommen werden kann, ist schon bedingt durch ein vorausgesetztes konkret-sinngebendes Prinzip, eben durch eine Mitte. Aber auch die Gegenwart kann nicht Mitte der Geschichte werden. Das jeweilig-gegenwärtige Bewußtsein wird als geschichtliches erst konstituiert durch die Beziehung auf eine Mitte. Es kann sich nicht selbst als Mitte wissen. Auch der Religionsstifter, in dem eine Ahnung um sein Stehen in der Mitte der Geschichte sein mag, hat nicht seinen gegenwärtigen Lebensprozeß als konstitutives Prinzip seines Geschichtsbewußtseins, sondern einen Moment seines vergangenen Lebens, in dem ein transzendentes Geschehen seinen Lebensprozeß erschüttert und gewandelt hat (Berufung). Der Vergangenheitscharakter der Mitte der Geschichte bedeutet nun freilich nicht Vergangenheit im historisch-empirischen Sinn als etwas, das ungegenwärtig und nur mittelbar wirkt. Sondern Vergangenheit bedeutet Vorgegebenheit für das jeweilige historische Bewußtsein, das zugleich als von der Mitte Ergriffenes mit ihm in Gegenwärtigkeit verbunden ist. Denn nur dadurch wird das konstituierende Prinzip der Geschichte wirklich konstitutiv, daß es sich im Ineinander des Ergreifens und Ergriffenwerdens jeweilig vergegenwärtigt. Solche Gegenwärtigkeit eines Vergangenen zum Verständnis zu bringen, ist eine zentrale Aufgabe der Christologie.

Wo immer deutliches Geschichtsbewußtsein in der Menschheit aufgetreten ist, zeigt es die hier aufgewiesenen Merkmale: Beziehung auf ein vergangenes konkret-sinngebendes Prinzip, das als Mitte der Geschichte Geschichte konstituiert, ihr Anfang und Ende gibt und auf das hin der Glaube an die Sinnhaftigkeit des Geschehens gegenüber der Macht des Sinnwidrigen gewahrt wird. So ist Mitte der Geschichte für den Juden der Auszug aus Ägypten und sein zentrales Ereignis, die Bundesstiftung auf dem Sinai, so für den Parsismus die Erscheinung Zarathustras und für den Mohammedaner die Flucht von Mekka nach Medina, so für den Aufklärer, der das dritte Zeitalter erwartet, der Einbruch der autonomen Geisteshaltung, der geschehen ist, auch wenn er noch nicht zur Entfaltung gekommen ist, so für den Marxisten die Entstehung des Proletariats als Ort der Aufhebung der Klassen, die er in Zukunft erwartet, so für den Imperialisten ein symbolisches Ereignis in der Vergangenheit seines Volkes, dessen Erhebung oder Weltherrschaft für ihn den Sinn der Geschichte ausmacht. Anfang und Ende, sowie der Rhythmus des Gesamtverlaufs bis in jede einzelne Periodisierung sind von diesem Prinzip bestimmt. Es ist konstitutiv für das Geschichtsbewußtsein jeder der genannten Gruppen und hat zugleich für jede heilsgeschichtlichen und das heißt christologischen Charakter.

5. *Allgemeine und christliche Geschichtsdeutung*

In allem bisherigen war das die Geschichte konstituierende Prinzip, die Mitte der Geschichte, als christologischer Ort gekennzeichnet. Damit ist ein spezifisch christlicher Begriff zu einem bestimmten Zweck ins Abstrakte gehoben, ein Verfahren, das den gleichen Bedenken begegnen muß, die sich schon mehrfach bei dem Versuch allgemeiner Formulierungen erhoben hatten: daß die konkret-historische Situation damit verlassen sei. Diesem Einwand muß jetzt Rechnung getragen und damit die christologische Frage unmittelbar ins Blickfeld gerückt werden.

Die abstrakt-geschichtsphilosophische Fassung des christologischen Gedankens ist berechtigt, sofern sie ein Ausdruck des universalen Anspruchs der Mitte der Geschichte ist. Denn mit diesem Anspruch ist jede andere Mitte der Geschichte als solche aufgehoben, aber in dieser Aufhebung doch zugleich – negativ – gesetzt. Der Anspruch lautet, daß dieses und nur dieses der wirkliche, den Sinn garantierende Ort des Heils ist und daß um seinetwillen jeder andere gleichartige Anspruch abgewiesen werden soll. Darin liegt aber, daß ein gleichartiger (dann freilich als dämonisch beurteilter) Anspruch anerkannt wird. Der abstrakte Ausdruck dieser unmittelbar religiösen, wenn auch negativen Anerkennung anderer „Mitten" ist die allgemein-geschichtsphilosophische Verwertung des christologischen Begriffs. Durch solche Verwendung wird ferner erreicht, daß der christologische Gedanke nicht wie ein isolierter Block im Zusammenhang des geschichtlichen Denkens liegt, sondern als mögliche, wenn auch niemals beweisbare Antwort auf die Frage, die mit der gerichteten Zeit selbst gestellt ist.

Die christliche Theologie betrachtet als sinngebende Mitte der Geschichte ein personhaftes Leben, das völlig durch die Beziehung auf das Transzendente bestimmt ist. Damit ist zunächst gesagt, daß der Ort des Heils der Religion angehört, das heißt demjenigen menschlichen Verhalten, das als Antwort gemeint ist auf ein Einbrechen der Transzendenz. Die Mitte der Geschichte als Garantie sinnhafter Gerichtetheit der Zeit kann sich nur konstituieren durch einen Akt aus der Transzendenz, durch ein reines Ergriffensein, wie wir es bezeichnet hatten. Denn nur auf diese Weise kann die Zweideutigkeit der Zeitlinie überwunden werden, nur im Erscheinen eines sich als unbedingt erweisenden, transzendenten Sinnes ist die Drohung der Sinnlosigkeit aufgehoben. Das Ergriffensein von der Mitte der Geschichte ist ein unbedingtes, transzendentes Ergriffensein. Das Schicksal, in dem dieses Ergriffensein sich vollzieht, ist transzendentes Schicksal oder „Prädestination". Die Entscheidung, in der das Ergreifende ergriffen wird, ist transzendente Entscheidung oder „Glaube". Nur für den Glauben ist Christus als Mitte der Geschichte gesetzt, und nur durch Christus als Mitte der Geschichte ist Glaube an ihn möglich.

In diesen Bestimmungen, deren Entfaltung ein Hauptthema der theologischen Arbeit ist, liegt die Verneinung jedes Versuches, Mitte der Geschichte als profane Möglichkeit zu fassen, also eine Ablehnung humanistischer, utopistischer und imperialistischer Geschichtsdeutung. Diese versuchen, die Entfaltung des Menschlichen oder eines bestimmten, vorzüglichen Menschlichen an und für sich zum Ziel und den Durchbruch der Möglichkeit solchen Geschehens zur Mitte der Geschichte zu machen. Damit aber bleiben sie in der Zweideutigkeit der Zeitlinie. Sie überwinden nicht die mit der Freiheit gesetzte Willkür, die als Voraussetzung der Geschichte auf dem Boden der in sich bleibenden Geschichte nicht überwunden werden kann. Nur der Einbruch aus dem Jenseits der Geschichte kann die Bedrohtheit der Geschichte überwinden, kann die Geschichte letztlich fundieren. Darum widerstrebt die christliche Theologie mit Recht jedem Versuch, Christus in die Sphäre des Allgemein-Menschlichen oder Höchst-Menschlichen zu rükken, ihn zu einer menschlichen Möglichkeit zu machen. Er würde damit aufhören, echte Mitte der Geschichte zu sein und ein der Zweideutigkeit und Willkür unterworfenes Glied im Geschiebe des zeitlichen Geschehens werden. Die Gegenwehr gegen diesen Weg der liberalen Theologie war berechtigt, so unberechtigt und unzulänglich die Waffen der Gegenwehr auch waren und zum Teil noch sind. Symbole wie „Gottheit Christi" können überhaupt erst wieder verstanden werden, wenn sie von der Frage nach der sinngebenden Mitte der Geschichte aus verstanden werden. Die Fortführung der alten Frage nach den „Naturen in Christus" liegt außerhalb jeder unmittelbaren Bedeutsamkeit für uns, auch wenn aus den Naturen „Willen" gemacht werden, um ein mythisch-empirisches Personbild zu schaffen!

Mit der humanistischen Deutung der Mitte der Geschichte lehnt die christliche Theologie zugleich die gesetzliche ab, das heißt den Versuch, die Verkündigung einer Forderung als sinngebendes Prinzip der Geschichte zu deuten. Wo das geschieht – und „das Gesetz" ist Ausdruck dafür, daß es geschieht –, da ist die Sinnerfüllung der Zeit abhängig gemacht vom menschlichen Handeln. Eben damit aber ist die Geschichte in die tiefste Zweideutigkeit gestürzt; denn das menschliche Handeln ist unlöslich mit Willkür behaftet. Um dieser Zweideutigkeit und damit in unserem Sinne „Heillosigkeit" willen riß sich das Urchristentum vom jüdischen Gesetz los und machte die Überwindung des Gesetzes zum entscheidenden Kennzeichen der Mitte der Geschichte.

Darin liegt, daß nicht der Ort der Forderung, sondern der Erfüllung Mitte der Geschichte sein muß, daß ein sinnerfülltes Sein Prinzip des Sinnes der Zeit sein muß. Erscheinen des Transzendenten nicht nur als Forderung, sondern als Sein, als „vorwegnehmende Erfüllung" konstituiert Geschichte. Der Christus ist sakramentale Wirklichkeit. Er ist also nicht nur Verkünder transzendenten Sinnes. Der „Verkünder" ist Träger einer Mitteilung, deren Wahrheit durch untrügliche Augenzeugenschaft im Sinne der Erfahrung gesichert ist. Derartiges kommt für die transzendente Verkündigung nicht in Frage. Oder der Verkünder ist Träger eines Seins, aus dem heraus er in Vollmacht das bezeugt, was sich niemals intellektuell mitteilen läßt und was sich nur dadurch erweist, daß es Anteil gibt an dem Sein, aus dem heraus es gesprochen ist. Die Leugnung eines Seins als sinngebender Mitte der Geschichte führt notwendig zur autoritativen Auffassung, die nichts ist als eine intellektuelle Abwandlung der gesetzlichen.

Wird aber von einem Sein gesprochen, so rückt eine andere Gefahr in die Nähe, gegen die sich die Christologie wehren muß: die heidnisch-sakramentale Deutung der Mitte der Geschichte. Für sie ist der Sinn in einem heiligen Seienden so gegeben, daß jegliche Forderung ausgeschaltet ist. Eine unantastbare sakrale Sphäre gilt als der Zweideutigkeit enthoben. Obgleich sie sich auf dem Boden der mit Willkür verbundenen Freiheit erhebt, meint sie sich der Drohung der Willkür entrückt. Solch sakramental-hierarchisches Denken ist in seiner letzten Tendenz ungeschichtlich. Es ist vom Raum beherrscht und sträubt sich gegen das Vorwärtsreißende der wirklichen Zeit. Es hebt die Einheit der Zeitlinie auf und bleibt im polytheistischen Nebeneinander. Denn der heiligen Sphäre, die sich der Geschichte entzieht, stehen wesensmäßig andere gegenüber, die es mit gleichem Rechte tun. Dem Nebeneinander des sakramentalen Polytheismus entspricht das Nebeneinander des Raumes. Der Einheit des exklusiv fordernden Monotheismus entspricht das Fortreißende der Zeitlinie. Es ist das echte und bleibende Thema der alten und jeder kommenden Christologie, die Seinsqualität der Mitte der Geschichte, die vorwegnehmende Sinnerfüllung zu verbinden mit der Forderungsqualität des sinngebenden Prinzips, mit der fortreißenden, Neues setzenden Qualität der Geschichte.

Mit diesen Hinweisen aus der Wesensanalyse der Geschichte sind die großen Linien der christologischen Problematik aufgezeigt. Diese Problematik liegt an ganz anderer Stelle, als die traditionelle Theologie aller Richtungen es meint. Sie liegt nicht in der Frage nach einem historisch-mythischen Ereignis, um dessen Tatsächlichkeit Glaube und Geschichtswissenschaft im Kampf liegen. Wohl handelt es sich um ein

Sein, um ein Sein, das in der Geschichte steht und die Geschichte bestimmt, sie konstituiert, ihr Anfang, Ende und Sinn gibt. Wohl handelt es sich um Mitte der Geschichte als Realität. Aber die Realität, um die es hier geht, ist historisch-empirisch weder zu begründen noch zu widerlegen. Noch weniger freilich ist es möglich, sie als historische Tatsache durch den Glauben zu gewährleisten. Glaube schließt keine Tatsachen ein. Das alles sind Scheinprobleme, in deren Diskussion es in Wahrheit um ganz andere, echte Probleme geht: um die Frage nach der uns betreffenden Mitte der Geschichte, ihren Ort, ihren Sinn und ihre Gestalt. Diese Fragen aber können nicht durch Hinweise auf eine Tatsache, sei es im Glauben, sei es im Wissen, beantwortet werden, sondern nur durch Aufnahme eines Seins, das die Macht hat, eine Geschichte zu konstituieren, die unsere Geschichte sein kann. Die christologische Frage ist die Frage nach Christus als Mitte der uns ergreifenden Geschichte. Diese Frage aber hat nichts zu tun mit der – übrigens unbeantwortbaren – Frage nach den historischen Tatsachen, vermittels derer das in Christus angeschaute sinngebende Sein in der Geschichte erschienen ist. Aufgabe vielmehr ist es, dieses Sein zur Anschauung zu bringen durch Hinweis auf das, was in ihm als konkret-sinngebender Macht enthalten ist, als Macht, in der die Drohung der Sinnlosigkeit grundsätzlich überwunden ist. Damit wird das christologische Problem zu dem unmittelbarsten Problem unserer gegenwärtigen, in der Geschichte stehenden, durch Geschichte bestimmten Existenz. Christologie treiben heißt nicht, sich rückwärts wenden auf eine unbekannte historische Vergangenheit oder sich mühen um die Anwendbarkeit fragwürdiger mythischer Kategorien auf eine historische Persönlichkeit, sondern Christologie treiben heißt, in Anschauung der uns vorgegebenen Mitte der Geschichte um ihren Anspruch ringen, als Mitte für unsere Geschichte zu gelten. Dieses Ringen, das immer zugleich Handeln und Erkennen ist und in beiden immer zugleich Ergriffensein und Ergreifen, entscheidet über den Anspruch des Christentums, zu zeugen von der für die ganze Menschheit, ja für alles Seiende gültigen Mitte der Geschichte.

PROPHETISCHE UND MARXISTISCHE GESCHICHTSDEUTUNG

1.

Man hat oft bemerkt, daß zwischen alttestamentlicher Prophetie und Marxismus Analogien vorliegen, die zu einer historischen und systematischen Untersuchung reizen. Der religiöse Sozialismus in Europa hat von jeher behauptet, daß der prophetische Geist, der den christlichen Kirchen fast ganz verlorengegangen war, im Marxismus einen, wenn auch religiös unzulänglichen, so doch gegenwartsmächtigen Ausdruck gefunden hat. Zur Erklärung dieses Tatbestandes kann zunächst darauf hingewiesen werden, daß Marx als Jude durch Tradition und Rasse einen unmittelbaren Zugang zu dem Geist der Prophetie hatte und daß dieser Zugang auch durch seinen Humanismus und philosophischen Materialismus nicht verschüttet werden konnte. Darüber hinaus kann gezeigt werden, daß in der humanistischen Tradition selbst Elemente prophetischer Verkündigung, wenn auch in rationaler Umformung, lebendig sind. Der westeuropäische und amerikanische Liberalismus, wie er in der Erklärung der Menschenrechte seinen maßgebenden Ausdruck gefunden hat, vereinigt religiöse Elemente, die prophetisch-sektiererischen Bewegungen entstammen, mit philosophischen Elementen, die von Stoizismus und Epikuräismus übernommen sind. Und von diesem Liberalismus ist Marx trotz seines Kampfes gegen die liberale Wirtschaft in seiner Ethik, seiner Lehre vom Menschen und vor allem in seinem persönlichen Pathos durchaus abhängig. Endlich bedeutet auch das Schülerverhältnis, in dem Marx zu Hegel und dem deutschen Idealismus wenigstens methodisch stand, eine wichtige, wenn auch sehr vermittelte Abhängigkeit vom Prophetismus. Es ist die Idee von den drei Stadien in der Geschichte und dem Beginn des dritten Stadiums in der Gegenwart, auf die hier vor allem hinzuweisen ist. Aufklärung und Idealismus haben diese Idee in mannigfacher Weise benutzt. Ihre Wurzeln liegen in der prophetisch-apokalyptischen Geschichtsdeutung, und zwar in der Form, die sie in der Offenbarung des Johannes erhielt: die Verbindung einer diesseitigen mit einer jenseitigen Enderwartung, die Lehre von der tausendjährigen Herrschaft Christi auf Erden, die der Endkatastrophe vorangeht. An dieser Lehre hat sich im christlichen Altertum und Mittelalter die revolutionäre, antihierarchische Hoffnung auf eine bessere Verwirklichung der christlichen Idee in Kirche und Gesellschaft immer wieder entzündet. Die Form einer christlichen Geschichtsphilosophie wurde ihr durch den Abt Joachim von Floris gegeben, der im 12. Jahrhundert den unmittelbar bevorstehenden Anbruch des dritten Zeitalters verkündigte: Nachdem mit der Synagoge das Zeitalter des Vaters, mit der hierarchischen Kirche das Zeitalter des Sohnes abgelaufen ist, wird bald das Zeitalter des Heiligen Geistes unter Führung eines neuen Mönchsordens beginnen, ein Zeitalter, in welchem jeder unmittelbar vom Geist gelehrt sein wird und die kirchlichen Autoritäten ihren Sinn verlieren werden, entsprechend der Weissagung des Propheten Joel. Es ist bekannt, daß die radikalen Franziskaner diese Weissagung auf ihren Orden bezogen haben, sie mit dem Armutsideal verbunden und als Waffe in ihrem Kampf gegen das Papsttum verwendet haben. Politische Bedeutung gewannen diese Gedanken im Zusammenhang mit den religiös-sozialen Bewegungen des Reformationszeitalters: den Bauernkriegen, den täuferischen und ähnlichen Bewegungen, vor allem in ihrer machtvollen Auswirkung in England und Amerika. Im Aufklärungszeitalter verwandelte sich die Lehre von dem unmittelbaren Geistesbesitz jedes Christen in die Lehre von der unmittelbaren Vernünftigkeit jedes Menschen. Der Geist wurde rational verstanden, und das dritte Zeitalter wurde mit der Aufklärung gleichgesetzt. Aber das Pathos der Joachimschen Prophetie blieb erhalten und klingt mächtig durch in Schriften wie Lessings „Erziehung des Menschengeschlechtes", die sich ausdrücklich auf die mittelalterliche Prophetie beruft. Auf dem Wege über die Geschichtsphilosophie des deutschen Idealismus und unter Mitwirkung der Rousseauschen Kulturkritik wurde die Idee des dritten Zeitalters ein Erbgut des europäischen Sozialismus. Marx gibt ihr den berühmten Ausdruck, daß mit dem Sieg der proletarischen Revolution die Vorgeschichte der Menschheit zu Ende ist und ihre Geschichte beginnt.

2.

Aber wichtiger als der Nachweis historischer Abhängigkeit des Marxismus von prophetischen Gedanken ist die Untersuchung struktureller Analogien zwischen der Geschichtsdeutung beider. Dabei ist zunächst festzustellen, daß die Tatsache eines im eigentlichen Sinne geschichtlichen Denkens schon selbst eine Analogie zwischen Prophetismus und Marxismus bedeutet. Nicht jede Weltdeutung ist an der Geschichte orientiert; geschichtliches Denken ist im Gegenteil die Ausnahme und findet sich in reiner Ausprägung nur innerhalb der jüdisch-christlichen

Traditionslinie. Der Unterschied kann am besten durch den Vergleich mit der griechischen Auffassung von Zeit und Geschichte gedeutet werden. Für die griechische Philosophie, die als rationale Ausformung der griechischen Religion betrachtet werden kann, ist die Kreisbewegung das Symbol des vollkommenen Seins. Nicht die Geschichte mit ihrer gerichteten, vorwärtsdrängenden Zeitlinie, mit dem Zufälligen und Unerwarteten, was sie hervorbringt, sondern die Sternenwelt mit dem ewigen Gleichmaß ihres Umschwunges, mit ihrer Notwendigkeit und Berechenbarkeit ist dem Göttlichen am nächsten. Das Göttliche selbst und alle Dinge, sofern sie am Göttlichen teilhaben, stehen jenseits der Geschichte. Das Wesen der Dinge, ihr wahres Sein, ihre Form ist ewig; es wird von der Zeit nicht berührt, ist dem Werden und Vergehen enthoben. Die Geschichte kann dem Wesen der Dinge nichts rauben und nichts hinzufügen. Was im Werden und Vergehen in Kampf und Geschichte steht, ist Abfall vom Wesen, ist Schein, nicht Wirklichkeit. Die Dinge sind wirklich, sofern sie an dem unveränderlichen Wesen teilhaben; sie sind unwirklich, sofern ihr Dasein nur ein Abglanz, ein unvollkommener Ausdruck der Form ist. So ist in jedem Seienden Ewiges und Zeitliches, Wesen und Erscheinung, Vollkommenes und Unvollkommenes jederzeit beieinander. Der Zugang zum Ewigen und Vollkommenen ist unabhängig von dem, was in der Geschichte vor sich geht. Der Aufstieg der Seele durch die Stufen der Unvollkommenheit zum Vollkommenen ist zu jeder Zeit und an jedem Ort möglich. Erlösung und Geschichte sind nicht aneinander gebunden.

Ganz anders auf dem Boden der geschichtlichen Weltauffassung: Nicht wahres und scheinbares Sein stehen einander gegenüber, sondern gut und böse. Nicht Stufen der Vollkommenheit liegen übereinander, sondern Perioden des Kampfes von gut und böse folgen einander. Nicht das Dasein ist unvollkommen, sondern der Wille ist böse. Nicht durch Erhebung über das Dasein kann das Göttliche erreicht werden, sondern durch Entscheidung für das Gute im Dasein, in Raum und Zeit. Nicht verlassen, sondern gestaltet muß das Dasein werden. So wird die Geschichte zum Schlachtfeld von gut und böse. Jeder einzelne hat sich zu entscheiden, auf welcher Seite er kämpfen will; und auch die Nichtentscheidung ist eine Entscheidung, nämlich für das Böse. Zwar ist das Gute am Ende siegreich, aber noch geht der Kampf hin und her. Kein Einzelner kann den Sieg vorwegnehmen. Jeder ist an den Stand des Kampfes in seiner Periode gebunden. Flucht aus dem Schein in das Wesen, Einswerden mit dem Göttlichen jenseits dieses Kampfes ist unmöglich. Nicht Einswerdung, sondern Erwartung, theologisch gesprochen, nicht Mystik sondern Hoffnung ist die geforderte Haltung des Menschen. Dazu gehört, daß er sich gebunden weiß an die geschichtliche Gruppe, die den Kampf für das Göttliche trägt: das Volk, die Kirche, die Gemeinde, der Prophet oder der Mittler, die auserwählt sind zu Werkzeugen der Heilsgeschichte. Erlösung und Geschichte sind aneinander gebunden, und die Erlösung selbst hat einen anderen Sinn als in Griechentum und Mystik. Sie ist nicht Befreiung des Einzelnen aus der unvollkommenen Existenz, sondern sie ist Überwindung und Ausrottung des Bösen im Ganzen des Seins. Sie ist nicht Verschmelzung mit dem Ewig-Einen, sondern Verwirklichung des Reiches Gottes, das heißt des Mannigfaltigen, das geeint ist durch Gerechtigkeit und Liebe.

Das ist in kurzem Umriß der Gegensatz von ungeschichtlichem und geschichtlichem Denken. Es ist bekannt, daß trotz der prophetischen Herkunft des Christentums beide Haltungen in der christlichen Kirche lebendig geworden sind und daß bei dem Versuch, beide zu vereinigen, das geschichtliche Element oft unterdrückt worden ist. Die revolutionäre Kraft der geschichtlichen Weltdeutung ist oft nur von den Sekten im Kampf gegen die Kirche vertreten worden und in der neueren Zeit oft nur von säkularen, politisch-sozialen Bewegungen. Sie waren und sind im Recht gegenüber einer Kirche, die praktisch trotz aller Traditionsbelastung in Ungeschichtlichkeit versunken ist, obwohl sie theoretisch die Enderwartung und damit das entscheidende Prinzip des geschichtlichen Denkens aufrechterhalten hat. Auf die Dauer kann die christliche Kirche die Vertretung des prophetischen Geistes nicht fremden und gegnerischen Bewegungen überlassen. Sie kann sich nicht selbst abschneiden von ihren prophetischen Wurzeln, die im Alten und im Neuen Testament gleich bedeutungsvoll sind.

3.

Die prophetische Interpretation der Geschichte vereinigt zwei Elemente, die im Lauf der Entwicklung bald eng miteinander verbunden waren, bald in Gegensatz zueinander traten: das transzendente und das immanente Prinzip der Geschichtsdeutung. Wo das transzendente Prinzip maßgebend ist, liegen Ursprung und Ziel der Geschichte jenseits des menschlichen Handelns in einer die irdische Welt übersteigenden göttlich-dämonischen Wirklichkeit. Wo das immanente Prinzip überwiegt, ist die Transzendenz nur Hintergrund der tatsächlichen Geschichte. Im Vordergrund steht das menschliche Handeln und die Erwartung einer irdischen, politisch-sozialen Erfüllung. Doch ist der Gegensatz niemals exklusiv, da die transzendente Geschichte immer auch in die Immanenz hineinragt und da die immanente Geschichte ihren Sinn und ihre Dynamik aus der Transzendenz erhält.

Die geschichtlich wirksamste Repräsentation der jenseitigen Auffassung ist die persische Religion, die Verkündigung Zoroasters. Sie ist durch die enge Berührung des Judentums mit der persischen Kultur für die Entwicklung der spätjüdischen und neutestamentlichen Apokalyptik maßgebend geworden und hat auf diesem Wege die gesamte christliche Kirchen- und Profan-Geschichte beeinflußt. – Es ist nicht ganz richtig, die persische Religion durchweg als dualistisch zu bezeichnen. Zwar zeigt der Gegensatz des guten und des bösen Gottes, der das ganze religiöse Denken und Erleben beherrscht, daß hier ein Dualismus vorliegt, der ausgeprägter ist als irgendein anderer in der uns bekannten Religionsgeschichte. Aber der Zwiespalt ist doch dadurch gemildert, daß der endliche Sieg des Lichtes, des guten Gottes gelehrt und damit dem positiven Prinzip ein letztes Übergewicht gegeben wird. Andererseits ist der Zwiespalt stark genug, um geschichtliches Denken zu erzwingen. Denn dieses ist abhängig von der Annahme einer grundlegenden Zweiheit von Prinzipien, deren Kampf die Dynamik der Geschichte schafft. Die Stadien dieses Kampfes ergeben als sechs Perioden von je tausend Jahren die Gliederung des Geschichtsverlaufes. Die Erscheinung Zarathustras leitet die letzte Periode ein, an deren Ende „der Mensch von oben“ kommen, das Böse vom Guten scheiden und das Böse in einem Weltbrand vernichten wird. In dieser vorherbestimmten Bewegung verläuft die Geschichte. Und doch verläuft sie nur so, weil menschliches Handeln unter dem Einfluß höherer Geisteswesen in den Kampf zwischen gut und böse eingreift.

Es ist wohl kein Zweifel, daß die Vision Daniels von dem „Menschen“, der vor Gottes Angesicht kommt und dem nach der Entmächtigung der Weltreiche und der Verbrennung des dämonischen „Tieres“ die Macht über das ewige Reich Gottes gegeben wird, wenigstens der Form nach von diesen Gedanken des Parsismus abhängig ist.

Der immanente Typus findet sich auf dem Boden der ägyptischen Religion. Die Verehrung des regierenden Pharao als Sohn Gottes ergab hier die Möglichkeit, einen kommenden messianischen König zu erwarten, der das gegenwärtige Unheil in Heil verwandeln wird. Weissagungen dieser Art, die Ankündigung eines Götterkindes, das die Heilszeit bringen wird, finden sich in Ägypten. Einige der jüdischen Königspsalmen scheinen dem Stil nach von diesen Weissagungen abhängig zu sein. Und die Verbindung der messianischen Erwartung mit dem Geschlechte Davids scheint eine sachliche Beeinflussung durch die ägyptische Gedankenwelt zu verraten, die übrigens auch von den Dichtern des augusteischen Zeitalters genutzt und auf den römischen Kaiser angewendet worden ist. Auf diesem Wege erhält die Geschichtsdeutung einen ausdrücklich politischen Charakter. Die schlechten politischen und sozialen Verhältnisse werden zum unmittelbaren Anlaß für das Auftreten solcher Prophezeiungen. Eine politische Persönlichkeit, sei es der Abkömmling einer Dynastie, sei es ein erwählter Führer, bringen die Wendung. Die Heilszeit selbst ist eine Zeit politischen Friedens und sozialer Gerechtigkeit, ermöglicht durch die Weltherrschaft des auserwählten Führers und Volkes.

Blicken wir nun auf die jüdische Prophetie, so finden wir in ihr ein merkwürdiges Oszillieren zwischen beiden Auffassungen. Zunächst scheint das immanent-politische Prinzip maßgebend zu sein: der Friedefürst ist ein König aus Davids Stamm. Er besiegt die Feinde Israels, Jerusalem wird der religiös-politische Mittelpunkt der Welt, die Schwerter werden in Pflugscharen umgeschmiedet, Gerechtigkeit und allgemeiner Wohlstand herrschen. Und nicht nur für die Zukunft gilt der historisch-politische Aspekt, sondern auch für die Vergangenheit: eine ununterbrochene Reihe historisch-legendärer Persönlichkeiten sind Träger des Geschichtsverlaufes, in dem das Heil der gesamten Menschheit sich vorbereitet – Noah, Abraham, Jakob, Moses, die Richter, David. Werkzeug der Heilsgeschichte ist das auserwählte Volk, dessen historisches Schicksal im Mittelpunkt der Geschichtsdeutung auch mit Bezug auf alle anderen Völker steht. – Und doch ist die Immanenz dieses Geschichtsverlaufes überall durchsetzt von transzendenten Elementen: in einer ununterbrochenen Reihe von Wundern vollzieht sich die Gründung und der Aufbau des Volkes, ein unmittelbares Bundesverhältnis zwischen Gott und Volk ist vorausgesetzt. Die Strafgerichte sind unmittelbare Eingriffe Gottes, auch wenn er sich fremder Völker zur Züchtigung des eigenen bedient. Der Friedefürst ist ein göttliches Kind, wenn auch von einer irdischen Mutter geboren; seine Taten sind Wunder; der Sieg, den er erringt, ist ein Sieg Gottes über dämonische Mächte. Der Friede, den er bringt, ist nicht nur ein Menschen-, sondern auch ein Naturfriede, also ein Wunder, das die Struktur des Seins selbst wandelt. Und ein Wunder ist es auch, wenn jedem einzelnen Menschen unmittelbare Gotteserkenntnis verliehen wird und damit die religiöse Autorität aufhört. Aus all dem geht hervor, daß die prophetische Geschichtsdeutung, wie sie etwa bei Amos und Jesaja vorliegt, keinem der beiden Typen zuzurechnen ist. Sie ist politisch, aber das Politische ist in die Sphäre des Wunders erhoben.

Es ist bekannt, daß sich gegen Ende der vorchristlichen Zeit unter dem Einfluß des persischen Denkens einerseits, der verhängnisvollen politischen Entwicklung andererseits die transzendente Auffassung in Form der sogenannten Apokalyptik (Enthüllungen des vergangenen und zukünftigen Geschichtsverlaufs) in manchen jüdischen Kreisen die Oberhand gewann, ferner, daß in den Evangelien der Kampf der politischen mit der religiös-jenseitigen Deutung des Reiches Gottes und des Messias eine entscheidende Rolle spielte und daß Jesus sich durchaus auf die Seite der Transzendenz stellte, endlich, daß in der Offenbarung des Johannes beide Tendenzen dadurch vereinigt werden, daß vor die Endkatastrophe das tausendjährige Reich der Herrschaft Jesu auf der Erde gestellt wird. Es ist schon auf die Bedeutung dieser Lehre für die revolutionären Bewegungen des Abendlandes hingewiesen worden. Gesagt werden muß noch, daß Augustinus durch die Anwendung der Idee des tausendjährigen Reiches auf die gegenwärtige Kirche und der Herrschaft Jesu auf die Hierarchie der hierarchisch-konservativen Geschichtsdeutung die gedankliche Grundlage gegeben hat. Im Kampf zwischen Augustinismus und Joachimismus hat sich die christliche und profane Geschichtsdeutung im Abendland entwickelt.

4.

Ein Vergleich zwischen marxistischer und prophetischer Geschichtsdeutung hat zunächst den grundlegenden Unterschied beider festzustellen: Er liegt darin, daß der Marxismus auf dem Boden der Aufklärung, des abendländischen Humanismus und Rationalismus gewachsen ist, während die Prophetie, auch wenn sie ganz den politisch-sozialen Typus vertritt, niemals die Beziehung zur Transzendenz verloren hat und ihrem Wesen nach verlieren konnte. Dieser Gegensatz erschwert den Vergleich außerordentlich; denn er hat zur Folge, daß die prophetischen Elemente im Marxismus immer nur indirekt und in einer durch die rationale Form verhüllten Weise zum Ausdruck kommt, und umgekehrt, daß die politisch-revolutionären Elemente der Prophetie dauernd vor Überdeckung durch das transzendente Element geschützt werden müssen. So ergibt sich die Aufgabe, die latente Transzendenz im Marxismus und die, wenn auch nicht latente, so doch verhüllbare Immanenz in der Prophetie gleichzeitig sichtbar zu machen.

Ganz ohne Zweifel ist zunächst, daß der Marxismus einen extremen Fall geschichtlichen Denkens darstellt und darin mit der Prophetie auf gleichem Boden steht. Deutlich ist die Zweiheit der Prinzipien, die dem Geschichtsverlauf seine Dynamik gibt: in abstrakter Fassung der Widerspruch der Produktivkräfte gegen die Produktionsverhältnisse, in konkreter Fassung der Gegensatz der jeweils unterworfenen gegen die jeweils herrschende Klasse. „Alle bisherige Geschichte war eine Geschichte von Klassenkämpfen." Dieser Satz liefert, ganz gleich, wie es um seine historische Richtigkeit steht, ein Prinzip der Interpretation, dessen dynamische Kraft nicht geringer ist als der Widerspruch des Göttlichen und Dämonischen oder des auserwählten Volkes und der Heiden.

Aber es ist nicht nur die Dynamik als solche, die in Prophetie und Marxismus vergleichbar ist, sondern auch die Art des Kampfes zwischen beiden Seiten. Es handelt sich in beiden Fällen um einen Kampf für Gerechtigkeit. Kultus und Gottesdienst, die auf dem Boden sozialer Vergewaltigung wachsen, werden von den Propheten verworfen, wie eine Kultur, die auf dem Boden der Ausbeutung einer Klasse durch die andere wächst, vom Marxismus bekämpft wird. Zur Ungerechtigkeit gehört für die Propheten die Latifundienwirtschaft, die den kleinen Landeigentümer von seinem Eigentum verdrängt, wie im Marxismus die großagrarische Bodensperre zu den stärksten Mitteln der sozialen Ausbeutung gehört. Der Wucherzins, der die wirtschaftlich Schwachen gänzlich zum Erliegen bringt, die Entwürdigung der Frau durch die religiös geweihte Prostitution, die Klassenjustiz, die ein doppeltes Recht spricht je nach der Klassenzugehörigkeit des Rechtssuchenden, der Luxus der Oberklasse auf Kosten der Arbeitserträge der Unterklasse – all diese Dinge finden sich in überraschender Übereinstimmung in der prophetischen wie in der marxistischen Zeitkritik.

Aber der Gegensatz von Gerechtigkeit und Ungerechtigkeit liegt noch eine Schicht tiefer. Der Glaube an die nationale Gebundenheit Gottes gibt dem Volk und seinen Führern die Sicherheit, daß trotz der Ungerechtigkeit im Inneren Israel gegen äußere Angriffe gesichert ist. Es ist die Funktion der falschen Propheten, nationales Heil zu verkünden, wenn nationales Unheil droht, gerade deswegen droht, weil Gott die fremden Eroberer ruft, um das Volk wegen seiner Ungerechtigkeit zu strafen. Gott ist bereit, sein Volk um seiner Ungerechtigkeit willen preiszugeben. Dieser prophetische Gedanke steht in schroffstem Gegensatz zu dem religiösen Nationalismus, der für die heidnische Weltanschauung charakteristisch ist. Der Gott, der an die Nation gebunden ist, ist nach prophetischer Auffassung ein selbstgemachter Gott, dazu bestimmt, der nationalen Überheblichkeit die religiöse Weihe zu geben. Priester, die sich in den Dienst dieses Gottes stellen, sind Götzenpriester, Propheten, die in seinem Namen Heil verkünden, sind falsche Propheten. Der wahre Prophet steht gegen beide und wird von beiden im Namen der nationalen Idee verfolgt. Dies ist die tiefste Wurzel des prophetischen Monotheismus und des notwendig mit ihm verbundenen Universalismus: der Gott Israels ist der Weltengott, weil er bereit ist, um der Gerechtigkeit willen auch Israel zu verwerfen. – In deutlicher Analogie zu diesem Gedanken steht die marxistische Kritik des ideologischen Nationalismus und Imperialismus. Ideologie im Sinne des Marxismus kann geradezu mit Schaffung selbstgemachter Götter übersetzt werden. Ideologien im engeren, kritischen Sinne des Wortes (es gibt auch den weiten, unkritischen Gebrauch des Wortes als Ideensystem überhaupt) sind Ideen, die im Dienste des Machtwillens einer Gruppe und zur Rechtfertigung der damit zusammenhängenden Ungerechtigkeit geschaffen werden. Die Enthüllung des Nationalismus als Ideologie einer bestimmten Machtgruppe gehört zu den Dingen, in denen prophetische und marxistische Gesellschaftskritik aufs genaueste übereinstimmen.

Und doch kennen beide, Prophetie wie Marxismus, den Erwählungsgedanken: die Verheißung an Israel wird durch die Drohung nicht aufgehoben. Aber freilich, es ist nicht Israel als Nation, das natürliche Israel, das die Verheißung erbt, sondern der „heilige Rest", der Gerechtigkeit übt und sich von Heidentum und falschen Propheten nicht verführen läßt. Im Verlauf der Entwicklung finden immer neue Aussonderungen dieses Restes aus der nationalen Gruppe statt, bis schließlich die christliche Prophetie sich völlig von dem nationalen Judentum löst und die Verheißung auf die Gemeinde überträgt, die aus allen Völkern erwählt ist. Dabei ist wichtig, daß die Erwählung mit politischer Entmächtigung, mit Leiden und Verfolgung verbunden ist, daß der heilige Rest dem Kern nach aus den Armen, Verachteten und Entrechteten besteht. Der vollkommenste Ausdruck für diese Verbindung von Erwählung und menschlich-politischer Ohnmacht ist das 53. Kapitel des Buches Jesaja.

Es kann nun nicht übersehen werden, daß der Marxismus mit seinem Glauben an die geschichtliche Erwählung des Proletariats eine durchaus analoge gedankliche Struktur aufweist. Die Situation der äußersten Sinnentleerung, der radikalsten und schutzlosesten Form der Ausbeutung, wie sie im frühkapitalistischen Proletariat vorlag, schließt die Berufung zur Überwindung der Klassengesellschaft in sich. Nicht wegen irgendwelcher moralischen Qualitäten des Proletariats, sondern wegen seines historischen Schicksals, das es befähigt, die Wirklichkeit ideologiefrei zu sehen und für eine universale Verwirklichung der Gerechtigkeit ohne Ausbeutung und Imperialismus zu kämpfen. Freilich auch hier gilt: Der Verheißung entspricht die mögliche Verwerfung. Das Proletariat kann versagen. Und auch dem Proletariat gegenüber gilt, daß der geschichtliche Auftrag sich mehr und mehr auf bestimmte Gruppen beschränkt – die Parteien, ein Vortrupp in der Partei, eine Gruppe von Führern – und daß das wahre Proletariat über das wirkliche weit hinausgeht, daß aus allen Schichten Mitkämpfer für die Gerechtigkeit zum Proletariat stoßen, während das wirkliche Proletariat unter Gesetzen der Massenpsychologie steht, die seine messianischen Qualitäten aufzuheben drohen. Namentlich der religiöse Sozialismus hat in bewußtem Anschluß an die Erfahrungen der alttestamentlichen Prophetie diesen Gedanken betont und kritisch gegen die falschen Propheten und überheblichen Priester der marxistischen Bewegung gerichtet.

Das führt zu einer letzten Analogie bezüglich des Ganges der Geschichte. Für das prophetische Denken steht die Geschichte einerseits unter dem göttlichen Ratschluß, der sich gegen jeden menschlichen Widerstand durchsetzt, andererseits vollzieht sie sich durch menschliches Handeln, das frei ist, sich für oder gegen den Sinn des Geschehens einzusetzen. Die Menschen sind zugleich die Durchführer und Gegenspieler des göttlichen Ratschlusses. Freiheit und Notwendigkeit sind ineinander gewoben. Marx drückt diese Grunderfahrung in der Lehre von der historischen Dialektik aus. Dialektisch ist eine geschichtliche Situation, wenn sie mit struktureller Notwendigkeit Widersprüche in sich erzeugt, die zu einer Situation weitertreiben, in der diese Widersprüche aufgehoben sind. Der Aufweis dieser Notwendigkeit im Kapitalismus ist die größte wissenschaftliche Leistung von Marx. Aber ohne menschliches Handeln bleiben diese Strukturnotwendigkeiten unerfüllte Tendenzen. Daher der Aufruf, den Marx an das Proletariat richtet, das zu verwirklichen, was dialektisch gesprochen notwendig ist, was gleichsam dem Ratschluß der Geschichte entspricht. Folgt das Proletariat dem Aufruf nicht, so bleibt der Ratschluß unausgeführt, und die Entwicklung fängt von vorne an, um wieder auf das gleiche Ziel zuzugehen. Wer diese Einheit von dialektischer Notwendigkeit und menschlicher Freiheit auseinanderreißt, verfehlt den Sinn unserer geschichtlichen Existenz. Er ist Utopist, wenn er alles von der menschlichen Freiheit erwartet; er ist Fatalist, wenn er untätig auf der Notwendigkeit ruht und sich auf die automatische Erfüllung der Strukturgesetze verläßt. Dialektische Notwendigkeit verwirklicht sich durch menschliche Freiheit, wie auch der göttliche Ratschluß nicht ohne „das Volk Gottes“ zur Erfüllung kommt.

Was die Periodisierung der Geschichte betrifft, so finden sich bei Marx und im Marxismus Andeutungen über ein vorgeschichtliches Datum, das nur unzulänglich als Urkommunismus bezeichnet wird und von dem nicht viel mehr ausgesagt werden kann, als daß es noch vor dem Zeitalter der Klassenkämpfe liegt. Dann folgt das Zeitalter der Klassenkämpfe, das alle bisherige Geschichte umfaßt und das überwunden wird durch das Zeitalter der klassenlosen Gesellschaft, mit dessen Eintritt die Vorgeschichte der Menschheit zu Ende ist und die

Geschichte der Menschheit, nämlich des Menschen, der wahrhaft Mensch geworden ist, beginnt. Zwischen den drei Perioden liegen zwei Katastrophen: die erste, dem Sündenfall entsprechend, ist die Unterwerfung der Ackerbaustämme durch kriegerische Jäger und die Gründung des Staates als Mittel der Klassenherrschaft. Die zweite Katastrophe, dem Hereinbrechen des tausendjährigen Reiches entsprechend, ist die Aufhebung jeder Art von Klassenherrschaft durch die proletarische Revolution. Die Gegenwart steht unmittelbar vor dieser Katastrophe. Das dritte Stadium, die Verwirklichung des Menschlichen in der Menschheit, ist nahe herbeigekommen. Die zweite Periode, die Periode der Selbstentfremdung des Menschen durch Klassenspaltung, ist im Begriff, an sich selbst zugrunde zu gehen. Über die Analogie dieser Gedanken zu dem prophetischen Schema der Geschichtsdeutung braucht kein Wort gesagt zu werden.

Wohl aber ist es nötig, über die Zukunftserwartung des Marxismus als solche und sein Verhältnis zur prophetischen Hoffnung zu sprechen. Marx hat jede Ausmalung des Endzustandes als Utopie abgelehnt. Aber in dem Symbol der klassenlosen Gesellschaft liegt ein Moment, das die leidenschaftliche Erwartung von Millionen entfacht hat, weil es selbst utopisch im Sinne aller prophetischen Verkündigung ist. Es oszilliert zwischen Immanenz und Transzendenz. Gemeint ist es rein immanent; aber die Voraussetzungen seiner Erfüllung durchbrechen die Möglichkeiten der Immanenz genau wie in der alten Prophetie: Die Wandlung der menschlichen Natur, nicht nur im einzelnen Menschen, sondern in sozialen Gruppen, und nicht nur in einzelnen, sondern in allen Gruppen, und die Wandlung nicht nur der Natur im Menschen, sondern der Natur überhaupt ist die Voraussetzung für die Erfüllung von Erwartungen, wie sie in den Symbolen des tausendjährigen Reiches oder der klassenlosen Gesellschaft ausgedrückt sind. Die Schwierigkeit einer solchen Erwartung wächst mit der realistischen Menschenbeurteilung, wie sie in der christlichen Lehre von der allgemeinen Sündhaftigkeit und in der sogenannten materialistischen Geschichtsauffassung des Marxismus enthalten sind. Die Einsicht von Marx, daß es keine soziale Verwirklichung von Ideen ohne ein tragendes Gruppeninteresse gibt, stellt den Marxismus vor die Alternative, entweder das Wunder einer Gleichschaltung der Interessen aller Gruppen und aller Einzelnen in der klassenlosen Gesellschaft anzunehmen oder das Wunder einer Wandlung der Menschennatur vorauszusetzen, durch das die Bindung der Idee an das Interesse aufgehoben wird. Beide Wunder transzendieren jede erfahrbare Wirklichkeit, wie auch die prophetische Verkündigung mit dem Gedanken einer Bannung oder Ausrottung des bösen Prinzips im kommenden Reich über jede Erfahrung hinausgreift.

So führt der Vergleich von prophetischer und marxistischer Geschichtsdeutung schließlich zu einer doppelten Kritik: einmal an der einseitigen Immanenz des Marxismus, die er im Widerspruch mit sich selbst durchbrechen muß, sobald er seine Zukunftserwartung ernst nimmt; dann an einem Christentum, das den prophetischen Geist seiner Ursprünge so weit verloren hat, daß dieser Geist sich in einer bewußt antichristlichen Bewegung seine Stätte suchen mußte. Die Forderungen, die sich aus dieser doppelten Kritik ergeben, führen über den Rahmen dieses Aufsatzes hinaus.

GESCHICHTLICHE UND UNGESCHICHTLICHE GESCHICHTSDEUTUNG

Ein Vergleich

Wenn ich das mir gestellte Thema richtig verstehe, so verlangt es eine vergleichende Analyse der christlichen und nichtchristlichen Geschichtsdeutungen, einschließlich derer, die nicht unmittelbar christlich sind, die aber den Weg für die christliche Deutung vorbereiteten oder von ihr beeinflußt wurden. Das heißt, daß wir ein sehr großes Gebiet behandeln müssen und ich daher nur eine kurze und ziemlich schematische Beschreibung der Haupttypen der Geschichtsdeutung geben kann. Es heißt ferner, daß ich nicht versuchen kann, eine konstruktive Geschichtsdeutung zu geben. Zweifellos läßt es sich nicht vermeiden, daß mein eigener theologischer Standpunkt die Gruppierung und Beschreibung der verschiedenen Typen beeinflußt. Im Bereich des Geistigen ist eine rein objektive Typologie nicht möglich. Geistiges verstehen heißt, daran teilhaben, darüber entscheiden, es verwandeln.

Die zahlreichen Formen der Geschichtsdeutung können auf zwei Haupttypen zurückgeführt werden: den ersten Typus, der die Geschichte durch die Natur deutet, und den zweiten, der die Geschichte aus sich selbst deutet.

Der erste Typus gibt eine Deutung der Geschichte, die ich die ungeschichtliche Geschichtsdeutung nennen möchte, weil sie sich in „naturalistischen" Begriffen ausdrückt und der Geschichte einen ursprünglichen und unabhängigen Charakter abspricht. Das Wort „naturalistisch" umfaßt in diesem Zusammenhang sowohl Natur als auch Übernatur (im Sinne einer höheren transzendenten Natur).

Der zweite Typus erkennt die Geschichte als eine ursprüngliche Wirklichkeit an, die weder aus der Natur noch aus der Übernatur abgeleitet werden kann, sondern die im Gegenteil sowohl die Natur als auch die Übernatur in ihre eigene Entwicklung hineinzuziehen versucht. Diese beiden Typen weisen gänzlich verschiedene Strukturen auf. Im ersten Typus herrscht der Raum vor, im zweiten die Zeit. Dabei wird nicht übersehen, daß in der Geschichte keine reinen Typen erscheinen, daß immer Elemente des einen Typus in dem andern aufgefunden werden können, da es in der menschlichen Existenz keine Zeit ohne Raum und keinen Raum ohne Zeit gibt. Trotzdem ist der Unterschied in der Grundstruktur der beiden Typen ganz offensichtlich. Zwischen diesen beiden Möglichkeiten, die letztlich einander ausschließen, muß die Religion ebenso wie die Philosophie wählen. Und diese Wahl heißt Entscheidung für oder gegen das Christentum.

In diesem Aufsatz wird nicht auf den Unterschied zwischen der religiösen und der philosophischen Geschichtsdeutung Bezug genommen. In jeder religiösen Geschichtsdeutung sind philosophische Elemente enthalten – zum Beispiel eine Philosophie der Zeit; und in jeder philosophischen Geschichtsdeutung sind religiöse Elemente enthalten – zum Beispiel eine Deutung des Sinnes (oder der Sinnlosigkeit) der Existenz. Wo immer Existenz gedeutet wird, verschwindet der Unterschied zwischen Philosophie und Theologie, und beide treffen sich im Bereich des Mythos und des Symbols.

1. Der ungeschichtliche Typus der Geschichtsdeutung

Der ungeschichtliche Typus der Geschichtsdeutung wird durch *vier* Lehren von weltgeschichtlicher Bedeutung repräsentiert: durch die chinesische Lehre vom Tao, durch die indische Brahma-Lehre, durch die griechische Lehre von der Natur und durch die späteuropäische Lehre vom Leben.

A.

Das Tao ist das ewige Gesetz der Welt, das sowohl Norm wie Kraft des menschlichen Lebens ist. Der Kaiser als der Sohn des Himmels wird als Mittler gedacht zwischen dem kosmischen Tao und dem menschlichen geschichtlichen Leben, die in seinem Reich vereint sind. Das Tao ist ewig, es ist das Gesetz aller Bewegung und ist selbst jenseits der Bewegung und daher jenseits der Geschichte. Soweit überhaupt von Geschichte die Rede ist, wird die Vergangenheit verherrlicht. Die alten Kaiser und die klassischen Schriftsteller sind für alle Zukunft die Vorbilder für Politik und Kultur. Stärker als die Lebenden bestimmen die Ahnen das Leben. Die Vergangenheit herrscht über die Zukunft. Die Gegenwart ist ein Resultat der Vergangenheit, aber durchaus nicht eine Vorwegnahme der Zukunft. In der chinesischen Literatur gibt es wunderbare Berichte über die Vergangenheit, aber keine Zukunftserwartung.

B.

Innerhalb der brahmanischen Erfahrung und des brahmanischen Denkens verlieren alle Dinge in Raum und Zeit, Götter wie Menschen und Tiere, ihre letzte Realität und ihren letzten Sinn. Sie haben Realität – aber nur im Sinne der Maja; sie sind nicht einfach die Produkte der Phantasie, sondern sie werden transparent für die Asketen, die das Prinzip des Brahman-Atman in sich und in ihrer Welt entdeckt haben. Infolgedessen kann kein zeitliches Geschehen letzte Bedeutung haben. Sogar die Inkarnationen der Götter, die Erscheinung der Bodhisattwas findet immer wieder statt und wird in Zukunft wieder stattfinden. In der indischen Literatur gibt es nur wenige geschichtliche Berichte. Wenn es so etwas wie geschichtliche Erwartung gibt, wie im Wischnuismus, so drückt sie sich in der Lehre von den Weltzyklen aus: der Atem des Brahma erzeugt und verschlingt abwechselnd die Welt. Zwischen diesen kosmischen Gezeiten entwickelt sich die Welt in vier Zeitaltern oder Yugas vom besten zum schlechtesten in fortgesetzter Verschlechterung. Wir leben am Anfang der vierten Periode, dem Kali Yuga, die unausweichlich entweder zu einer wunderbaren Wiederkehr des ersten Zeitalters führt (womit der ganze Prozeß von neuem beginnt) oder unmittelbar zum Weltbrand und nach ihm zur Wiederholung des ganzen Prozesses. Die Zeit (Kala, oft mit dem bösen Prinzip „Kali“ identifiziert) ist eine Macht der Entartung, nicht der Vervollkommnung und Erlösung. Erlösung bedeutet hier: vor Zeit und Geschichte gerettet werden, vor dem Rad der Wiederholung; sie ist keine Erlösung durch Zeit und Geschichte. Die indische Kultur ist die am wenigsten geschichtsbewußte aller großen Kulturen.

C.

In der griechischen Philosophie ist „Natur“ eine rationale Kategorie, die das bezeichnet, was durch Wachstum (*φύσει*) oder durch Wesensnotwendigkeit, nicht aber künstlich (*θέσει*) oder durch willkürliches Denken und Handeln existiert. Natur ist die strukturelle Notwendigkeit, an der die empirische Wirklichkeit teil hat. Die empirische Wirklichkeit aber hat teil innerhalb der Grenzen ihrer stofflichen Natur; durch diese wird sie an der vollen Verwirklichung ihrer Wesensnatur verhindert. Das Zeichen der Vollkommenheit in der Natur ist die Kreisbewegung eines Dinges, in der es zu sich selbst zurückkehrt. „Sein“ als solches hat die Form einer Kugel, gleich vollkommen in allen seinen Teilen, keiner höheren Vollendung bedürftig, unbeweglich und ewig, ohne Werden und Vergehen. Umgekehrt weisen zeitliche Dinge widerspruchsvolle, unregelmäßige Bewegungen auf, ohne eine kreisförmige Verbindung von Ende und Anfang, und deshalb ist ihnen Werden und Vergehen, Selbstzerstörung und Tod eigen. Geschichte kann keinerlei Vollkommenheit beanspruchen, da sie keine Kreisbewegung ist. Die große griechische Geschichtsschreibung zeigt die Entstehung, die Blüte und den Verfall von Städten und Völkern. Sie ist natürlicherweise stärker an der Gegenwart interessiert, als die chinesischen Chronisten es sind. Sie möchte die Gegenwart den Erfahrungen der Vergangenheit gemäß formen, wie es zum Beispiel die *Politeia* des Aristoteles zeigt. Aber es gibt keine Erwartung einer vollkommeneren Zukunft. Aristoteles beschreibt Griechenland als das Land der „Mitte" zwischen Nord und Süd, Ost und West. Er kennt eine Mitte des Raumes, aber er kennt keine Mitte der Zeit. Zeit steht dem Vergehen näher als dem Entstehen, sagt er, einen Pythagoräer zitierend. Zeit ist für ihn endlos, sich selbst unendlich wiederholend, während der Raum begrenzt ist, voll formender Kraft, geformt, der Unendlichkeit trotzend. In der Stoa kehrt die Lehre von den vier Weltaltern, dem Weltbrand und der Wiedergeburt der Welt wieder. Das gegenwärtige Zeitalter ist das schlechteste, genau wie Indien es sieht. Aber statt sich dem unausweichlichen Schicksal der Selbstzerstörung ruhig auszuliefern, versucht der Stoizismus, besonders der römische, die Individuen und die Gesellschaft durch moralische und politische Tätigkeit umzuwandeln. Im Rom des Augustus wurden sogar prophetische Hoffnungen wach, daß der Kaiser das goldene Zeitalter wieder herstellen würde. Eine Tendenz zur geschichtlichen Geschichtsdeutung hin breitete sich über die antike Welt aus – wenn auch nur für kurze Zeit. Die politische Enttäuschung und der Mangel jeder transzendenten Hoffnung ließen jedoch das Gefühl der Tragik und die Abwendung vom geschichtlichen Denken wieder aufleben. Dies wird in der letzten Phase echten griechischen Denkens deutlich, im Neuplatonismus, in dem die horizontale Linie völlig durch die vertikale negiert und die Gesellschaft völlig um des individuellen Seelenheils willen abgewertet wird. Die Emanation des „letzten Einen" in die verschiedenen, gradweise abgestuften Seinsgestalten bis hin zur Materie, und die Rückkehr der Seele durch die verschiedenen Sphären, von der Materie bis zum „letzten Einen", stellt eine vertikale Richtung des Denkens und Handelns dar, die nichts mit der horizontalen Linie und der gerichteten Zeit der Geschichte zu tun hat. Der mystische Supranaturalismus am Ende der griechischen Philosophie ist nicht weniger ungeschichtlich als der klassische Naturalismus an ihrem Anfang.

D.

Der moderne europäische Naturalismus seit der Renaissance ist von dem griechischen Naturalismus insofern unterschieden, als er unter christlichem Einfluß das dualistische und tragische Element des griechischen Denkens überwunden hat, das die menschliche Seele über Welt und Geschichte hinaustreibt, um Erlösung aus dem tragischen Kreis in dem unbeweglichen „Einen“ zu suchen. Der moderne Naturalismus ist monistisch und beschreibt die Welt als eine Einheit und Totalität – entweder in mathematischen Begriffen wie Spinoza und Leibniz, oder in organischen Begriffen wie Bruno und Shaftesbury, oder in dynamischen Begriffen wie Nietzsche und Bergson, oder in soziologischen Begriffen wie Spengler. Für sie alle bedeutet die Zukunft die Evolution aller Möglichkeiten, die im jetzigen Stadium der Welt einbeschlossen liegen. Es mag unendlich viele Abwandlungen geben: Selbstzerstörung oder Kreisbewegung oder unendliche Wiederholung – aber niemals ist die gerichtete Linie der Geschichte das Entscheidende. Die Billionen Jahre der physikalischen Zeit nehmen der äußerst geringen Spanne der geschichtlichen Jahre jede Bedeutung. Die Zeit wird bei dem mathematischen Typus zu einer Dimension des Raumes. Derjenige, der die mathematische Weltformel kennt, kennt im Prinzip die ganze Zukunft. Bei den organischen und dynamischen Typen des modernen Naturalismus wird die Zeit als eine auflösende Kraft gedacht. Im organischen und geschichtlichen Geschehen wird das Leben zunehmend komplexer, bewußter, stärker intellektualisiert. Es verliert seine vitale Kraft und wird zur Selbstzerstörung getrieben. In Spenglers Prophezeiung vom Untergang des Abendlandes werden die großen Kulturen wie Bäume nebeneinander gesetzt. Sie keimen auf, sie wachsen, verkümmern und sterben wie Bäume, jede für sich. Es gibt keine Weltgeschichte, die die Lebens- und Todeskurven jeder Kultur kreuzt und damit das räumliche „Nebeneinander“ durch ein zeitliches „Auf etwas hin“ überwindet. Auf diesem Grund kommt sogar die tragische Schau der Griechen wieder zum Vorschein. Im Nationalismus revoltieren die Götter des Raumes gegen den Herrn der Zeit. Nation, Boden, Blut und Rasse trotzen der Idee einer weltgeschichtlichen Entwicklung und eines weltgeschichtlichen Zieles. Diese jüngste Entwicklung zeigt, daß eine ungeschichtliche Geschichtsdeutung, selbst wenn sie auf christlichem Boden entsteht, auf die Dauer zum Heidentum zurückkehren muß, denn das Christentum ist wesensmäßig geschichtlich, während das Heidentum wesensmäßig ungeschichtlich ist.

E.

Die Hauptkennzeichen der ungeschichtlichen Typen der Geschichtsdeutung waren in allen bisher behandelten Formen folgende:

1. Natur oder Übernatur ist die höchste Kategorie für die Deutung der Realität.

2. Der Raum ist gegenüber der Zeit vorherrschend; die Zeit wird als kreisförmig oder als sich unendlich wiederholend gedacht.

3. Die zeitliche Welt hat geringere Realität und keinen letzten Wert.

4. Das wahre Sein und das höchste Gut sind ewig, unbeweglich, erhaben über Werden, Entstehen und Vergehen.

5. Erlösung ist die Erlösung des einzelnen *aus* der Zeit und Geschichte, nicht Erlösung einer Gemeinschaft *durch* Zeit und Geschichte.

6. Geschichte wird als Prozeß der Verschlechterung gedeutet, der zur unausweichlichen Selbstzerstörung einer Weltepoche führt.

7. Das religiöse Korrelat zur ungeschichtlichen Geschichtsdeutung ist entweder Polytheismus (Vergottung besonderer Räume) oder Pantheismus (Vergottung des transzendenten „Einen"), wobei sowohl der Raum als auch die Zeit negiert werden.

2. Der geschichtliche Typus der Geschichtsdeutung

Der geschichtliche Typus der Geschichtsdeutung erscheint zuerst in der Religion des Zarathustra, wenngleich noch untermischt mit ungeschichtlichen Elementen. Im Glauben der jüdischen Propheten gewinnt die Geschichte ihre volle Bedeutung und Macht, wenngleich in einem beständigen Kampf gegen den religiösen Nationalismus, der zum entgegengesetzten Typus gehört. Im Urchristentum erlangt die geschichtliche Geschichtsdeutung ihre endgültige Fundierung und ihre universale Bedeutung. Im Ablauf der Geschichte der Kirche drangen ungeschichtliche Elemente ein und schufen die konservative kirchliche Form der Geschichtsdeutung. Der konservative Typus wurde durch die gesamte Kirchengeschichte hindurch von dem revolutionären sektiererischen Typus der Geschichtsdeutung angegriffen. Dieser Kampf setzte sich fort in säkularen Formen als der Kampf zwischen dem politischen Konservativismus auf der einen Seite und dem politischen Radikalismus – revolutionär oder fortschrittlich – auf der anderen Seite. Wir werden jetzt diese verschiedenen Formen der geschichtlichen Geschichtsdeutung prüfen, um die Kennzeichen zu finden, die für sie alle konstitutiv sind, und um sie mit den Zügen zu vergleichen, die wir als wesentlich für die ungeschichtliche Gruppe der Geschichtsdeutung herausgefunden haben.

A.

Obgleich der Gegensatz zwischen göttlichen und dämonischen Mächten sich in vielen Religionen findet, hat doch nur Persien eine dualistische Religion entwickelt. Diese Tatsache ist erstaunlich, nicht nur, weil sie die erste und einzige geschichtliche Geschichtsdeutung neben der jüdisch-christlichen Linie des Denkens entstehen ließ, sondern weil sie die Grenzen zeigt, unter denen der menschliche Geist einen letzten Dualismus ertragen kann. Im Hinblick auf diesen letzten Punkt ist offensichtlich, daß der schließliche Sieg des Guten seinen ontologischen Vorrang über das böse Prinzip voraussetzt. Ein vollkommener Dualismus würde die Einheit des menschlichen Geistes zerstören, wäre metaphysische Schizophrenie. Die persische Geschichtsdeutung zeigt eine Ideengruppe, die seit der Zeit des Zoroaster in allen geschichtlichen Geschichtsdeutungen wiederkehrt: ein Kampf zwischen zwei dynamischen Prinzipien, Gott und Satan, der Gedanke der Verschlechterung der Welt, die sich über verschiedene Perioden einiger tausend Jahre erstreckt bis hin zum Wendepunkt vor der letzten Periode, die durch die Erscheinung eines prophetischen Sendboten eingeleitet wird, die Erwartung eines göttlichen Erlösers, der die letzte Entscheidung in dem weltgeschichtlichen Kampf bringt, der Sieg des Guten, das Ende der Geschichte, Auferstehung, Gericht über den einzelnen und den Brand des Bösen. Aber in der persischen Religion gibt es einen Gedanken, der ihren geschichtlichen Charakter begrenzt: die Lehre einer doppelten Schöpfung, einer guten und einer bösen. Dies bedeutet, daß es Böses in der Welt gibt, das nicht durch den geschichtlichen Prozeß überwunden werden kann, sondern nur durch physische Vernichtung ganzer Bereiche von Wesen, besonderer Tiere, Pflanzen und materieller Dinge, die in sich böse sind. Der gute Gott ist nicht der allmächtige Herr der Geschichte, weil er nicht der Schöpfer der Natur als ganzer ist. Diese Begrenzung der göttlichen Macht macht Gnade unmöglich. Nur der unbedingte Gott kann Sünden vergeben. Ein bedingter Gott muß sich verteidigen. Er ist an das Gesetz seiner besonderen Natur gebunden.

B.

Dieses Problem wird in der jüdischen Prophetie anders behandelt, die daher als der wirkliche Geburtsort eines universalen Geschichtsbewußtseins in der Weltgeschichte betrachtet werden muß. Ein exklusiver Monotheismus, in der Idee der Gerechtigkeit als dem Kennzeichen des wahren universalen Gottes wurzelnd, der Glaube an die unumschränkte Souveränität dieses Gottes, über die Geschichte nach seinem Willen zu herrschen, die Idee der einen Schöpfung, die wesensmäßig gut ist, und der einen Menschheit, die, wenn auch aus der ursprünglichen Unschuld und Einheit herausgefallen, gesegnet sein soll durch die Geschichte des auserwählten Volkes – dies alles ergibt den Rahmen für eine völlig geschichtliche Geschichtsdeutung, wie sie im Alten Testament entwickelt wird: der Ruf an Abraham, der die Forderung enthält, sich von den lokalen Gottheiten seines Vaterhauses zu trennen, dem Gott der Zeit und der Zukunft zu folgen, der der Gott aller Völker ist; der Auszug aus Ägypten als dem fundamentalen Geschehen, der Mitte der Geschichte für Israel; der Bund zwischen Gott und seinem Volke; die prophetische Drohung, daß Gott sogar sein auserwähltes Volk strafen und vernichten kann; das Versprechen, daß die verbannten Überlebenden die Träger der weltgeschichtlichen Ziele Gottes werden, daß ein messianischer König aus Davids Samen erstehen wird, daß am letzten Tag, am Tag Jahwes, alle seine Feinde besiegt werden und Jerusalem das Zentrum der wahren Anbetung, der Gerechtigkeit und des Friedens wird, sogar des Friedens in der Natur. Dies ist die alttestamentliche Geschichtsdeutung. Hier ist deutlich, daß Gott sich nicht nur *in* der Geschichte offenbart, sondern auch *durch* die Geschichte als ganzes. Die Götter des Raumes sind überwunden, die Geschichte hat einen Anfang, eine Mitte und ein Ende. Wenn auch das auserwählte Volk der Hauptträger der Geschichte ist, so hat doch seine Geschichte Bedeutung für alle Völker.

C.

Die prophetische Geschichtsdeutung drückt sich in Vorstellungen aus, die innerhalb der Grenzen dieser Welt bleiben, innerhalb der Grenzen von Raum und Zeit, obwohl auch das Wunder ein Element der prophetischen Weltschau ist, zum Beispiel der kommende Frieden in der Natur, die künftige Teilhabe jedes Menschen an der Gabe des Heiligen Geistes, der Endsieg eines der kleinsten Völker über die großen Reiche. Die spätere Apokalyptik betont diese wunderbaren Elemente und durchbricht so alle Grenzen von Raum und Zeit. Dies geschah großenteils unter dem unmittelbaren Einfluß der persischen Geschichtsdeutung. Die geschichtlichen Konflikte, wie sie in der prophetischen Beschreibung der Zukunft geschaut werden, werden durch die Kämpfe transzendenter Mächte ersetzt – Gott, Satan, gute und böse Engel. Der Messias wird immer mehr zu einem göttlichen Wesen, hört auf, ein geschichtlicher König zu sein. Das Ende des Weltgeschehens wird wichtiger als das Ende der Geschichte, die nur eine Folge des ersteren ist. In der Offenbarung des Johannes sind die prophetische und die apokalyptische Geschichtsdeutung miteinander verknüpft. Die Geschichte als solche kommt an ihr Ziel und zu ihrer Erfüllung im Tausendjährigen Reich Christi und seiner Heiligen, während Satan gebunden, aber nicht endgültig überwunden wird. Der Endsieg geschieht in einer Weltkatastrophe, in der die himmlischen Mächte die satanischen Mächte besiegen; und das Reich Gottes, das die Auserwählten aus allen Völkern vereint, einschließlich einer neuen Natur, wird für immer errichtet.

D.

Die Spannung zwischen diesen beiden Formen der Geschichtsdeutung – der prophetischen und der apokalyptischen – wurde für die Kirchengeschichte außerordentlich wichtig. Die konservative, kirchliche Form, die Augustin repräsentiert, hat die gefährlichen Konsequenzen der Idee des Tausendjährigen Reiches Christi dadurch vermieden, daß sie annahm, das Reich sei in der christlichen Kirche erfüllt, vor allem in der kirchlichen Hierarchie. Nach dieser Auffassung hat die Geschichte bereits ihre letzte Epoche erreicht. Bevor nicht die Natur und die Geschichte zu ihrem Ende gekommen sind, kann nichts wirklich Neues erwartet werden. Eine radikale Kritik der Kirche ist daher nicht möglich. Es gibt kein geschichtliches Ziel vor uns, von dem die Kritik ausgehen könnte. Die Erwartung des individuellen Todes hat die Erwartung des Endes der Geschichte ersetzt. Ein ungeschichtliches Element ist in die christliche Geschichtsdeutung durch die Ausscheidung des Chiliasmus eingedrungen. Dieses Element war stark genug, um geschichtliche Aktivität und den Kampf um die soziale Gerechtigkeit zu entwerten und um das individuelle Schicksal von dem Schicksal des Ganzen zu trennen.

E.

Im Gegensatz zur kirchlichen Geschichtsdeutung setzt die von den Sekten ausgehende Deutung die Lehre von den tausend Jahren wieder ein, indem sie den berühmten Gedanken des dritten Stadiums betont, in dem die Geschichte sich auf Erden erfüllt. Die Prophezeiung des Joachim von Floris gab dazu den ersten Anstoß. Sie wurde durch die radikalen Franziskaner aufgenommen und verstärkt und in der Zeit der Vorreformation und Reformation durch die Taboriten, Wiedertäufer und aufständischen Bauern übernommen. Sie spielte in der englischen Revolution eine große Rolle und wurde schließlich zum bürgerlichen und proletarischen Utopismus verweltlicht und verwandelt. In all diesen Bewegungen ist die Zukunft der entscheidende Zeitmodus. Etwas völlig Neues wird erwartet, wofür Vergangenheit und Gegenwart nur Vorbereitung sind. Der Wendepunkt der Geschichte steht nahe bevor, das letzte Stadium wird sehr bald beginnen, die Gerechtigkeit wird siegreich sein, entweder durch göttliche Macht allein oder durch menschliche revolutionäre Taten unter Gottes Führung. Weltfriede wird Wirklichkeit werden, der Heilige Geist wird jedem gegeben und wird jeder irdischen Obrigkeit ein Ende machen. Mittler, Priester oder Lehrer sind nicht mehr notwendig, da jeder wahre Kenntnis von Gott haben wird.

F.

Es ist leicht, von diesen zwei Haltungen innerhalb der Kirche jeweils eine Linie zu den entsprechenden Haltungen außerhalb der Kirche zu ziehen. Der kirchliche Konservativismus wurde die Grundlage des politischen Konservativismus in fast allen christlichen Ländern. Für diesen Konservativismus ist typisch, daß ein Ereignis der Vergangenheit (das ursprünglich revolutionären Charakter hatte) als das endgültige Ereignis betrachtet wird, in dem sich der Sinn der Geschichte voll ausdrückt. Deshalb muß die Situation, die durch dies Ereignis herbeigeführt wurde, bewahrt bleiben und gegen Revolution und radikalen Fortschritt verteidigt werden. Dies gilt nicht nur vom alten preußischen Feudalismus – einem hervorragenden Beispiel des politischen Konservativismus auf lutherischer Grundlage –, sondern ebenso von jenen Söhnen oder Töchtern der amerikanischen Revolution, die im Namen der Revolution der Vergangenheit versuchen, jede mögliche Revolution der Zukunft für immer zu verhindern – ein hervorragendes Beispiel des politischen Konservativismus auf calvinistisch-sektiererischer Grundlage. In beiden Fällen und in den vielen Variationen der Anschauungen zwischen ihnen wird angenommen, daß alles Wesentliche in der Geschichte bereits vollbracht ist. Die Zukunft ist eine verhältnismäßig unwichtige Verwirklichung dessen, was potentiell bereits gegeben ist (analog den naturhaften Prozessen). Es ist offensichtlich, daß diese Haltung sehr leicht in eine Form des ungeschichtlichen Materialismus zurückfallen kann – wie es im Europa des neunzehnten Jahrhunderts geschah.

G.

Die Linie von der revolutionären sektiererischen Geschichtsdeutung zum politischen Radikalismus ist sogar noch deutlicher. Der Gedanke eines dritten Stadiums spielte eine ungeheure Rolle, zunächst im kämpfenden Bürgertum und später im kämpfenden Proletariat. Im Zeitalter der Aufklärung und der bürgerlichen Revolution wurde dieses dritte Stadium mit der Herrschaft der Vernunft über Natur und Gesellschaft identifiziert. Nach dieser Auffassung ist das autonome Denken potentiell jedermann gegeben, und es wird durch Erziehung und soziale Änderungen aktualisiert. Auf dieser Grundlage ist Demokratie möglich, Autorität wird durch Überzeugung ersetzt, Hierarchie durch Führertum. Das innere Licht des geistlichen Sektierers wird in die autonome Vernunft des aufgeklärten Bürgers verwandelt. Freiheit und Gleichheit, Weltfrieden und soziale Gerechtigkeit sind die notwendigen Folgen dieses Sprunges vom vorrationalen zum rationalen Stadium der Menschheit. Nachdem das Bürgertum den Sieg errungen hatte, drangen konservative Elemente ein und verwandelten den revolutionären Impuls in eine fortschrittliche Haltung. Die fortschrittliche Geschichtsdeutung ist gemäßigter Utopismus, der dem radikalen Utopismus der Kampfperiode folgt. Sie ist insoweit Utopismus, als sie an den kontinuierlichen Fortschritt als das allgemeine Gesetz der Geschichte glaubt. Sie ist gemäßigt insoweit, als sie glaubt, daß der entscheidende Schritt bereits getan ist, der Schritt von der vorrationalen zur rationalen (bürgerlichen) Stufe der Menschheit. Gegen dieses gemäßigte Element haben Sozialismus und Kommunismus die radikale revolutionäre Geschichtsdeutung immer wieder geltend gemacht. Die klassenlose Gesellschaft ist das Analogon zu dem dritten Zustand. Sie wird für die Erfüllung des ursprünglichen Zieles der bürgerlichen Revolution gehalten, das vom bürgerlichen Klasseninteresse verraten wurde. Sie wird die Verwirklichung der Gerechtigkeit, des Friedens, der Freiheit und der Humanität nicht nur für einige wenige, sondern für alle sein. Marx nennt diesen Zustand den Anfang der wirklichen Geschichte, während die zweite Stufe – nämlich alle frühere Geschichte – nur Vorgeschichte ist, die Entfremdung des Menschen von sich selbst in ständigen Klassenkämpfen. Manchmal wird die erste Stufe als ein Urkommunismus beschrieben, ein Stand der Unschuld, der in soziologischen Begriffen ausgedrückt wird. Der Wendepunkt in der Geschichte ist die Erscheinung des Proletariats, das messianische Qualitäten hat, nicht wegen seiner moralischen Qualitäten, sondern wegen seiner geschichtlichen Funktion, das Interesse des Ganzen zu verfolgen, indem es seine besonderen Interessen verfolgt. Die entscheidenden Kräfte in der Geschichte sind Interesse und Leidenschaft – wie bereits Hegel betont hatte. Aber Marx entdeckt wie er eine sinnvolle, sozusagen von der Vorsehung getragene Richtung in der Geschichte, die alle diese widerstreitenden Interessen auf eine schließliche Harmonie hinlenkt. Revolutionäre Katastrophen werden die klassenlose Gesellschaft, das Ziel und das Ende der Geschichte, durch Zusammenwirken freier menschlicher Tätigkeit und dialektischer (nicht mechanischer) Notwendigkeit herbeiführen. In dieser Geschichtsdeutung sind fast alle Elemente der unmittelbar religiösen Geschichtsdeutungen eingeschlossen, aber mit zwei Unterschieden: die Transzendenz der kämpfenden Mächte ist in die Immanenz einander widerstreitender Prinzipien verwandelt, und die transzendente Erfüllung jenseits der Geschichte ist durch die immanente Erfüllung innerhalb der Geschichte ersetzt. Diese Unterschiede ermöglichen es der marxistischen Geschichtsdeutung, sich in einen naturalistischen ungeschichtlichen Rahmen einzupassen, genau so, wie es mit der fortschrittlichen Weltschau geschehen kann. Beide stehen immer in der

Gefahr, in einen ungeschichtlichen Naturalismus zurückzufallen. Ohne ein transzendentes Element kann der letzte Sinn der Geschichte nicht aufrechterhalten werden.

H.

Der religiöse Sozialismus hat versucht, die religiösen Prinzipien der prophetischen Geschichtsdeutung auf die gegenwärtige Situation anzuwenden. Obwohl er die sozialistische Terminologie benutzte, hielt er sich innerhalb des Rahmens des biblischen Denkens. So hat er die Hauptformen der geschichtlichen Geschichtsdeutung vereint und das Problem der Geschichte in das theologische Denken wieder eingeführt. Die Beschreibung des Systems des religiösen Sozialismus liegt außerhalb unseres Themas. Einige seiner Aspekte werden im abschließenden Abschnitt behandelt werden. Aber bevor wir diese Aspekte betrachten, müssen wir die Hauptpunkte herausfinden, die die geschichtliche Geschichtsdeutung im Gegensatz zu den Hauptpunkten charakterisieren, die wir in der ungeschichtlichen Haltung entdeckt haben.

I.

1. Geschichte ist eine unabhängige und letztlich die wichtigste Kategorie zur Deutung der Wirklichkeit.

2. Die Zeit hat den Vorrang vor dem Raum. Die Bewegung der Zeit ist gerichtet, sie hat einen bestimmten Anfang und ein bestimmtes Ende und bewegt sich auf eine letzte Erfüllung zu.

3. Die zeitliche Welt ist ein Schlachtfeld zwischen guten und bösen Mächten (gleich, ob sie in mythischen oder in rationalen Begriffen ausgedrückt werden). Ontologisch – oder als Schöpfung – ist die Welt gut.

4. Das wahre Sein oder das höchste Gut verwirklicht sich selbst in einem dynamischen Prozeß in und über der zeitlichen Existenz.

5. Erlösung ist die Erlösung einer Gemeinschaft von den bösen Mächten in der Geschichte durch die Geschichte. Geschichte ist wesensmäßig Heilsgeschichte.

6. Die Geschichte hat einen Wendepunkt oder eine Mitte, in der der Sinn der Geschichte anschaubar wird, der die selbstzerstörerische Richtung des geschichtlichen Prozesses überwindet und etwas Neues schafft, das nicht durch die Kreisbewegung der Natur vereitelt werden kann.

7. Das religiöse Korrelat zur geschichtlichen Geschichtsdeutung ist exklusiver Monotheismus. Gott als der Herr der Zeit beherrscht die universale Geschichte der Menschheit – in der Geschichte und durch die Geschichte handelnd.

Anhang.

Einige neutestamentliche Kategorien der Geschichtsdeutung. Ihr griechischer und ihr christlicher Sinn.

Das Neue Testament ist ein Dokument jenes Geschehens, in dem die geschichtliche Geschichtsdeutung ihre letzte und vollkommene Begründung empfangen hat: Christus als die Mitte der Geschichte. Dies Dokument ist in derselben Sprache geschrieben, in der die ungeschichtliche Geschichtsdeutung ihren konsequentesten und radikalsten Ausdruck gefunden hat – in griechisch. Deshalb ist es interessant, die Bedeutung der Hauptbegriffe, in denen das Neue Testament seine Geschichtsdeutung ausdrückt, mit der Bedeutung der gleichen oder ähnlichen Begriffe im klassischen Griechisch zu vergleichen. Solch ein Vergleich ist der beste Weg, die besondere Haltung des Neuen Testamentes zur Geschichte und ihren Unterschied zu allen Typen der ungeschichtlichen Geschichtsdeutung zu verdeutlichen.

A. *καιρός*, die rechte Zeit.

In der Nikomachischen Ethik definiert Aristoteles *καιρός* als das Gute in der Kategorie der Zeit. Ist ein besonderer Zeitmoment gut für die Erfüllung von etwas, so ist dieser Moment sein *καιρός*. Jedes Ding und jede Handlung kann ihren guten Moment haben – der nicht vorher oder nachher gegeben wird, sondern nur *ἐν καιρῷ*, im rechten Augenblick. Aber die Zeit als solche hat bei Aristoteles keinen *καιρός*, da der Weltprozeß nichts hat, worin er erfüllt und vollendet wäre. Das höchste Gut ist jenseits der Zeit, nicht in ihr und erscheint nicht in einem besonderen Augenblick. Bei Paulus bezeichnet *καιρός* die Erfüllung der Zeit als ganzer. Das Gute in der Kategorie der Zeit erscheint ganz in einem Augenblick der Zeit, es scheidet die Geschichte in eine Epoche der Vorbereitung und eine des Empfangens, schafft eine Mitte der Geschichte und trennt so die zwei Unendlichkeiten der physikalischen Zeit – die Unendlichkeit der Vergangenheit und die Unendlichkeit der Zukunft – und führt auf diese Weise zu einer entscheidenden Zeit. Dieser Gebrauch des Wortes *καιρός* macht ihn zu einer Hauptkategorie der neutestamentlichen Geschichtsdeutung. Die Zeit hat Richtung, Periodizierung, qualitative Unterschiede eben durch die Tatsache, daß sie einen *καιρός* hat.

B. *τέλος*, Ziel, Erfüllung; *τέλειος*, beendet, vollkommen.

Aristoteles definiert *τὸ τέλειον* als etwas, von dem kein Teil außerhalb seiner gefunden werden kann. In Verbindung mit seiner Metaphysik bedeutet dies, daß alle Möglichkeiten eines Dinges verwirklicht sind. So zeigen zum Beispiel die Sterne durch ihre Kreisbewegung, daß ihnen nichts mangelt, was außerhalb ihrer läge, wenngleich ihre Bewegung andeutet, daß doch noch eine Differenz zwischen ihrer Möglichkeit und ihrer Wirklichkeit besteht. Absolut vollkommen – *τέλειος* – ist nur die reine Aktualität, in ihr gibt es keinerlei Potentialität mehr, und sie ist daher ohne Bewegung. *Τέλος* ist das immanente Ziel des Lebensprozesses, die Form, in der er sich erfüllt und in der er sich in Vollkommenheit realisiert. Das Wort *τέλος* ist zugleich für die höchsten Ämter im Staat gebraucht worden, für die Einweihung in die Eleusinischen Mysterien und für das ethische Ideal jedes einzelnen. In all diesen Fällen weist es auf die vollkommene Verwirklichung einer wesensmäßigen Möglichkeit hin. Seine Richtung ist vertikal, der horizontale Sinn des auf ein Ende Zugehens ist sekundär. Im Neuen Testament wird der Nachdruck auf den horizontalen Sinn verlagert. Paulus spricht vom Ende der Zeiten in unseren Tagen (1. Kor. 10, 11). In 1. Kor. 15, 24 ist *τέλος* der Augenblick, in welchem Gott das Reich von Christus empfängt. Entsprechend ist seine Bedeutung in Matth. 24, 14. Das *τέλος* liegt in der horizontalen Linie als etwas Neues, das von oben kommt. Es hat eschatologischen, nicht ontologischen Charakter. Daher wird in Eph. 4, 13 *τέλειος* nicht durch menschliche Möglichkeiten gemessen, sondern durch die Fülle des Christus, der in der Geschichte ist. *Τέλος* im Griechischen negiert die Geschichte, im Neuen Testament ist es die Erfüllung der Geschichte.

C. *παρουσία*, Gegenwart, Erscheinung.

In seinem Gorgias spricht Plato von der *παρουσία τοῦ ἀγαθοῦ*, der Gegenwart des Guten, das in den Dingen erscheint, obwohl es zur gleichen Zeit jenseits aller Dinge ist. Die Dinge haben Sein durch die Gegenwart des Guten in ihnen, das wahre Sein der Dinge ist ihr Gutes, es erscheint in ihnen, aber zugleich wird es durch sie verborgen. Das reine Gute an sich ist jenseits aller Dinge und kann nicht unmittelbar geschaut werden, es kann nur insoweit gesehen werden, als es in den Dingen erscheint. Das gleiche Wort *παρουσία* wird im Neuen Testament gebraucht für die Erscheinung des Christus in seiner Herrlichkeit, unverhüllt durch die Hinfälligkeit seines Fleisches. Bei Plato wird der Nachdruck auf die Gegenwart des Guten in allen Dingen gelegt, insoweit sie existieren. Sie bezeichnet die ewige Beziehung zwischen Idee und Wirklichkeit. Im Neuen Testament weist das Wort auf das eschatologische Geschehen hin, in dem der Sinn des einen geschichtlichen Ereignisses, nämlich das Kommen des Christus im Fleisch, vorausgesetzt ist.

Der griechische Gebrauch des Wortes ist ungeschichtlich. Der neutestamentliche Gebrauch des Wortes gründet auf einer Deutung der Geschichte, die von ihrer Mitte und ihrem Ende her verstanden wird.

D. *κτίζειν*, gründen, erschaffen; *δημιουργεῖν*, formen.

Das *κτίζειν* bedeutet im klassischen Griechisch: eine Stadt gründen. Etwas Neues wird gemacht, aber es wird an einem gegebenen Ort gemacht, mit gegebenem Material. Ähnlich ist die Bedeutung von *δημιουργεῖν*: eine öffentliche Arbeit verrichten, einen öffentlichen Dienst leisten durch formen, gestalten, bilden. Das letztere Wort (*δημιουργεῖν*) und nicht das erstere (*κτίζειν*) wird von Plato verwandt, wenn er von der Formung der Welt durch den Demiurg spricht. Der Demiurg hat die Welt gestaltet, indem er die Materie nach dem Bilde des Guten formt und ordnet. Indem er das tut, erhebt er die Materie, die durch Notwendigkeit beherrscht wird, zur höchstmöglichen Ähnlichkeit mit der Idee. Aber es kann ihm nur in begrenzter Weise gelingen. Er kann nicht das Böse, das in dem Widerstand der Materie wurzelt, überwinden. Die Septuaginta und das Neue Testament verwenden das Wort *κτίζειν* für die schöpferische Tätigkeit Gottes, sie betonen die Idee einer neuen Schöpfung und lassen die mitschwingende Bedeutung von etwas Gegebenem durch die Idee der Schöpfung aus dem Nichts völlig fallen. Die Welt ist *κτίσις*, sie ist geschaffen, nicht geformt, deshalb ist sie in sich gut. Das Böse hat keine ontologische, sondern nur eine moralische Basis, und daher ist eine Heilsgeschichte möglich.

E. *λόγος*, Wort, Vernunft.

λόγος bezeichnet in der griechischen Philosophie das vernünftige Wort, welches das Sein selbst erfaßt, seine wahre, essentielle Natur, seine Form und Struktur. Um dies tun zu können, muß das Wort die Wahrheit der Dinge in sich tragen. Sein und das Sprechen vom Sein, oder Sein und das Denken, in welchem Sein ergriffen wird, ist ein und dasselbe. Vernunft in den Dingen und Vernunft im Denken sind identisch. Diese universale Vernunft, die in den Dingen objektiv und im menschlichen Geist subjektiv vorhanden ist, wird *λόγος* genannt. Bei Heraklit und den Stoikern ist der *λόγος* sowohl das Naturgesetz als auch das Gesetz des menschlichen Denkens und Handelns. Er ist in allen Dingen, alles nimmt an ihm teil. Er wird im Menschen seiner selbst bewußt und wird in ihm verdorben. Er ist die aktive göttliche Macht, die die passive Materie formt und gestaltet. Er ist immer gegenwärtig, wenn auch in verschiedenem Grade. Die Verwendung des gleichen Wortes im vierten Evangelium für das Wesen des Christus kennzeichnet besser als alles andere die Wendung von der ungeschichtlichen zur geschichtlichen Deutung der Wirklichkeit. Der λόγος wird Geschichte, eine sichtbare und greifbare Individualität in einem einzigartigen Augenblick der Zeit. Die logische Relation zwischen dem Universalen und dem Individualen wird völlig verwandelt. Das Individuum ist nicht nur ein Exemplar des Universalen, unfähig, seine Fülle auszudrücken, sondern das Individuum fügt dem Universalen etwas völlig Neues hinzu. Geschichte ist möglich, weil der einzelne Mensch oder das einzelne Ereignis mehr ist als nur ein Exemplar des *genus Mensch* oder des *genus* Ereignis. Wenn das Wort Fleisch wird, verschwindet der Gegensatz zwischen dem Universalen und dem Individualen. Geschichte ist nicht weniger als der universale λόγος, **sie ist eins mit ihm.** Geschichte und wahres Sein stehen nicht mehr im Gegensatz zueinander. Wahres Sein oder λόγος erscheint in seiner Fülle in der Geschichte.

F. *ἀλήθεια*, Wahrheit.

Die Wandlung in der Bedeutung des λόγος geht Hand in Hand mit einer Wandlung in der Idee der Wahrheit. 'Αληθής bedeutet im Griechischen unverborgen. Die Wahrheit wissen heißt, zu jener Schicht der Realität vordringen, die der natürlichen Weltschau verborgen ist und die nur durch methodische Erkenntnis entdeckt werden kann. Diese Realitätsschicht ist hinter der Oberfläche der Dinge, aber sie ist immer und überall gegenwärtig, und man kann sich ihr in der Tiefe der Dinge nähern. Die geschichtliche Situation bedeutet für diese Annäherung nichts. Das gleiche Wort wird im Neuen Testament verwendet. Aber seine Bedeutung kann nicht aus seinem griechischen Ursprung abgeleitet werden. Es muß mit Bezug auf das hebräische Wort verstanden werden, dessen Übersetzung es ist: *emunah,* das die gleiche Wurzel wie Amen hat und den glaubwürdigen, unerschütterlichen Charakter bezeichnet, besonders einer Person und eines von ihr gegebenen Versprechens. Es weist auf die praktische Gewißheit hin, die aus dem absoluten Vertrauen in jemand folgt. Deshalb kann das vierte Evangelium von dem Werden der Wahrheit sprechen, nämlich als einer göttlichen Tat in der Geschichte, während für das griechische Denken ἀλήθεια gerade dem Werden entgegengesetzt ist, nämlich ewiges Sein. Die Bibel kann ferner vom Tun der Wahrheit sprechen, und Jesus kann sagen: „Ich bin die Wahrheit". Wahrheit ist nicht universal, sondern identisch mit dem historischen Faktum Jesus Christus. Sie kann nicht durch eine methodische Annäherung entdeckt werden, sondern nur durch Glauben und Gehorsam. Und sie kann nicht immer und überall entdeckt werden, sondern nur in der einzigartigen geschichtlichen Gemeinschaft, der Kirche.

G. *ἐκκλησία*, Gemeinde (Kirche).

Dies führt zu dem letzten und entscheidenden Begriff, in welchem der Wechsel vom ungeschichtlichen zum geschichtlichen Denken sichtbar wird: *ἐκκλησία* Gemeinde. Im griechischen Stadtstaat bezeichnete er die Gemeinde der freien Bürger, die aus ihren Häusern gerufen werden, um politische Entscheidungen zu treffen und das Leben der Stadt weiterzuführen. Nur jene, die frei waren, gehörten dazu, und man ist frei durch Geburt, weil man durch Erbschaft eine Tugend empfangen hat, die dem Sklaven und Barbaren abgeht. Für Aristoteles repräsentiert der freie griechische Bürger, der zur Stadtgemeinde gehört, das *genus* der Elite. Später, bei den Stoikern, wird jedermann als frei betrachtet, weil er Vernunft besitzt. Menschliche Wesen als solche gehören zu dem *genus* der Elite, da sie an der universalen Vernunft teilhaben. Aber trotz dieses Unterschiedes zwischen den zwei Bedeutungen von Freiheit wie von Auslese haben beide einen ungeschichtlichen Charakter. In beiden Fällen trifft die Natur die Auslese – bei Aristoteles in einer stärker vitalistischen und aristokratischen Deutung, bei den Stoikern in einer stärker rationalistischen und demokratischen Deutung. Im Neuen Testament wird *ἐκκλησία* oft mit dem Zusatz *ἐκκλησία* Gottes oder des Christus verwendet. Als solche ist sie die Fortsetzung der Gemeinde Gottes im Alten Testament, nämlich des auserwählten Volkes oder der auserwählten Überreste dieses Volkes. Im Neuen Testament wird die Gemeinde Gottes das wahre Volk Gottes genannt, und es besteht aus den Auserwählten aller Völker. Diese Auslese ist keine Angelegenheit der Rasse oder der Vernunft. Sie ist eine Angelegenheit des geschichtlichen Schicksals. Die freien Glieder dieser Gemeinde Gottes sind durch Erlösung frei. Ihre Tugend ist die Gnade, die sie in der Kirche empfangen. Die Kirche ist eine geschichtliche Realität, die mit der Verheißung Gottes in Abraham beginnt, ihre Mitte in der Erscheinung des Christus hat und sich auf die letzte Erfüllung hinbewegt. Die räumliche *ἐκκλησία* Griechenlands wird durch die geschichtliche *ἐκκλησία* des Christentums ersetzt, dem Träger des Geschichtsbewußtseins in allen Zeitaltern und Völkern.

SIEG IN DER NIEDERLAGE

Der Sinn der Geschichte im Lichte christlicher Prophetie

Die Notwendigkeit einer christlichen Geschichtsdeutung

Es gibt keine ausdrücklich entwickelte und offiziell anerkannte theologische Geschichtsdeutung, die mit der Lehre von Gott, Christus und der Kirche verglichen werden könnte. Die herkömmliche Theologie behandelte da, wo sie von Offenbarung, Vorsehung, Reich Gottes, dem Staat und den letzten Dingen sprach, implizit auch den Sinn der Geschichte, doch führte sie niemals eine selbständige Lehre aus. Dafür sind verschiedene Gründe verantwortlich. Vor allem war es das sehr begrenzte Interesse des Neuen Testaments an der Geschichte als solcher, das es zu keinem wirklichen Ringen der Kirche um die Probleme der Geschichtsdeutung kommen ließ. Durch den Glauben an ein nahe bevorstehendes Ende, durch die zweideutige Haltung gegenüber der griechischen Kultur, durch die Überbetonung eines persönlichen Heils und durch den Jenseitsglauben der ersten Christen wurde die Frage nach einem Sinn der Geschichte in den Hintergrund gedrängt. Es ist also unmöglich, eine christliche Geschichtsdeutung direkt aus dem Neuen Testament abzuleiten. Anders verhält es sich mit dem Alten Testament, das in seinen Deutungen der Geschichte des jüdischen Volkes und der ihm benachbarten Völker auf einen Sinn der Geschichte hinweist. Viele Elemente einer christlichen Geschichtsdeutung stammen aus dem Alten Testament. Etwas aber fehlt sowohl bei den jüdischen Propheten wie bei den apostolischen und nachapostolischen Autoren: das unmittelbare Interesse am Sinn der Geschichte als solcher. Alles ist bezogen auf Israel und auf die Kirche als Vertreter des Reiches Gottes. Die Völker werden je nach ihrer Gerechtigkeit oder ihrem Übermut erhoben oder verworfen. Sie sind Werkzeuge zum Schutz oder zur Bestrafung des auserwählten Volkes. In der apokalyptischen Offenbarung werden sie besiegt und verurteilt, aber sie selbst sind nicht Träger eines Geschichtssinnes. Das ist der Hauptgrund für das Fehlen einer Geschichtsdeutung in der herkömmlichen Theologie.

Ein zweiter Grund ist das Fehlen eines geschichtlichen Denkens bei den Griechen und im Hellenismus. Wenn sie sich mit der Geschichte beschäftigten, wandten sie Begriffe an, die von der Natur genommen waren. Die großen Weltgeschichten befaßten sich ebenso mit der Natur wie mit dem Menschen. Die Menschheitsgeschichte sah man als eine Folge von Äußerungen der sich immer gleichbleibenden menschlichen Natur an und hielt sie infolgedessen für unfähig, etwas wesentlich Neues zu schaffen. Den in dieser Tradition erzogenen Menschen fehlte jeder stärkere Impuls zu einer Geschichtsdeutung, auch dann, wenn sie sich zum Christentum bekehrt hatten.

Es gibt noch einen dritten Grund für das Fehlen einer Geschichtsdeutung im frühen Mittelalter: die Furcht der Kirche. Jedesmal wenn prophetische Erkenntnis den Sinn der christlichen Botschaft neu formulierte, rückten die führenden Kirchenmänner davon ab. Sie fürchteten, daß die für eine prophetische Geschichtsdeutung eigene Betonung der Zukunft das gegenwärtige hierarchische System unterminieren könnte. Das gegenwärtige System verkörperte für sie schon das letzte Zeitalter, das Ende der Geschichte. Gegenüber allen chiliastischen Bewegungen verkündete Augustin, daß das dritte Zeitalter, das letzte Weltreich, die tausend Jahre, die Herrschaft des Christus bereits angebrochen seien. Der Christus herrsche durch die Hierarchie und ihre sakramentalen Gnadenmittel. Wesentlich Neues, was über die gegenwärtige Situation hinausführen könne, sei nicht zu erwarten. So blieb es den sektiererischen Bewegungen überlassen, im Namen des prophetischen Geistes ihre Proteste gegen die Kirche der Priesterherrschaft zu erheben und eine dynamische Geschichtsdeutung zu entwickeln. Soweit die heutigen Theologen sich um eine christliche Geschichtslehre bemühen, sind sie direkt oder indirekt vom Sektierertum des Mittelalters und der Reformationszeit abhängig sowie von den profanen Umwandlungen des Sektierertums in unserer Zeit. In jeder Zurückweisung solcher Versuche ist klerikaler, antisektiererischer Geist lebendig.

Die gegenwärtige Lage des Christentums und der Welt erfordert dringend eine christliche Geschichtsdeutung. Schon in der ersten Hälfte des neunzehnten Jahrhunderts, noch entschiedener im zwanzigsten Jahrhundert setzte eine radikale Änderung der Situation ein. Die Hoffnung der frühen Kirche auf ein Jenseits, die in der Transzendenz verankerte Einheit von Kirche und Welt im Mittelalter, das im Vernunftglauben verankerte Selbstbewußtsein der modernen Gesellschaft in der Aufklärungsperiode existieren nicht mehr. Die geschichtliche Existenz des Menschen ist bedroht, seine in der Transzendenz verankerte Einheit gespalten, sein im Vernunftglauben gegründetes Selbstbewußtsein geschwunden. Philosophie und Theologie können die Frage nach dem Sinn der Geschichte nicht länger umgehen. Sie ist zum zentralen menschlichen Anliegen geworden, gleich, ob sie in profanen oder in religiösen Begriffen ihren Ausdruck findet. Der prophetische Geist hat sich erneut des christlichen Denkens und Lebens bemächtigt und tritt nicht nur in sektiererischen Gruppen hervor.

Die Methode, in der sich die Theologie mit dem Problem unserer geschichtlichen Existenz beschäftigen soll, sollte der allgemeinen theologischen Methode entsprechen. Sie sollte mit der Herausarbeitung der in der menschlichen Existenz beschlossenen Fragen beginnen und die Antworten im Licht der biblischen Botschaft geben.

Probleme der geschichtlichen Existenz

Das Wort „Geschichte" bezeichnet sowohl das Geschehnis wie den Bericht darüber, geschichtliches Geschehen wie geschichtliches Bewußtsein, das objektive wie das subjektive Element. Beides läßt sich nicht voneinander trennen. Reines Geschehen ist noch keine Geschichte, bloßes Bewußtsein ist ohne Inhalte. Nur wenn Geschehnis und Bericht einander begegnen, haben wir Geschichte. Geschichte beginnt, wo geschichtliches Bewußtsein beginnt und in geschichtlichen Überlieferungen, Sagen, Legenden, Epen und Urkunden zum Ausdruck kommt. Alle diese Elemente sind enthalten in der prophetischen Geschichtsdeutung, wie wir sie im ersten Buch der Bibel finden. Die langen genealogischen Aufzählungen dieses Buches weisen sowohl auf die Kontinuität des geschichtlichen Prozesses hin wie auch auf die geschichtliche Tradition. Die Geschichten der Genesis haben ihre Bedeutung nicht als geschichtliches Quellenmaterial, sondern als symbolischer Ausdruck prophetischer Geschichtsdeutung.

Der subjektiv-objektive Charakter der Geschichte deutet darauf hin, daß Geschichte eine Sache des Menschen ist. Natur hat Geschichte nur, soweit sie an der menschlichen Geschichte teilhat oder soweit wir bereit sind, die Wandlungen und Entwicklungen in der Natur als geschichtlich zu bezeichnen. Dabei sollte man sich klar machen, daß es sich in diesem Fall um eine Feststellung im analogen, nicht im eigentlichen Sinne handelt. Der eigentliche Begriff Geschichte gehört in den menschlichen Bereich.

Denn Geschichte ist der Ort der menschlichen Freiheit. Ereignisse sind geschichtlich, soweit sie wenigstens zum Teil abhängig sind von der menschlichen Freiheit, einschließlich der Freiheit des Menschen, sich selbst zu widersprechen und sich selbst zu zerstören. Geschichte ist der Ort, an dem die menschliche Schöpferkraft sich auswirkt dadurch, daß sie die

Welt des Menschen verwandelt und ihr zugleich Ausdruck verleiht. Geschichte ist der Ort, wo Pläne verwirklicht oder vernichtet, Sinn oder Sinnlosigkeit erlebt werden. Geschichte ist der Ort, wo Macht und Wert vereinigt sind, wo der Wert von der Macht durchgesetzt oder vernichtet werden kann.

Geschichtliche Ereignisse haben eine in der Natur nicht vorhandene Einzigartigkeit. Darum handeln geschichtliche Berichte von Individuen oder individuellen Konstellationen, während die Naturwissenschaften universale Strukturen und allgemeine Gesetze aufzufinden suchen. Ein Naturgesetz wiederholt sich in jedem Einzelfall, eine historische Tatsache ist unwiederholbar. Das entspricht dem Charakter der historischen Zeit. In der Geschichte enthüllt die Zeit ihr Mysterium, nämlich, daß sie kein zu seinem Anfang zurückkehrender Kreis ist, sondern eine gerade Linie, die auf etwas zustrebt. Geschichtliche Zeit ist unumkehrbar, während in der Natur ein – wenn auch nicht absolutes – Gesetz der Wiederholung wirksam ist. Auch in der Natur treffen einmalige Konstellationen zusammen, und der ganze Naturprozeß weist auf einen Anfang und ein Ende hin statt auf eine endlose kreisförmige Wiederholung. Das ist der Hintergrund für die biblische Anschauung, daß das Universum an der Geschichte des Menschen teilhat, daß der Geschichte des Universums und der Geschichte der Menschheit ein gemeinsamer Sinn zugrunde liegt. In der Natur ist die Zeit vom Raum abhängig. Daher ist das Mysterium der Zeit in der Natur verborgen. In der Geschichte dagegen ist der Raum von der Zeit abhängig. So kann das Mysterium der Zeit in der Geschichte offenbar werden, während es in der Natur verborgen bleibt. Das ist der Hintergrund für die zweideutige Haltung des Christentums gegenüber der Natur und für die zweideutige Haltung der Antike gegenüber der Geschichte. Während die Antike das sich in der Geschichte verwirklichende Neue, dem die Zeit zustrebt, nicht erkannte, ließ das Christentum das Alte außer Betracht, das für die Natur und ihren sich wiederholenden Kreislauf bestimmend ist. Für die geschichtliche Zeit ist die Zukunft der entscheidende Modus, für die natürliche Zeit dagegen die Vergangenheit. Eine theologische Deutung der Geschichte muß sich mit dem Charakter der Zeit nach beiden Richtungen hin befassen. Innerhalb einer grundsätzlich geschichtlichen Existenzdeutung muß sie der Natur ihren richtigen Platz zuweisen.

Eines der ernsthaftesten Argumente gegen eine geschichtliche Existenzdeutung ist das Fehlen einer einheitlichen Geschichte. Es ist schwierig, von *der* Geschichte zu reden, obgleich die meisten geschichtlichen Prozesse getrennt und gänzlich unabhängig voneinander verlaufen. Erst in unserem Zeitalter wird die Menschheit als solche allmählich zum

Subjekt der Geschichte. Früher waren Völkergruppen und voneinander getrennte kontinentale und kulturelle Einheiten die Träger der Geschichte. Und gerade nachdem die Menschheit endlich zum Subjekt der Geschichte geworden ist, ist das erste Ergebnis, daß Kriege zu Weltkriegen werden und sich die Menschheit in zwei einander radikal entgegengesetzte Lager spaltet. Nur im militärischen und diplomatischen Sinn ist die Menschheit bisher zum Subjekt der Geschichte geworden. Wie die Erzählung vom Turmbau zu Babel zeigt, kennt die Bibel die Situation der Spaltung sehr genau. Andererseits stellt sie sich die Geschichte vom Anfang bis zum Ende als Einheit vor, ja sie gibt ihr sogar einen bestimmten Anfang und ein bestimmtes Ende. Betrachten wir aber die Millionen von Jahren der vorhistorischen Menschheitsentwicklung und die Unmöglichkeit einer scharfen Trennung zwischen Vorgeschichte und Geschichte, blicken wir ferner der Wahrscheinlichkeit eines langsamen Aussterbens des Menschengeschlechtes ins Auge (hervorgerufen durch wechselnde astronomische und klimatische Bedingungen, ausgelöst vielleicht durch eine Anzahl geschichtlicher Katastrophen), wird uns die Frage nach der Einheit der Geschichte, nach ihrem Anfang und ihrem Ende immer problematischer und damit die biblische Version immer paradoxer.

Die erste Antwort auf die Frage nach der Einheit der Geschichte war zu allen Zeiten in dem enthalten, was man als „Mitte der Geschichte" bezeichnen könnte. „Mitte" ist nicht arithmetisch gemeint, sondern ist *das* Ereignis in der Geschichte, in dem eine geschichtliche Gruppe den Sinn der Geschichte zu erfassen glaubte. So betrachtet war der Auszug aus Ägypten die Mitte der jüdischen Geschichte, die Errichtung der Republik die Mitte der römischen Geschichte, der Unabhängigkeitskrieg die Mitte der amerikanischen Geschichte. Ebenso – nur universaler gesehen – waren das Aufkommen des Bürgertums und der Durchbruch seiner rationalen Prinzipien geschichtliche Mitte für eine demokratische Geschichtsdeutung, der Aufstand des Proletariats und der Durchbruch seiner egalitären Prinzipien geschichtliche Mitte für eine sozialistische Geschichtsdeutung. Das Christentum gründet sich auf den Glauben an Jesus den Christus als die Mitte aller Geschichte. Der Charakter der Mitte gibt der Geschichte ihren Sinn, teilt den geschichtlichen Prozeß in Perioden, bestimmt schließlich seinen Anfang und sein Ende. Am Anfang steht immer das legendäre oder geschichtliche Ereignis, worin sich das vorbereitet und ankündigt, was in der Mitte der Geschichte erscheinen wird. Am Ende aber steht der Sieg der in der besonderen geschichtlichen Gruppe verkörperten Werte über alle anderen Gruppen und deren Werte. Wenn die Menschheit reif sein wird für Demokratie oder

Sozialismus, wenn die Heiden zum Berge Zion kommen werden, um Jehovah anzubeten, wenn die tausendjährige Herrschaft des Christus auf der Erde aufgerichtet ist, dann ist das Ende der Geschichte nahe herbeigekommen. Und der Anfang der Geschichte liegt in jenen Ereignissen der fernen Vergangenheit, in denen die geschichtstragende Gruppe ihren Weg zur Selbstverwirklichung begann. Die Berufung Abrahams und der Fall Adams sind sowohl für die Synagoge wie für die Kirche symbolisch-legendärer Ausdruck des Geschichtsbeginns. Damit entsteht die Frage: Gibt es eine Mitte der Geschichte, die den berechtigten Anspruch stellen kann, universale Mitte zu sein? Gibt es vergangene und zukünftige Ereignisse, die symbolisch als Anfang und Ende aller Geschichte bezeichnet werden können?

Geschichtliche Existenz und Geschichtsdeutung

Geschichte läßt sich nicht von einem Standpunkt außerhalb der Geschichte deuten. Einen solchen Standpunkt gibt es für den Menschen nicht. Der Mensch gehört existentiell zur Geschichte, und dieser Situation kann er nicht entgehen. Nur das Ende der Geschichte kann völlige Klarheit über den Sinn der Geschichte bringen, und nur am Ende der Geschichte wird der Mensch über der Geschichte stehen. Darum neigt jeder Geschichtsdeuter dazu, sich dem Ende der Geschichte nahe zu wähnen, ob er nun zu Beginn des Aufklärungszeitalters lebte oder an der Wende zwischen Klassen-Gesellschaft und klassenloser Gesellschaft, ob zu der Zeit, da die in der Geschichte wirkende göttliche Macht an ihr Ende gekommen, oder in dem Augenblick, in dem das Himmelreich nahe herbeigekommen ist. Die Geschichte muß ihren entscheidenden Schritt in irgendeiner Weise getan haben, muß ihr Geheimnis enthüllt haben, bevor Geschichtsdeutung möglich wird. Wieder aber muß man fragen: Wie kann der Anspruch der Geschichte, ihre Selbst-Offenbarung sei bereits geschehen, gerechtfertigt werden? Die Geschichte schreitet weiter! In welcher Hinsicht könnte man behaupten, sie sei an ein Ende gekommen?

Dieser Anspruch wird gewöhnlich erhoben von geschichtlichen Gruppen oder Bewegungen, deren Deutung ihrer eigenen historischen Existenz zugleich eine Deutung der gesamten Geschichte enthält. Das ist der Fall bei allen bisher angeführten Beispielen. Eindeutig gehört auch die biblische Geschichtsdeutung hierher. Jede Seite des Alten Testamentes läßt das auserwählte Volk als das weltgeschichtliche Volk erscheinen. Die prophetische Geschichtsdeutung gebraucht Ausdrücke wie „Gericht Gottes über Israel“ oder „göttliche Verheißungen an Israel“. Als Glieder des „Volkes der Geschichte“ sprechen die Propheten vom Sinn der Geschichte. Teilhabe an der Geschichte ist Vorbedingung für die Geschichtsdeutung. Das ist auch nicht anders bei der profanen Deutung der Geschichte. Voraussetzung für die Deutung ist immer die aktive Teilhabe am Leben der Gruppe, die als Träger der geschichtlichen Bewegung und auf das Ende der Geschichte gerichtet verstanden wird. Nur wer am Kampfe des Proletariats teilhat, ist fähig, dessen Mission zu begreifen und die Geschichte im Lichte dieser Mission zu verstehen. Nur wer an den Kreuzzügen für die Demokratie teilhat, kann die Geschichte als eine fortschreitende Verwirklichung der Demokratie in der gesamten Menschheit auffassen. Nur wer am Kampfe des Christentums gegen die Reiche dieser Welt teilhat, kann ein Geschichtsbild zeichnen, in dem Ausdrücke wie *„civitas dei“* und *„civitas terrena“* vorkommen. Es gibt keinen objektiven Ort, an dem man von solcher subjektiven Teilhabe frei wäre. Gibt es aber keine „objektive“ Geschichtsdeutung, dann drängt sich die Frage auf: „Welcher Schlüssel erschließt den Sinn der Geschichte? Gibt es eine Gruppe oder eine Bewegung, an der man teilhaben kann und wo auf Grund dieser Teilhabe sich die Tür zur Geschichte öffnet? Gibt es eine ihrem Wesen nach universale Gruppe, in deren Selbstverständnis das Verständnis der gesamten Geschichte beschlossen liegt?“ Das Christentum sagt: Diese Gruppe ist die Kirche, und das heißt: die Gemeinde Gottes.

Alle diese Fragen werden besonders dringend im Hinblick auf den tragischen Charakter der geschichtlichen Existenz des Menschen und die Tatsache, daß geschichtliche Größe beinahe unausweichlich zu geschichtlichem Untergang führt. Aufstieg und Niedergang von Weltreichen haben immer Versuche angeregt, den Sinn dieser Ereignisse zu begreifen. Entwicklung und Zerfall von Kulturen und Wertsystemen haben immer ein tiefes Angstgefühl über den Sinn der Geschichte ausgelöst. Das Schicksal der Massen, unter der Einwirkung der nie aufhörenden geschichtlichen Katastrophen, hat viele Menschen zur Verzweiflung an der Geschichte getrieben. Sie versuchten, der Geschichte durch mystische Erhebung zu einer übergeschichtlichen Gottheit zu entrinnen. Diese Sehnsucht nach einer Flucht aus der Geschichte wäre unwiderstehlich, gäbe es nicht eine Gruppe, die die Fähigkeit hat, die Geschichte sowohl umzuwandeln als über sie hinauszugehen, eine Gruppe, die in dieser Hinsicht das Tragische der Geschichte überwindet. Das Christentum behauptet, daß die „Kirche“, die „Gemeinde Gottes“, diese Gruppe sei. Niemand aber, der dies ausspricht, sollte dabei den paradoxen Charakter dieser Aussage vergessen. Vergäße er ihn, so könnten ihn jene naturalistischen Lehren daran erinnern, die ohne den geheimen Idealismus sind (wie ihn etwa noch der pädagogische und politische Fortschrittsglaube hatte), dagegen den tragischen Charakter der Geschichte vom Wesen des Menschen ableiten, so daß eine Heilung nicht erwartet werden kann, solange der Mensch Mensch ist. Zynismus und Pessimismus wären die unausbleiblichen Folgen. In den sogenannten existentialistischen Bewegungen der letzten hundert Jahre treten sie zutage. Welche Antwort kann das Christentum geben auf die Frage, die in der Verzweiflung über die Geschichte enthalten ist und in diesen Bewegungen zum Ausdruck kommt? Ist nicht die Geschichte des Christentums selbst eine tragische Geschichte und damit ein Teil der Tragödie der menschlichen Geschichte überhaupt? Die Antwort auf diese Frage sollte man sich nicht zu leicht machen.

Das Symbol des Reiches Gottes als die christliche Antwort auf die Frage nach dem Sinn der Geschichte

Die Frage nach dem Sinn der Geschichte macht das Symbol des „Reiches Gottes" verständlich. Es gibt die Antwort auf die Fragen, die in der geschichtlichen Existenz beschlossen sind. Das Wort „Reich" deutet auf eine zugrunde liegende geschichtliche Kraft hin, nämlich auf die organisierte politische Gruppe, in der Macht und Wert geeint sind, zugleich aber in unvermeidlicher Spannung zueinander stehen. Die Tragödie der Geschichte beruht auf der Spaltung der verschiedenen organisierten geschichtlichen Gruppen innerhalb der geschichtlichen Menschheit. Die Weise unseres geschichtlichen Verständnisses ist abhängig von der Selbstinterpretation der historischen Gruppe, zu der wir gehören. Im Symbol „Reich Gottes" wird der Sieg über alle Negativitäten in einer letzten Umwandlung der Geschichte gesehen. Ist Gott die herrschende Macht – und damit symbolisch gesprochen der König –, dann ist keine besondere Gruppe Träger der Geschichte, sondern eine ihrem Wesen nach universale Gruppe, die potentiell alle menschlichen Gruppen und kosmischen Bereiche umfaßt. In der Einheit des Reiches Gottes sind alle geschichtlichen Spaltungen überwunden. Der tragische Charakter der Größe hat keinen Raum dort, wo Gott allein groß ist. Die Spannung zwischen Wert und Macht ist beseitigt, da Gottes Macht der höchste Wert ist. Es gibt tatsächlich nur *eine* Geschichte, auch wenn es empirisch nicht so scheint, weil die bewegende Macht in aller Geschichte die Erwartung und Ankunft des Reiches Gottes ist. Wo immer Geschichte wirklich geschieht, ist das Reich Gottes implizit als Macht und Ziel der geschichtlichen Bewegung gegenwärtig.

Das Symbol „Reich Gottes" hat sowohl dynamische wie statische Elemente. Es wirkt und kämpft *in* der Geschichte. Seine ewige Erfüllung aber liegt jenseits der Geschichte. In farbenreichen Bildern beschreibt die Bibel die Kämpfe zwischen dem Reich der Dämonen und dem Reich Gottes. Obgleich der Endsieg des Reiches Gottes verbürgt ist, ist der Kampf ernst, und wer teil an ihm hat, weiß keinesfalls etwas Sicheres über den Ausgang. Er erlebt dauernde Niederlagen und bedarf der ermutigenden Worte und Versprechen der Propheten und Apostel. Die biblische Botschaft vom Reich Gottes setzt zwar die Tragödie der Geschichte voraus, aber die tragische Antwort gilt nicht als letzte Antwort. Das Reich Gottes kämpft in der Geschichte und ist siegreich jenseits der Geschichte. Es ist zugleich immanent und transzendent. Als geschichtliche Erscheinung ist es immer zweideutig und schwebt zwischen Sieg und Niederlage. Sein Endsieg verbirgt sich unter seiner Zweideutigkeit. Der Endsieg ist Gegenstand des Mutes und der Hoffnung, nicht aber der Gewißheit. Solange es Geschichte gibt, wird das so sein. Manche modernen Theologen leben in der falschen Vorstellung von einem geschichtlichen Zustand, in dem die Tragödie unserer geschichtlichen Existenz beendet sein und das Reich Gottes in Zeit und Raum sich unzweideutig offenbaren wird. Die jüngsten Ereignisse haben den irrigen und utopischen Charakter solcher Erwartungen überzeugend bewiesen. Sie haben der Ansicht der Bibel, daß der Endsieg des Reiches Gottes alle Geschichte transzendiert, zu neuer Geltung verholfen. Das erfüllte Reich Gottes ist nicht identisch mit einer zukünftigen Geschichtsperiode, sondern ist ein übergeschichtliches Geschehen, in dem sich Geschichte erfüllt, in dem Gott „Alles in Allem" ist und das Reich der Dämonen ins Nichts versinkt. Viel mehr läßt sich über die transzendente Seite des Reiches Gottes nicht sagen – es sei denn in poetischen Bildern.

Der Christus als die Mitte der Geschichte

Aber über die immanente Seite des Reiches Gottes und über seinen Kampf in der Geschichte kann und muß die Theologie etwas sagen. Wendepunkt und Mitte der Geschichte ist für den christlichen Glauben das Erscheinen Jesu von Nazareth als des Christus, der den neuen Äon bringt und damit das Ende der Geschichte herbeiführt. In dem Ereignis, das wir „Jesus den Christus" nennen, enthüllt die Geschichte ihren Sinn, im Alten Testament als Erwartung, im Neuen Testament als Erfüllung. In Jesus als dem Christus ist das Reich Gottes gegenwärtig. Es ist im Offenbaren besiegt, wie es immer in der Geschichte geschieht, aber im Verborgenen siegt es. Hier wird die Geschichtsdeutung zur Christologie in der Behauptung nämlich, daß Jesus der Christus sei und damit der Bringer des Reiches Gottes.

Das Christentum hat aus seinem christologischen Glaubensbekenntnis eine Einteilung in Perioden abgeleitet und unterscheidet zwei hauptsächliche Perioden: die vor und die nach dem Erscheinen (Epiphanie) des Christus. Die Periode vor seinem Erscheinen wird als Vorbereitungsperiode gedeutet, und zwar in allen Teilen der Welt, vor allem aber im auserwählten Volk. In diesem bereitet sich die Ankunft des Christus vor und damit das Nahen des Reiches Gottes. Die Vorbereitungsperiode reicht bis zu dem Augenblick, in dem eine weitere Vorbereitung nicht mehr notwendig ist, weil der Kairos, der richtige Augenblick, eingetreten ist. In diesem Augenblick verwirklicht sich das Reich Gottes dadurch, daß es in einem persönlichen Leben erscheint. Es schafft eine Gruppe mit neuem geschichtlichen Bewußtsein: die Kirche. Diese Gruppe lebt in dem Glauben, das Ende habe begonnen, daher sei eine Geschichtsdeutung möglich, nichts absolut Neues könne je noch geschehen, das Reich Gottes habe den Endsieg gewonnen. In Wirklichkeit natürlich gehen die Perioden vor und nach diesem Augenblick ineinander über. Inmitten der Christenheit und überall außerhalb ihrer gibt es Gruppen, für die die „Mitte der Geschichte“ niemals Ereignis wurde, für die sie noch in der Zukunft liegt. Aufgabe der christlichen Mission ist es, diese Situation zu ändern und die gesamte Menschheit mit der Mitte der Geschichte in Verbindung zu bringen. Darum setzt christliche Mission christliche Geschichtsdeutung und ihre Verbreitung voraus. In der Mission – sowohl der äußeren wie der inneren Mission – findet das geschichtliche Bewußtsein des Christentums praktischen Ausdruck. Mission ist von christlicher Geschichtsdeutung abhängig und umgekehrt. Mission verwandelt die Vorbereitungsperiode in eine empfangende Periode. Ihr Erfolg ist ein dauerndes Zeugnis für Jesus den Christus als der Mitte der Geschichte und für die christliche Geschichtsdeutung.

Hier mag sich die Frage erheben, ob eine solche Geschichtsdeutung nicht rein idealistisch sei und ob nicht ganz andere Kräfte den Ablauf der geschichtlichen Ereignisse bestimmen, in erster Linie wirtschaftliche Bedürfnisse und politischer Wille zur Macht. Die Antwort lautet: Diese und alle anderen den Menschen in seine geschichtliche Aktivität treibenden Kräfte sind Mittel zur Verwirklichung des Sinnes der Geschichte. Man kann sie Werkzeuge nennen, sowohl des Reiches Gottes wie des Reiches der Dämonen. Diese Antwort bedeutet nichts anderes, als daß der Kampf um das Reich Gottes in der Geschichte unter Leitung der geschichtlichen Vorsehung geschieht, das heißt unter der Leitung des göttlichen Handelns, das trotz dauernder Niederlagen alles zu der ihm möglichen Vollendung bringt. Das oft gebrauchte und oft mißbrauchte Symbol von Gott als dem Herrn der Geschichte bedeutet, daß die materialistische Geschichtsdeutung recht hat; daß das Verständnis der Geschichte aus dem Willen zur Macht recht hat; daß die Deutung der Geschichte als bestimmt durch Zufälle recht hat – jede dieser Deutungen balanciert durch die anderen und jede von ihnen eine Teilwahrheit vertretend. Aber im Wirken dieser Kräfte ist der Urgrund aller Kräfte, die Macht des Seins selbst, wirksam, zwar verborgen, doch in manchen Augenblicken offenbar für jene, denen es gegeben ist, in die Tiefen geschichtlicher Entwicklung zu schauen. Das bedeutet nicht, daß man je sagen kann, daß ein konkretes Übel ein konkretes Gutes hervorgebracht habe. Es war der Irrtum in Hegels großartiger Geschichtsphilosophie, daß sie den Anspruch erhob, die Logik der göttlichen Vorsehung zu verstehen. Das war eine Anmaßung der Vernunft. Glaube an eine Vorsehung in der Geschichte ist der Mut, der einen Sinn sieht in scheinbarer Sinnlosigkeit, einen Sieg auch in scheinbarer Niederlage, eine Erfüllung auch in scheinbarer Zerstörung und das Reich Gottes in dem, was das Reich der Dämonen zu sein scheint.

Das Reich Gottes ist das Ziel der Geschichte. Die Geschichte aber wird ein Ende haben, wenn die physischen und biologischen oder psychologischen Bedingungen unserer geschichtlichen Existenz nicht mehr vorhanden sein werden. Ob das durch physikalische Katastrophen oder langsame Entwicklung der biologischen Substanz auf der Erde geschehen wird, ob durch Einwirkungen von außen oder durch die Fähigkeit des Menschen zur Selbstzerstörung – der Zeitraum menschlicher Geschichte ist begrenzt. In jedem Augenblick aber dieses begrenzten Zeitabschnittes handelt, richtet, läutert das Reich Gottes und holt in die Ewigkeit, was in der Geschichte geschaffen ist. Als Ende der Geschichte ist nicht der unbestimmte Augenblick innerhalb der Zeit zu verstehen, in dem das geschichtliche Leben der Erde erlischt, sondern das Einbrechen der Ewigkeit in die Zeit. Dann werden die Ergebnisse des geschichtlichen Prozesses, die Sinngebungen, Werte und Wesen in die transzendente Einheit und Reinheit des Reiches Gottes erhoben. So ist die eschatologische Bildersprache in der Bibel zu deuten. Was im Bilde zukünftiges Ereignis ist, ist ein immerwährendes geschichtliches Geschehen, ist der Kampf zwischen Göttlichem und Dämonischem, ist die Niederlage und der schließliche Sieg des Reiches Gottes.

KAIROS III

Im Griechischen gibt es zwei Worte für Zeit: „Kairos“ und „Chronos“. Der Unterschied der beiden Worte ist bezeichnend für den Genius der griechischen Sprache, die fähig ist, Dimensionen der Wirklichkeit zu erschließen, die in den modernen Sprachen nahezu unbemerkt bleiben. Während Chronos den fortlaufenden Strom der Zeit bezeichnet, weist Kairos auf einen besonders bedeutsamen Zeitmoment hin. Chronos hat es mit der meßbaren Seite des zeitlichen Prozesses zu tun, mit der Uhrzeit, die durch die regelmäßige Bewegung der Sterne bestimmt wird, im besonderen durch die Bewegung der Erde um die Sonne. Kairos dagegen bezeichnet einzigartige Momente im zeitlichen Prozeß, Momente, in denen sich etwas Einzigartiges ereignen oder vollenden kann. In dem englischen Wort „timing“ steckt noch etwas von der Erfahrung, die in dem Wort Kairos bewahrt ist. „Timing“ bedeutet, etwas zur rechten Zeit tun. Man kann den Unterschied zwischen Chronos und Kairos auch so formulieren, daß man sagt, Chronos bringt das quantitative, berechenbare, wiederholbare Element des zeitlichen Prozesses zum Ausdruck, während Kairos das qualitative, erfahrungsgemäße, einzigartige Element betont. Einer der Hauptunterschiede zwischen der Begegnung des Menschen mit der Natur und mit der Geschichte beruht darauf, daß die erste hauptsächlich, wenn auch nicht völlig, mit dem quantitativen Zeitbegriff – Chronos –, die zweite hauptsächlich, wenn auch nicht ausschließlich, mit dem qualitativen Zeitbegriff – Kairos – beschrieben werden kann.

Das ist der Grund, warum der Begriff Kairos im klassischen Griechentum noch nicht seine volle Bedeutung erlangt hat. Er wurde für kontingente Zeitmomente gebraucht, in denen sich etwas Endliches, Vergängliches ereignen konnte. Man konnte zum Beispiel sagen: Jetzt ist die rechte Zeit, in einen Krieg einzutreten oder ein Haus zu bauen oder einen Schüler anzunehmen oder noch banaler, ein Stück Fleisch zu kaufen oder ein Kleid machen zu lassen. Derselbe banale Sprachgebrauch läßt sich auch bei dem englischen Wort „timing“ beobachten, (für das es kein deutsches oder französisches Gegenstück gibt). Es gäbe daher keinen Grund, daß das Wort Kairos in einem Handwörterbuch für Christliche Theologie erschiene, wenn es nicht auch in einem Zusammenhang gebraucht worden wäre, in dem es einen tieferen Sinn und eine weiter reichende Bedeutung erhalten hat.

Das geschah, als das Christentum seine geschichtliche Weltauffassung mit Hilfe des griechischen Wortes Kairos zum Ausdruck brachte. In den synoptischen Evangelien ist der Sinn des Wortes Kairos zwar nicht geändert, aber bezogen auf ein einzigartiges Ereignis – auf die Erscheinung des Christus in der „Fülle der Zeit".

Kairos ist in biblischer Sicht „erfüllte Zeit" – die Zeit, in der das Erscheinen des Christus möglich wurde, weil alle Bedingungen für seine Aufnahme gegeben waren. Der eine wirkliche Kairos ist der Augenblick der Geschichte, in der die Vorbereitungsperiode zu ihrem Ende kam, weil das, wofür sie Vorbereitung war, geschichtliche Wirklichkeit geworden ist. So verstanden enthält der Begriff Kairos den Gedanken, daß das zentrale Ereignis – die Erscheinung des Christus – nicht ein isoliertes Ereignis darstellt, das sozusagen vom Himmel herabgefalleh ist, sondern daß es von der geschichtlichen Vorsehung vorbereitet war. Man könnte dies so ausdrücken, daß man sagt, der „große Kairos" in der geschichtlichen Entwicklung setzt viele „kleine Kairoi" voraus, durch die er erst möglich wird. Aus dieser Aussage kann eine weitere abgeleitet werden: Der „große Kairos" bedarf auch vieler „kleiner Kairoi", damit er von der ihm folgenden Entwicklung rezipiert werden kann.

Diese Betrachtung ist für die heutige christliche Geschichtsdeutung, wie für die früheren Jahrhunderte, wichtig geworden. Immer wieder haben prophetische Geister, zum Beispiel die Reformatoren, ihre geschichtliche Aufgabe als Forderung eines besonderen Kairos aufgefaßt. Meistens sahen sie ihren Kairos als eine besondere Form des zentralen Kairos an – des Erscheinens Jesu als des Christus. Manchmal lehnten sie es ab, sich den Kriterien des zentralen Kairos zu unterwerfen. Jedenfalls gibt es keinen Zweifel darüber, daß das Christentum sich nicht nur des zentralen Kairos bewußt sein muß, sondern auch der untergeordneten Kairoi in prophetischer Deutung. Sonst verliert der zentrale Kairos seine Konkretheit und Anwendbarkeit auf die Folgezeit.

Es war die Bewegung des Religiösen Sozialismus (in der Schweiz und in Deutschland), in der auf Grund einer konkreten Kairos-Erfahrung der universale Sinn des Begriffs wiederentdeckt wurde. Die Idee des Kairos wurde zum Prinzip einer christlichen Deutung der Geschichte. Der deutsche Religiöse Sozialismus befand sich zwischen zwei Polen. Auf der einen Seite stand das Luthertum, das nur den zentralen Kairos – das Erscheinen Jesu als des Christus – gelten läßt und jede prophetische Kritik der Gegenwart ablehnt. Die prophetische Stimme durfte nur an der katholischen Kirche Kritik üben, das heißt an ihren doktrinellen und rituellen Verfälschungen der christlichen Botschaft. Bevor das Ende der Geschichte nicht gekommen ist, kann nach traditionell lutherischer Auffassung in der Geschichte nichts wesenhaft Neues erwartet oder gefordert werden. Die Erfüllung der Geschichte liegt *über* der Zeit und ist nur einmal *in* die Zeit hereingebrochen, im Erscheinen des Christus. Prophetische Kritik gegen die sozialen Dämonien der Gegenwart war zum Schweigen gebracht.

Auf der entgegengesetzten Seite stand die machtvolle sozialistische Bewegung, die glaubte, daß der große Kairos immanent und das Reich Gottes in Form der klassenlosen Gesellschaft nahe sei. Kairos wurde als der Anfang der letzten Erfüllung der Geschichte *in* der Geschichte verstanden. Im Gegensatz zu dem geschichtlichen Pessimismus des Luthertums ist für die Geschichtsauffassung der sozialistischen Bewegung der utopische Optimismus bestimmend. Das Resultat der optimistischen Erwartung war eine tiefe Enttäuschung, die schließlich zu Gleichgültigkeit und dem Zynismus oder auch Fanatismus bei den Massen führte. Im Versuch, diese Alternative zu überwinden, wandte der Religiöse Sozialismus den Begriff des Kairos auf die gegebene Situation an. Er sah in der Zeit nach dem ersten Weltkrieg einen partikularen Kairos und sah in ihm schöpferische Möglichkeiten für eine neue soziale Ordnung (wie auch für die Verwirklichung der Einzelpersönlichkeit in ihr). Aber der Religiöse Sozialismus glaubte nicht, daß ein zentraler Kairos gekommen und das Reich Gottes innergeschichtlich zur Erfüllung kommen würde. Er wußte sehr wohl, daß die dämonischen Mächte in der Geschichte (die Strukturen der Destruktion) zwar bekämpft und teilweise besiegt, aber niemals vollständig ausgemerzt werden können. Es gibt wohl immer wieder Kairoi in der Geschichte, aber keine Vollendung. Von Vollendung kann nur in dem Sinne gesprochen werden, daß mit dem zentralen Kairos das Kriterium für die abgeleiteten Kairoi gegeben ist. Aber Geschichte kann nicht innerhalb der Geschichte zur Erfüllung kommen. Das Ewige kann in das Zeitliche einbrechen, und wo sich das ereignet, ist ein Kairos. Aber das Ewige hebt das Zeitliche nicht auf.

Der Begriff Kairos, der zuerst in der Bedeutung „rechte Zeit" gebraucht worden war, der später den *„einen* rechten Zeitmoment" bezeichnete – „die Erfüllung der Zeit durch das Erscheinen des Christus" – wird heute als Bezeichnung einer prophetischen Geschichtsdeutung gebraucht, die die „Zeichen der Zeit" sehen und die Geschichte als Ganzes verstehen will.

DER WIDERSTREIT VON ZEIT UND RAUM

Raum und Zeit sollte man als gegeneinander streitende Kräfte, als eine Art lebender Wesen, als Gebilde mit eigener Seinsmächtigkeit behandeln. Die gebrauchten Ausdrücke sind selbstverständlich nur eine Form der Rede, die aber nach meiner Auffassung dadurch berechtigt ist, daß Zeit und Raum die Hauptstrukturen der Existenz sind, denen alle existierenden Dinge, der Gesamtbereich des Endlichen, unterworfen sind. Existieren heißt endlich sein oder in Raum und Zeit sein. Das gilt für alles in unserer Welt. Raum und Zeit sind die Mächte der Existenz schlechthin, einschließlich der menschlichen Existenz mit Leib und Geist. Raum und Zeit gehören zusammen: nur durch den Raum können wir die Zeit und nur innerhalb der Zeit den Raum messen. Auch die Bewegung, das allgemeinste Charakteristikum des Lebens, setzt Raum und Zeit voraus. Und der anscheinend der Zeit verhaftete Geist braucht Raum, da er nur durch Verkörperung zur Existenz gelangen kann.

Während nun aber Raum und Zeit derart untrennbar aneinander gebunden sind, stehen sie gleichzeitig in einem Spannungsverhältnis zueinander, das man als die fundamentale Spannung der Existenz ansehen kann. Im menschlichen Geist wird diese Spannung bewußt und erlangt geschichtliche Mächtigkeit. Die Seele des Menschen wie die Geschichte der Menschheit werden weitgehend durch den Kampf zwischen Raum und Zeit bestimmt.

Außerordentlich interessant ist es, würde aber zu weit führen, zuletzt noch den Kampf zwischen Raum und Zeit in der Natur selbst zu betrachten: die völlige Beherrschung von Raum und Zeit in der theoretischen Physik, wo die Zeit für Kalkulationszwecke als vierte Dimension des Raumes eingeführt und der physikalische Vorgang umgekehrt werden kann, wobei die Zeit ihrer wesentlichsten Eigenschaft beraubt wird, nämlich der, „eine Richtung zu haben". Zeit ohne Richtung ist Zeit unter der Herrschaft des Raumes. Deshalb besteht der erste Sieg der Zeit darin, daß die Lebensprozesse einen bestimmten Anfang und ein bestimmtes Ende, und daß Werden und Vergehen eine unumkehrbare Richtung haben. Denn innerhalb des Lebens kann das Alte nicht wieder jung werden. Dennoch bleibt die Übermacht des Raumes bestehen.

Denn wenn auch der Lebensprozeß nicht umgekehrt werden kann, so kann er doch wiederholt werden. In jedem einzelnen Leben wiederholt sich das ewige Gesetz von Geburt und Tod, von Werden und Vergehen; und durch die Kreisbewegung der ständigen Wiederholung wird die Richtung der Zeit ihrer Macht beraubt. Der Kreis, dieses ausdrucksvollste Symbol für die Übermacht des Raumes, wird innerhalb des Lebens nicht überwunden.

Im Menschen aber ist der Sieg der Zeit innerhalb des Endlichen möglich, denn er kann sein Handeln auf etwas über seinen Tod Hinausgehendes richten. Er ist das Wesen, das Geschichte hat, und er kann deshalb sogar den tragischen Tod in Familien und Völkern transzendieren und so den Kreis der Wiederholung auf etwas Neues hin durchbrechen. Dadurch, daß er den Raum transzendieren kann, repräsentiert er den Sieg der Zeit, jedenfalls den potentiellen, wenn auch nicht immer den tatsächlichen Sieg. Das, was in der Natur unbewußt geschieht, geschieht im Menschen und in der Geschichte bewußt: der gleiche Kampf und der gleiche Sieg.

Raum und Nationalismus

Man kann das Heidentum definieren als die Erhebung eines bestimmten Raumes zu letztgültigem Wert und zu letztgültiger Würde. Der Gott des Heidentums ist an einen Ort gebunden, an dem er gegen andere Götter und ihren Raum steht. Deshalb muß das Heidentum polytheistisch sein. Polytheismus bedeutet nicht, daß eine menschliche Gruppe an verschiedene Götter glaubt, wie Monotheismus nicht bedeutet, daß man nur an einen Gott glaubt. Hier geht es nicht um einen Quantitäts-, sondern um einen Qualitäts-Unterschied. Nur wenn dieser eine Gott ausschließlich Gott ist, unbedingt und von nichts anderem als von sich selbst begrenzt, ist echter Monotheismus vorhanden, und nur dann ist die Macht des Raumes über die Zeit gebrochen.

Die Macht des Raumes ist groß, und immer wirkt sie zugleich schöpferisch und zerstörerisch. Auf ihr beruht der Wunsch jeder menschlichen Gemeinschaft nach eigenem Lebensraum, nach einem Ort, der ihr Verwirklichung, Vergegenwärtigung und Lebensmöglichkeit gewährt und der ihr Nahrung gibt für Leib und Seele. Hier liegt auch die Ursache für die göttliche Verehrung der Erde und des Bodens, nicht des Bodens im allgemeinen, sondern dieses bestimmten Stücks Boden, und nicht der Erde als ganzer, sondern der göttlichen Mächte, die die Götter dieses bestimmten Stücks Erde sind. Doch gibt es mancherlei Boden und viele Teile der Erdoberfläche, von denen jeder schöpferische Macht für eine bestimmte historische Gruppe verkörpert. Infolgedessen ist die betreffende Gruppe diesen Mächten göttliche Ehre schuldig. Göttliche Ehre aber heißt höchste Ehre, denn das Göttliche ist per definitionem letztgültige, unbegrenzte Macht. Da aber jeder Raum begrenzt ist, muß ein Konflikt entstehen zwischen dem begrenzten Raum einer menschlichen Gemeinschaft, selbst der Menschheit als ganzer, und dem aus der Vergöttlichung dieses begrenzten Raumes entstehenden unbegrenzten Anspruch. Der Gott des einen Landes bekämpft den Gott eines anderen Landes, denn jeder Gott ist durch seinen göttlichen Charakter imperialistisch. Deshalb ist die gegenseitige Zerstörung das unvermeidliche Schicksal aller Mächte des Raumes.

Raum bedeutet mehr als ein Stück Boden, da er alles umschließt, was den Charakter des „Nebeneinander" hat. Beispiele räumlicher Begriffe sind etwa Blut und Rasse, Klan, Stamm und Familie. Wir wissen um die Mächtigkeit der Götter, die einer bestimmten Rasse und einer bestimmten Blutsgemeinschaft letztgültige Würde und letztgültigen Wert verleihen. In ihnen allen ist das „Nebeneinander" vorherrschend. Die gesamte menschliche Kultur wurzelt in den räumlichen Wirklichkeiten, und so ist es nicht verwunderlich, daß sie immer wieder bewußt oder unbewußt zu göttlicher Verehrung gelangten und infolgedessen stets universale Gültigkeit für sich beanspruchten.

Die aktuelle Form, in der der Raum über die Zeit herrscht, ist der moderne Nationalismus, in dem der Polytheismus noch immer lebendig ist. Niemand kann die ungeheure schöpferische Kraft der nationalen Gemeinschaft leugnen. Keiner wird freiwillig den physikalischen und psychologischen Raum preisgeben, den sein Volk für ihn bedeutet. Keiner hat es getan oder wird es jemals ohne Leiden und Verlust tun. Andererseits aber hat gerade unsere Generation immer wieder die furchtbarste gegenseitige Vernichtung der raumzentrierten Mächte erlebt. Aus dem „Nebeneinander" muß in dem Augenblick ein „Gegeneinander" werden, in dem ein bestimmter Raum göttliche Verehrung erlangt. Und dies trifft für jeden Nationalismus zu, nicht nur für den Nationalismus in den Ländern, die für ihren nationalistischen heidnischen Glauben wieder religiöse Symbole einzuführen versuchen.

Raum, Tragik und Mystik

Daß die vom Raum beherrschte menschliche Existenz tragisch ist, haben die griechischen Tragödiendichter und Philosophen gewußt und immer wieder zum Ausdruck gebracht. Sie wußten, daß die olympischen Götter Götter des Raumes waren, die nebeneinander und im Kampf miteinander lebten. Selbst Zeus war nur der erste unter vielen seinesgleichen und deshalb wie der Mensch und wie alle anderen Götter dem tragischen Gesetz von Werden und Vergehen unterworfen. Mit diesem tragischen Gesetz unserer räumlichen Existenz haben griechische Tragödie, Philosophie und Kunst gerungen. Sie waren auf der Suche nach einem unveränderlichen Sein jenseits des ewigen Kreislaufs von Werden und Vergehen, nach etwas jenseits der Tragik.

Aber die Mächtigkeit des Raumes überwog im griechischen Denken und Sein. Das höchste Symbol der griechischen Philosophie für das unveränderliche Sein ist die Kugel, die den Raum in vollkommenster Weise repräsentiert. Bei der Betrachtung klassischer Skulpturen oder archaischer Tempel auf Sizilien oder in Pästum fühlt man unmittelbar, daß sie als Kuben wie von einer Kugel umschlossen sind. Sie haben keine Dynamik, die sie über sich hinaustreibt. Sie ruhen im Raum, den sie mit göttlicher Kraft erfüllen, und bringen in der Gebundenheit an ihn zugleich die tragische Begrenzung durch ihn zum Ausdruck. Nie vermochte der griechische Geist diese Begrenzung zu überwinden. Selbst die Logik des Aristoteles ist eine Logik des Raumes und nicht imstande, dem dynamischen Charakter der Zeit Ausdruck zu verleihen. Im griechischen Denken gibt es keine Geschichtsphilosophie, und wo man sich mit der Geschichte befaßt, betrachtet man sie nur als Teil der großen Kreisbewegung des gesamten Kosmos, die von Geburt zum Tod und von einer Welt zur anderen führt. In dieser kosmologischen Tragödie wird die Zeit vom Raum verschlungen.

Der Versuch des griechischen Denkens, sich dem tragischen Kreislauf von Werden und Vergehen durch die vollständige Flucht aus der Wirklichkeit zu entziehen, ist verständlich. Ebenso verständlich ist es, daß die letzte Zuflucht der griechischen Philosophie die Mystik war, mit der man sich der Lösung der asiatischen Religionen und Kulturen näherte. Deshalb müssen wir nun fragen: Was sagt die Mystik über Zeit und Raum? Die Antwort lautet: Die Mystik ist keine wirksame Flucht vor der Übermacht des Raumes. Sie hebt Zeit und Raum auf, hält aber doch dabei die These aufrecht, daß die Zeit nichts völlig Neues schaffen kann, daß alles Zeitliche dem ewigen Kreislauf von Geburt und Tod unterworfen ist. Deshalb steht auch die Erlösung jenseits der Zeit; völlig unabhängig von allen Zeitperioden ist sie die über jeder zeitlichen Gegenwart stehende ewige Gegenwart.

So verstanden ist die Mystik die subtilste Form der Übermacht des Raumes. In subtilster Form verneint sie die Geschichte, aber durch die

Ablehnung der Geschichte verneint sie zugleich den Sinn der Zeit. Die Mystik ist die geistigste Form der Übermacht des Raumes über die Zeit, so daß man die Mystik im Sinne der großen Mystiker als sublimste Form des Polytheismus bezeichnen kann. Alle individuellen Götter und ihr jeweiliger Raum verschwinden im Abgrund des „Ewig-Einen", des „Atman-Brahman", des „Reinen Nichts", des „Nirwana", dieses namenlosen Einen, für das es so viele Namen gibt. Aber sie verschwinden nur und können deshalb wiederkehren. Sie werden in der Zeit und in der Geschichte nicht überwunden. Und wie die Religionsgeschichte beweist, ist der Polytheismus in der Spätantike wie im späteren Buddhismus und Hinduismus wiedergekehrt, wenn auch in der abgeschwächten Form, daß man die Einzelgötter jetzt nicht mehr ganz ernst nahm. In diesem Widerstreit von Raum und Verneinung des Raums konnte sich die Zeit nicht behaupten, denn sie wurde vom Übernatürlichen wie vom Natürlichen dem Raum unterworfen.

Zeit und prophetische Botschaft

Die prophetische Botschaft ist in der Weltgeschichte der Wendepunkt im Widerstreit von Raum und Zeit. Der Geburt des Menschen aus der Natur und zugleich gegen die Natur entspricht die Geburt des Prophetismus aus dem Heidentum und gegen das Heidentum.

Dies wird in der Geschichte von der Berufung Abrahams symbolisch zum Ausdruck gebracht. Mit dem Befehl an Abraham, das Land seiner Väter und das Haus seines Vaters zu verlassen, ist der Befehl gemeint, die Götter des Blutes und des Bodens, der Familie, des Stammes und des Volkes aufzugeben, mit anderen Worten: die Götter des Raumes, des Heidentums und des Polytheismus, die auch dann noch neben- und gegeneinander stehen, wenn einer von ihnen zum Herrscher über die anderen geworden ist. Der wahre Gott, der zu Abraham sprach, kann nicht mit dem Gott eines Stammes oder dem Gott eines Raumes identifiziert werden. Taucht diese Gefahr auf, muß Gott damit drohen, daß er sich von denen trennt, die ihn anbeten. Der Verkünder dieser Drohung ist der Prophet. Er verleugnet nicht den Gott der Väter, aber er protestiert gegen den Mißbrauch dieses Gottes durch die Priester des Blutes und Bodens, des Stammes und der Nation. Er verkündet die Abkehr Gottes von seinem Volk. Das wird deutlich bei den großen Propheten mit ihrer Weissagung, Gott werde sein Volk endgültig verwerfen, wenn es am Dienst der fremden Götter festhält und damit Prinzipien heidnischer Ethik und heidnischer Politik in das Leben der Nation einführt.

Diese zuerst von Amos ausgesprochene Drohung ist der Wendepunkt in der Religionsgeschichte. Niemals ist in irgendeiner anderen Religion die Rede davon, daß der Gott eines Volkes dieses Volk vernichten könne, ohne selbst dabei unterzugehen. In allen anderen Religionen stirbt der Gott zusammen mit seinem Volk. Im Prophetismus aber wird der Ruhm Gottes durch den Konflikt zwischen Gott und Volk nicht verkleinert, sondern vergrößert. Dies und allein dies ist das Ende des Polytheismus. Die Propheten, die die über das ganze Land verstreuten Stätten der Anbetung zerstörten, der heidnischen Erneuerung des Kultus die Wurzel abschnitten und den Kult auf Jerusalem konzentrierten, sagten den Göttern des Raumes den Kampf an. Und als Jerusalem zerstört wurde, gelang es dem allmächtigen Gott der Zeit, diese größte aller Katastrophen zu überstehen und zu dem allmächtigen Gott der Welt zu werden, vor dem die Völker wie Sand am Meer sind. Dieser im Heidentum unvorstellbare Triumph hatte seinen Ursprung in dem Prinzip, das in der Berufung Abrahams enthalten ist.

Und im Neuen Testament erfüllt sich die prophetische Botschaft in der Verkündigung, daß Gott weder im Tempel, noch auf einem Berge, sondern allein im Geist und in der Wahrheit angebetet werden soll. Als diese Botschaft jedoch von Gnostik und Mystik – beide sind ohne Bezug zur Zeit – verfälscht wurde, überwand die christliche Kirche in einem ihrer wichtigsten Kämpfe im Namen des Alten Testamentes die Versuchung, zu einer Schar Einzelner, ohne Zeitbewußtsein, zu werden, die zwar nicht an einen physikalischen oder psychologischen Raum, wohl aber an den geistig zeitlosen Raum der Mystik gebunden waren. Und als man das Christentum mit dem psychologischen Raum einer sichtbaren Kirche identifizierte und in noch größerem Maße einem physikalischen Raum unterwarf – der römischen Kirche –, erhob sich dagegen der protestantische Protest und erneuerte den prophetischen Kampf gegen die Götter des Raumes. Wenn auch heute ein säkularisierter Protestantismus in vielen Ländern das Vakuum verursacht hat, in das die alten heidnischen Götter des Blutes und Bodens, der Rasse und des Volkes eindringen, so erheben sich immer wieder warnende Stimmen, die beweisen, daß Gottes Befehl an Abraham noch nicht vergessen ist.

Der Gott der Zeit ist der Gott der Geschichte. Das heißt vor allem, daß er der in der Geschichte auf ein End-Ziel hinwirkende Gott ist. Denn die Geschichte hat eine Richtung, etwas Neues soll in ihr und durch sie geschaffen werden. Dieses Ziel wurde auf verschiedene Weise beschrieben: als allgemeine Glückseligkeit, als Sieg über die in den imperialistischen Staaten verkörperten dämonischen Mächte, als Kommen des Reiches Gottes innerhalb und außerhalb der Geschichte, als Umwandlung der gegenwärtigen Weltgestalt usw. Dafür gibt es eine Fülle von Symbolen; manche, etwa im alten Prophetismus und im modernen Protestantismus, sind mehr immanent, andere, etwa in der späten Apokalyptik und im traditionellen Christentum, sind mehr transzendent. In ihnen allen aber ist die Zeit richtunggebend und schöpferisch; sie schafft etwas Neues, eine „neue Kreatur", wie Paulus es nennt. Jetzt ist der tragische Kreislauf des Raumes überwunden, denn die Geschichte hat einen bestimmten Anfang und ein bestimmtes Ende.

Geschichte im Prophetismus ist universale Geschichte. Hier sind die räumlichen Begrenzungen, die Grenzen zwischen den Völkern, aufgehoben. Denn alle Völker sollen in Abraham gesegnet werden, alle Völker sollen auf dem Berg Zion anbeten, und für alle Völker hat das Leiden des auserwählten Volkes eine erlösende Macht. Das Pfingstwunder überwindet die Gespaltenheit in verschiedene Sprachen. In Christus ist der Kosmos, das Universum erlöst und vereint. Die Mission erhebt den universalen Anspruch, ein ungeteiltes menschliches Bewußtsein zu schaffen. Die Zeit ist in der Geschichte erfüllt, und die Geschichte ist erfüllt in der Universalität des Reiches Gottes, dem Reich der Gerechtigkeit und des Friedens.

Dies führt zum letzten Punkt in dem Widerstreit von Raum und Zeit. Der prophetische Monotheismus ist der Monotheismus der Gerechtigkeit. Die Götter des Raumes müssen notwendigerweise die Gerechtigkeit zerstören. Der unbegrenzte Anspruch jedes Raum-Gottes muß unvermeidlich mit dem unbegrenzten Anspruch jedes anderen Raum-Gottes in Widerstreit geraten. Der Machtwille einer Gruppe kann unmöglich dem Machtwillen einer andern Gruppe gerecht werden. Dies gilt sowohl für die Machtgruppen innerhalb der Völker wie für die Völker selbst. Der Polytheismus, die Religion des Raumes, ist notwendig ungerecht. Der unbegrenzte Anspruch jedes Raum-Gottes zerstört den Universalismus, der in der Idee der Gerechtigkeit enthalten ist. Hierin und allein hierin liegt die Bedeutung des prophetischen Monotheismus. Gott ist der eine Gott, weil die Gerechtigkeit nur *eine* ist. Die prophetische Drohung, daß das auserwählte Volk seiner Ungerechtigkeit wegen verworfen werden wird, ist der wahre Sieg über die Götter des Raumes. Durch die Deutung der Geschichte bei Deutero-Jesaja, wo Gott fremde Völker beruft, um sein auserwähltes Volk seiner Ungerechtigkeit wegen zu strafen, wird Gott zum universalen Gott erhoben. Tragik und Ungerechtigkeit kennzeichnen die Götter des Raumes; geschichtliche Erfüllung und Gerechtigkeit kennzeichnen den in der Zeit und durch die Zeit hindurch wirkenden Gott, der alles im Raum Getrennte in einem Universum der Liebe vereinigt.

Zeit und Judentum

Das jüdische Volk ist wie kein anderes das Volk der Zeit. Es repräsentiert den durch die Jahrhunderte gehenden ewigen Kampf zwischen Zeit und Raum. Es ist lebensfähig, obwohl ihm seit den Tagen der großen Propheten bis in unsere Zeit immer wieder der Lebensraum genommen wurde. Sieht man es wie jedes andere Volk als Volk des Raumes, hat es ein tragisches Schicksal; als Volk der Zeit aber steht es jenseits des Tragischen, denn es steht jenseits des ewigen Kreislaufs von Leben und Tod. Das „Volk der Zeit", sei es in der Synagoge, sei es in der christlichen Kirche, wird nie verhindern können, daß es verfolgt wird, denn es bestreitet durch seine bloße Existenz den Anspruch der heidnischen Götter, die sich durch Machtwille, Imperialismus, Ungerechtigkeit, dämonische Ekstase und tragische Selbstzerstörung auszeichnen. Die in der Seele jedes Menschen, in jeder Rasse und in jedem Volke herrschenden Götter des Raumes fürchten nicht nur den Herrn der Zeit, der Geschichte und der Gerechtigkeit, sie fürchten auch seine Propheten und Jünger und suchen sie zu entmächtigen und zu entwurzeln. Aber gerade dadurch verhelfen diese Götter gegen ihren Willen der Geschichte und der Zeit zu ihrer Erfüllung.

Das Christentum hat sich vom Judentum geschieden, weil das Judentum, in dem Moment, „als die Zeit erfüllet ward", eine Entscheidung für den Raum traf, eine Entscheidung nämlich für das Gesetz seines Volkes, das niemals das Gesetz für alle Völker werden konnte. Die „Gemeinde Gottes", die alle Völker vereinigende Kirche, ist das Ende alles religiösen Nationalismus und Stammesglaubens, auch dann, wenn diese sich auf prophetische Tradition berufen. Auf der anderen Seite steht die Kirche immer in Gefahr, zu einer National-Kirche zu werden und Ungerechtigkeit, Machtwillen und völkische oder rassische Anmaßung gewähren zu lassen. Immer steht sie in Gefahr, ihren prophetischen Geist einzubüßen. Und deshalb ist der prophetische Geist, der in der Tradition der Synagoge lebt, notwendig, solange die Götter des Raumes an der Macht sind, und das heißt, bis zum Ende der Geschichte, wie Paulus, der erste christliche Deuter des historischen Schicksals des Judentums, geglaubt hat (vgl. Röm. 9-11).

Synagoge und Kirche sollten in unserer Zeit zusammenstehen im Kampf für den einen Gott der Zeit gegen die Götter des Raumes. Wir leben in einer Zeit, in der mehr als je seit dem Sieg des Christentums über das Heidentum die Götter des Raumes ihre Macht über die Seelen der Menschen und über ganze Völker geltend machen. Wenn es aber geschähe, daß alle, die im Kampf stehen für den einen Herrn der Geschichte, für seine Gerechtigkeit und Wahrheit, auch unter Verfolgung und Martyrium zusammenhielten, dann würde der ewige Sieg im Kampf zwischen Zeit und Raum als Sieg der Zeit und des einen Gottes, der der Herr der Geschichte ist, von neuem offenbar werden.

KAIROS UND UTOPIE

Aus den zahlreichen Fragen, die das Thema „Utopie und Kairos“ stellt, beabsichtige ich an dieser Stelle das Problem der richtigen und der falschen Deutung einer historischen Situation herauszugreifen. Dafür ist wichtig, zwischen „utopistischem Denken“ und „Geist der Utopie“ zu unterscheiden. Während Utopismus notwendig zu Irrtümern führt, gehört der „Geist der Utopie“ [1] einer Dimension an, in der die Alternative „richtig“ und „unrichtig“ unangemessen ist. Selbstverständlich ist mit jeder Beurteilung einer geschichtlichen Lage ein Risiko verbunden. Aber es braucht kein blindes Risiko zu sein. Doch was, muß man dann fragen, unterscheidet ein blindes von einem bedachten Risiko in der Beurteilung der Zeichen einer Zeit?

Ehe ich abstrakt an diese Frage herangehe, möchte ich auf eine konkrete Situation hinweisen, in der wir (in denkendem Miterleben der Zeitsituation) gezwungen waren, die Fragen zu beantworten und das Risiko auf uns zu nehmen. Ich meine die Situation nach dem ersten Weltkrieg. Wir hatten das Ende des Krieges als eine von schöpferischen Möglichkeiten erfüllte Situation betrachtet und hatten dafür das Wort „Kairos“ (erfüllte Zeit) benutzt. Als nun in der Mitte der zwanziger Jahre sich in Deutschland Symptome eines mächtigen reaktionären Trends zeigten und als ihre Strömungen schließlich das Nazisystem zur Macht brachten, fragten wir uns naturgemäß, ob unser Urteil über den Kairos falsch war. War es eine Selbsttäuschung, wenn wir glaubten, daß wir eine „Zeitenfülle“ erlebt hätten? Zeigte nicht die weitere Entwicklung, daß kein Kairos erschienen war, ganz gleich, ob man ihn von oben her deutet, als einen von der Vorsehung geschickten Augenblick, oder ihn von unter her sieht, als die Vollzahl derjenigen Bedingungen, die solch einen Augenblick ermöglichen? Waren wir nicht in beiden Beziehungen im Irrtum? Mir scheint, die Antwort ist: Wir irrten und wir irrten nicht. Das mag paradox oder unsinnig erscheinen. Es ist aber eine exakte Beschreibung aller derjenigen Ereignisse, die in der Vergangenheit als Kairos aufgefaßt wurden. Kein Prophetenwort ist je im Sinne seiner eigenen Erwartungen erfüllt

[1] Den Ausdruck „Geist der Utopie“ verdanke ich dem gleichnamigen Buch von Ernst Bloch.

worden. Und doch zugleich: Kein Prophetenwort ist je unerfüllt geblieben.

Solch eine Behauptung erfordert naturgemäß einschränkende Bestimmungen. Wir müssen vor allem unterscheiden zwischen wahrer und falscher Prophetie. Falsche Propheten irren nicht, sondern ihre Worte sind dämonische Verzerrungen der Wahrheit. Darum kann man sie auch nicht dadurch bekämpfen, daß man ihnen Irrtümer nachweist. Man kann sie nur dadurch besiegen, daß man ihren dämonischen Charakter enthüllt. Wahre Propheten andererseits können nicht dadurch widerlegt werden, daß man auf Irrtümer in ihrer Beurteilung der geschichtlichen Lage hinweist. Denn wahre Prophetie hat eine Dimension, die unabhängig ist von den Irrtümern derer, die sie verkündigen.

Die Unterscheidung von wahrer und falscher Prophetie kommt aus dem Alten und erscheint auch im Neuen Testament. In beiden sind die wahren Propheten durch nichts so bedroht wie durch die falschen Propheten, geistig wie politisch. Die falschen Propheten verursachen die Verfolgung der wahren Propheten und, noch wichtiger, sie verwirren das Volk und die Herrscher und treiben sie zu Handlungen, die unvermeidlich Katastrophen herbeiführen. Der tiefste Gegensatz zwischen beiden Gruppen ist, daß die wahren Propheten über alles Endliche das göttliche Urteil verkünden und daß sie zugleich allem Endlichen eine Verheißung geben, während die falschen Propheten die Überlegenheit eines Endlichen über alles andere Endliche behaupten. Dieses so ins Göttliche erhobene Endliche kann eine erwählte Nation sein, wie es in der Periode der großen israelitischen Propheten der Fall war; es kann entsprechend der jeweiligen Ideologie eine soziale Gruppe, ein König, eine Aristokratie, eine Mittelklasse, das Proletariat sein; es kann eine erwählte Rasse sein, Blut und Boden, wie im Nationalsozialismus; es kann entsprechend der humanistischen Ideologie eine besondere Funktion des menschlichen Geistes sein; es kann ein System moralischer Konventionen, wie im amerikanischen Protestantismus, es kann die Kirche selbst sein, die sich über die göttliche Offenbarung und das göttliche Gericht stellt, wie im römischen Katholizismus. Alle diese endlichen Realitäten haben große Bedeutsamkeit. Sie alle können durch falsche Propheten zu Gegenständen unbedingter Geltung erhoben, und daß heißt nach dem Urteil der wahren Propheten, zu Götzen gemacht werden. Wahre Prophetie ist das Gericht über allen Götzendienst.

Wenn die falschen Propheten diese Wirklichkeiten in Götzen verwandeln, dann sagen sie Ereignisse voraus, die in Wahrheit keine Erfüllung bedeuten. Nationale Erfüllung, wie sie Hitler vorausgesehen und in dämonischer Weise versucht hatte, kam in einem kurzen Augenblick der Verwirklichung nahe. Aber sie zerstörte sich selbst durch dieselben dämonischen Kräfte, mit deren Hilfe sie auf den Plan trat. Als Hitler eine tausendjährige Periode nordischer Herrschaft über die Erde weissagte, beging er nicht einen Irrtum, sondern er war von einer Macht besessen, die ihn veranlaßte, die symbolische Zahl 1000, die aus der prophetischen Tradition kommt, in eine unsymbolische Erwartung über die Dauer des Dritten Reiches umzuwandeln. Seine ersten, siegreichen Jahre brachten eine Erfüllung, in der die Selbstzerstörung schon eingeschlossen war. Dies Beispiel zeigt, daß die wörtliche Erfüllung einer Prophezeiung der Weg zu letztem Verfehlen der Erfüllung sein kann. Und auch das Umgekehrte ist wahr. Etwas, was, wörtlich gesehen, Verfehlen der Erfüllung ist, kann der Weg sein, auf dem letzte Erfüllung erreicht wird. Wenn wir daher ja und nein antworten auf die Frage nach dem rechten und unrechten Urteil über eine Zeitlage, so ist das nicht sinnlos, sondern eine genaue Beschreibung der menschlichen Situation und der Möglichkeit und Grenzen jedes Urteils über die Bedeutung einer konkreten Situation.

Der Psychologe und Soziologe Wilhelm Wundt hat Ähnliches in seinem Begriff „Heterogonie der Zwecke“ ausgedrückt. Er bedeutet, daß der beabsichtigte Zweck einer historischen Handlung nicht erreicht wird, sondern daß etwas anderes, Unbeabsichtigtes und Unerwartetes aus solchen Absichten hervorgehen kann. Das tatsächliche Ergebnis kann besser oder schlechter sein als das, was ursprünglich beabsichtigt war. Jedenfalls wäre es nicht zustande gekommen ohne die Absichten und Handlungen derer, die der Heterogonie der Zwecke unterworfen waren. Ihre Intentionen sind nicht verloren, aber sie sind verwandelt. Darum muß man wieder mit einem Nein und Ja antworten, wenn man nach dem Erfolg einer historischen Aktion gefragt wird. Nicht alle menschlichen Akte erreichen historische Bedeutsamkeit. Aber wenn sie sie erreichen, dann sind sie dem Gesetz der Heterogonie der Zwecke unterworfen, und die Frage nach ihrem Erfolg kann nur mit einem Nein und Ja beantwortet werden.

Nichts in der historischen Dimension des Lebens ist berechenbar, denn es steht immer zugleich unter Notwendigkeit und Zufälligkeit („Trend“ und „Chance“). Die Tatsache, daß historische Trends vorliegen, macht das Kairosbewußtsein möglich und begrenzt den Spielraum des Irrtums in der Beurteilung einer historischen Situation. Die Tatsache, daß etwas Kontingentes in jedem Moment der historischen Entwicklung vorliegt, macht Irrtum in historischen Urteilen unvermeidlich. Jesus wäre nicht wahrhaft menschlich gewesen, wenn er sich nicht bezüglich der Nähe der eschatologischen Katastrophe geirrt und geglaubt hätte, daß sie in der Generation seiner Jünger erfolgen würde. Aber Jesus war sich auch der Grenzen seiner Urteilsfähigkeit bewußt, und er betonte, daß nur Gott die Stunde des Endes „weiß". Er war keine Ausnahme, sondern stand in der historischen Situation wie andere Menschen und konnte Trends erkennen und wurde durch das kontingente Element der Geschichte zu Irrtümern getrieben.

Der Trend oder das Element der Notwendigkeit beruht auf der relativ dauerhaften Struktur jeder geschichtlichen Existenz: der Natur des geschichtlichen Menschen, seinem soziologischen und psychologischen Charakter, allgemein und individuell, den Strukturen der Natur außerhalb des Menschen, der einzigartigen Konstellation all dieser Elemente in einem besonderen Moment. Aber gegenüber diesen strukturellen Notwendigkeiten stehen die Zufälligkeiten, die das Element der „Chance"[2] hervorbringen. Sie stammen von der Spontaneität alles Lebendigen, von der Freiheit des Menschen als zentrierter Person, von der Unberechenbarkeit der Bewegung des Universums und damit jedes einzelnen Momentes in dieser Bewegung. Man könnte sagen, daß allem Wirklichen ein Element der Kontingenz beigemischt ist. Auf diese Weise durchdringen sich strukturelle Notwendigkeit und unberechenbarer Zufall in jedem historischen Prozeß. Sie schaffen die Einheit von Trend und Chance in einer historischen Situation.

Wenn wir dieses Bild der geschichtlichen Existenz annehmen, dann entsteht die Frage, wie es unter diesen Umständen überhaupt möglich ist, von einem Kairos zu sprechen. Selbst wenn ein menschliches Wesen alle Strukturen wissenschaftlich durchschauen könnte, die in einer historischen Situation wirksam sind, selbst dann würde das kontingente Element in der gleichen Situation ein solches Wissen für die Beurteilung der Situation letztlich belanglos machen. Wenn die Behauptung, daß ein Kairos vorliegt, von einer wissenschaftlichen Analyse der gegebenen Situation abhinge, wäre es unmöglich, vom Kairos zu reden.

Aber der prophetische Geist, der einen historischen Augenblick beurteilt, enthält eine andere Art von Wissen in sich. Es ist ein Wissen um eine Situation, die sich von wissenschaftlicher Erkenntnis der Situation grundsätzlich unterscheidet. Ein solches Wissen kann objektive Beobachtungen über den Zustand der Dinge in einer Gesellschaft benutzen. Der Prophet hat oft eine sehr genaue Kenntnis der positiven und negativen Seiten einer Gesellschaftslage, Kenntnisse, die den meisten Menschen seiner Zeit unzugänglich sind. Aber es ist nicht diese

---

[2] Das Wort „Chance" hat im Englischen auch noch die weitere Bedeutung von „Zufall". (D. Hrsg.)

Kenntnis, die ihn zum Propheten macht. Es ist ein Bild der gesamten historischen Situation, die von ihm beurteilt wird, das ihn dazu veranlaßt, von einem Kairos zu reden. Seine objektive Kenntnis ist eine Komponente in seiner Vision, aber nicht die entscheidende. Viele Menschen haben gleiche oder bessere Kenntnis der Tatsachen, aber für sie schafft der historische Augenblick in keiner Weise das Gefühl, daß eine entscheidende Wendung der historischen Existenz bevorsteht. Um solch ein Urteil fällen zu können, muß man von der historischen Situation gepackt sein und von der Dimension, in der sich letzte Wirklichkeit in ihr manifestiert. Die Situation oder ein besonderes Ereignis muß dem Menschen etwas über den Sinn der Existenz selbst offenbart haben, vielleicht nur im Sinn einer Frage, vielleicht auch im Sinn einer Antwort. Nur wer an einer historischen Situation in ihrer Tiefe teilnimmt, kann von einem Kairos reden. Solch eine Teilnahme betrifft den, der sie erlebt, in seinem ganzen Sein. Sie bewegt das Zentrum der Persönlichkeit und mit ihm Wille, Erkenntnis und Gefühl. Sie legt dem letzte Verantwortung auf, der einen Kairos erlebt. Darum ist es verständlich, daß religiöse wie säkulare Propheten den Versuch gemacht haben, sich der prophetischen Verantwortung zu entziehen, freilich ohne Erfolg, wenn sie echte Propheten waren. Durch solche Menschen wird der mögliche Kairos zum wirklichen Kairos. Wer einen Kairos verkündigt, hilft ihn zu schaffen. Er selbst ist ein Element in der Gesamtsituation. Darin liegt der fundamentale Unterschied zwischen dem Propheten und dem bloßen Beobachter. Der Beobachter gehört nicht zu der Situation, und er hat keine Pflicht, als Beobachter auf sie einzuwirken, selbst wenn er imstande ist, gewisse mehr oder weniger wahrscheinliche Konsequenzen der Situation vorauszusehen.

Diese Betrachtungen führen zu der entscheidenden Beantwortung der Frage nach der falschen oder richtigen Beurteilung einer historischen Situation. Auf der horizontalen Linie, nämlich in bezug auf Dinge, die in der Zukunft liegen, sind falsche Urteile unvermeidlich. Darin unterscheidet sich der Verkünder eines Kairos nicht vom beobachtenden Historiker. Auf der vertikalen Linie dagegen, nämlich in bezug auf den letzten Sinn einer historischen Situation, sind Irrtümer über Kommendes unmöglich, weil die vertikale Linie solche Urteile nicht einschließt. Auf der vertikalen Linie liegen nur Urteile über den Sinn des gegenwärtigen Augenblicks vom Sinn des Lebens selbst aus gesehen, und Urteile über den letzten Lebenssinn können nicht der Alternative richtig oder unrichtig unterworfen werden. Ernsthafte Aussagen über Gott, zum Beispiel, sind weder richtig noch irrtümlich, sondern sie drücken Beziehungen zu letzter Wirklichkeit aus und liegen zwischen den Polen des Göttlichen und des Dämonischen. Wenn man eine Aussage, die dem Göttlichen naheliegt, wahr nennt, und eine, die dem dämonischen Pol naheliegt, falsch, dann kann man auch von wahren und falschen Aussagen über Gott sprechen. Aber dann bedeutet wahr nicht dasselbe wie richtig und falsch nicht dasselbe wie unrichtig.

Aus dieser Beziehung kann man das Kriterium für die Beurteilung eines Kairosbewußtseins ableiten. Wenn immer ein Kairos behauptet wird, dann besteht diese Behauptung aus zwei qualitativ verschiedenen Aussagen. Die eine, die sich auf das bezieht, was wir metaphorisch die vertikale Linie genannt haben, ist ein existentielles Urteil. Es ist der Ausdruck des Ergriffenseins durch einen offenbarten geschichtlichen Augenblick. Die andere Aussage, die sich auf das bezieht, was wir horizontale Linie genannt hatten, ist ein theoretisches Urteil. Es zieht aus der Erwartung des Kairos Folgerungen, die als konkrete Erwartungen oder konkrete Handlungen erscheinen. In dieser Form ist die Aussage der Ungewißheit theoretischen Urteils unterworfen.

Das Ergebnis dieser Betrachtung ist, daß die Erfahrung eines Kairos unwiderleglich ist, da sie die Subjekt-Objekt-Struktur der Dinge transzendiert. Und nur, wo Subjekt und Objekt sich gegenüberstehen, sind Beweis und Widerlegung möglich. Kein Prophet ist dadurch widerlegt worden, daß seine theoretischen Urteile über die Zukunft sich als irrtümlich erwiesen, und kein Prophet ist als Prophet bestätigt worden, weil seine Aussagen sich als richtig erwiesen. Diese zwei Dimensionen von Erfahrung und Handlung sollten nicht vermengt werden.

Wir können nun diese Gedanken in Verbindung bringen mit unserer vorhergehenden Unterscheidung von Utopismus und Geist der Utopie. Dann können wir sagen: Der Geist der Utopie wurzelt in der vertikalen Linie und erscheint auf der horizontalen Linie nur als Erwartung und Wagnis. Utopismus dagegen liegt auf der horizontalen Linie und ist deshalb offen für jede Art von unrichtigen Urteilen über die Zukunft. Utopismus endet notwendig in Enttäuschung, eine Enttäuschung, die man metaphysisch nennen kann, weil sie auf der Verwechslung der Dimensionen beruht.

Nun aber wird man fragen: Gehört nicht etwas in die Zukunft Gerichtetes unlöslich zum Geist der Utopie? Ist es nicht unmöglich, trotz aller logischen Unterscheidungen, die Horizontale von der Vertikalen zu trennen? Was kann Geist der Utopie bedeuten, wenn er nicht in die Zukunft blickt, und was kann Kairosbewußtsein bedeuten, wenn im Erscheinen des Kairos nichts geschieht, das die Zukunft ändert? Man kann sogar noch weitergehen und fragen, ob die Richtung in die Zukunft nicht ein entscheidender Zug aller historischen Religion ist und darum aller „geschichtlichen“ Deutung der Geschichte. Ist die Zukunft nicht derjenige Modus der Zeit, der die geschichtsbewußte Deutung menschlicher Existenz von der mystischen Deutung unterscheidet, von derjenigen Deutung nämlich, in der Vergangenheit und Zukunft verschlungen sind in der Gegenwart, die als ewiges Jetzt erlebt wird? Alle diese Fragen sind berechtigt. Ist es möglich, sie zu beantworten auf Grund unserer Unterscheidung der beiden Dimensionen in jeder prophetischen Verkündigung?

Die Antwort liegt im Symbol „Reich Gottes“. Die Idee des Reiches Gottes steht direkt oder indirekt hinter allen Formen des Utopismus sowie des Geistes der Utopie in der westlichen Welt, des säkularen wie des religiösen. Denn diese Idee hat zwei Dimensionen, eine innergeschichtliche und eine übergeschichtliche. Das Reich Gottes ist nahe herbeigekommen, und seine Nähe schafft jedes echte Kairosbewußtsein. Aber das Reich Gottes liegt auch immer jenseits der Geschichte als die ewige Erfüllung alles dessen, was in der Geschichte unerfüllt bleibt. Aus dieser Doppelheit der Dimensionen in der Reich-Gottes-Idee folgt das Ja und Nein in allen Urteilen über künftige Geschichte. Aus dieser Zweiheit folgt auch der Konflikt zwischen Utopismus und Geist der Utopie. Utopismus entsteht notwendigerweise, wenn die übergeschichtliche Dimension des Reiches Gottes von der innergeschichtlichen verschlungen wird. Der entgegengesetzte Irrtum ist die völlige Beseitigung der innergeschichtlichen Dimension, wie sie zum Beispiel in gewissen Formen der griechisch-orthodoxen Religion und des klassischen Luthertums vorliegt. Der Geist der Utopie dagegen, der prophetische Geist, ist auf beide Dimensionen gerichtet. Die letzte Einheit aller Dinge im ewigen Leben, im Leben Gottes, bleibt das Kriterium für jeden Augenblick innergeschichtlicher Erfüllung. Und es gibt innergeschichtliche Erfüllung, es gibt Manifestationen des Reiches Gottes in den zweideutigen Gestalten der historischen Existenz. Das gilt von aller menschlichen Geschichte, das liegt allen Religionen zugrunde, sofern sie Antworten auf die geoffenbarte Manifestation Gottes sind; es ist verborgen wirksam in säkularen Kulturen, sofern sie autonome Entfaltungen ursprünglich religiöser Substanz sind; es bricht durch in den Erfahrungen eines Kairos und schafft neue Formen, in denen es sich verwirklicht.

Wenn wir nun fragen, was in einem solchen Durchbruch in die geschichtliche Existenz geschieht, was also in einem Kairos erfahren wird, so müssen wir darauf eine negative und eine positive Antwort geben. Die negative Antwort ist, daß eine bestimmte dämonische Struktur, die in einer Zeit vorherrschend ist, angegriffen und zerbrochen wird, ohne daß darum das Dämonische selbst verschwindet. Es kehrt wieder in neuen Formen, die einen neuen Kairos nötig machen. Die positive Antwort ist, daß eine neue theonome Struktur des gesellschaftlichen und geistigen Lebens sich ankündigt. Der prophetische Geist drängt auf eine neue Theonomie, das heißt auf eine geschichtliche Gestalt, in der der Gegensatz einer leeren Autonomie und einer bedrückenden und zerstörerischen Heteronomie überwunden ist. Wenn die autonomen Formen des Lebens ausgerichtet sind auf das Ewige und Symbol des schöpferischen Grundes des Seins geworden sind, dann ist das gegeben, was wir Theonomie nennen. Eine neue Theonomie, nämlich eine neue innergeschichtliche Manifestation des Reiches Gottes hat sich angekündigt. Vielleicht kann man sagen, daß dies eine konkrete und verständliche Deutung der drei ersten Bitten des „Vaterunsers" ist. Das Kommen seines Reiches, die Erfüllung seines Willens auf Erden, die Heiligung seines Namens – all das steckt im Begriff der Theonomie. Es ist die Gegenwart Gottes, die die Arroganz humanistischer Autonomie und die Tyrannis religiöser oder quasireligiöser Heteronomie überwindet. Solche Erwartung ist nicht Utopismus, sondern der prophetische Geist, der in jeder Bitte des „Vaterunsers" gegenwärtig ist, aber in seiner Bedeutsamkeit kaum mehr verstanden wird.

Theonomie ist nicht Erfüllung, sondern das innergeschichtliche Abbild der Erfüllung. Sie ist nicht die Beseitigung des Dämonischen, sondern der Sieg über konkrete dämonische Strukturen; sie ist nicht die Aufrichtung eines Friedensreiches auf Erden, sondern die Schaffung von Symbolen für die Einheit der Menschheit in der vertikalen Dimension; sie ist nicht die Erfüllung von Gerechtigkeit und Harmonie, sondern eine immer wechselnde Manifestation des Lebensprinzips; sie ist nicht die Garantie sozialen und kulturellen Fortschritts, sondern das entscheidende Motiv für alles Handeln in die Zukunft hinein; sie ist nicht das Reich Gottes, sondern das fragmentarische, vorwegnehmende, immer gefährdete Bild des Reiches Gottes in einer spezifischen Periode der menschlichen Geschichte. Und in diesem Sinne können wir sagen, daß, wo immer ein Kairos erlebt wurde, theonome Schöpfungen aus ihm erwachsen sind, meist ganz anderer Gestalt, als das war, was im Moment des Kairos gesehen wurde, und doch Bestätigungen der Gegenwart des prophetischen Geistes, des Geistes der Utopie, in denen, die den Kairos durchleuchten.

DIE POLITISCHE BEDEUTUNG DER UTOPIE IM LEBEN DER VÖLKER[1]

1. Die Wurzel der Utopie im menschlichen Sein

Wenn man das Wort Utopie im gewöhnlichen täglichen Sprachgebrauch hört und benutzt, dann kann man oft auf den Gedanken kommen, daß, wenn etwas als Utopie gekennzeichnet wird, es als Unsinn gekennzeichnet ist, und für viele Menschen ist Utopie und Unsinn nicht sehr viel unterschieden. Utopie ist eine phantastische Vorstellung von Dingen, die niemals Wirklichkeit werden. Es ist etwas, was man sich nicht leisten kann, wenn man ein Realpolitiker ist, wie das schöne Wort der Bismarckära heißt. Nun, die Tatsache, daß eine so große Versammlung sich gefunden hat, um vier Abende über das Problem der Utopie zu debattieren, und die Tatsache, daß die Leitung der Hochschule für Politik diesen Begriff für würdig gehalten hat, ihre Räume und ihre Möglichkeiten für ein solches Thema zur Verfügung zu stellen, zeigt, daß Utopie etwas anderes sein muß als Unsinn. Wenn aber Utopie etwas anderes ist als wertlose Phantasien, dann muß sie eine Grundlage haben in der *Struktur des Menschen* selbst; nur das, was in der Struktur des Menschen eine Grundlage hat, hat letzthin Bedeutsamkeit. Wenn es das nicht hätte, dann könnte es zum Beispiel betrachtet werden als die Projektion individueller Wünsche oder als ein soziologisches Phänomen, das in gewissen Zeiten gültig ist, in anderen nicht. Es könnte als etwas Vorübergehendes und zu Beseitigendes betrachtet werden, als etwas, das dem Ernst der Realpolitik widerspricht und infolgedessen als schädlich vernichtet werden muß. Wenn es aber nicht so ist, wenn es zum Sein des Menschen gehört, in utopischen Formen zu denken, dann liegen die Dinge anders, dann ist Utopie nicht etwas, was man beseitigen kann, sondern etwas, was da ist, solange der Mensch da ist. Und ich glaube, daß dies der Fall ist.

Ich glaube, man kann aufweisen, daß Utopie ein Fundament im

[1] Zu dem Thema „Die politische Bedeutung der Utopie im Leben der Völker“ lagen nur stenographische Aufzeichnungen von vier Vorträgen vor. Näheres entnehme man dem Hinweis in den bibliographischen Anmerkungen am Schluß des Buches.

Sein des Menschen hat und, da sein Sein repräsentativ ist für Sein überhaupt, hat auch die Utopie ein Fundament im Sein überhaupt. Darum halte ich es für wichtig, obgleich das vielleicht überraschend für manche von Ihnen ist, daß ich eine Betrachtung eines politischen Begriffes mit einer Betrachtung derjenigen Seiten des Menschen beginne, die notwendigerweise und wesensmäßig die Bildung von Utopien veranlassen. Das soll nicht bedeuten, daß ich heute ausschließlich ontologisch oder in dem tieferen Sinne des Wortes anthropologisch rede. Ich will überall politische Beziehungen aufdecken, aber die grundlegende Linie des Gedankens heute soll sich um den Menschen als Menschen drehen und heute in acht Tagen um den Menschen als geschichtliches Wesen; und das sind die beiden Fundamentalanalysen, um die wir uns bemühen müssen, um nicht dogmatisch politisch oder agitatorisch über Politik und Utopie zu reden. Ernsthaft über eine Sache reden heißt: aus einer Wurzel heraus reden, und die Wurzel aller Dinge liegt letztlich im Wesen des Menschen und im Grund des Seins, soweit er sich dem Menschen offenbart. Darum sollen die ersten Gedankenreihen von derjenigen Seite des Menschens handeln, die für die Utopie verantwortlich ist und für die ich das Wort „endliche Freiheit" gebrauchen möchte.

Die Kombination der beiden Worte Endlichkeit und Freiheit hat eine Fülle von ontologischen und anthropologischen Hintergründen, auf die ich nicht alle eingehen kann. Ich würde auf die Frage „Wie definierst du ‚Mensch' in zwei Worten?", sagen: als *endliche Freiheit.* Ich glaube, daß, wenn diese beiden Worte kombiniert sind, die Position des Menschen als Menschen gefaßt und richtig zum Ausdruck gebracht ist. Darum ein paar Worte über diese beiden Begriffe: Freiheit und Endlichkeit.

Freiheit ist hier nicht gemeint in irgendeinem Sinne der Debatte zwischen Determinismus und Indeterminismus, zwischen der Lehre von der Willensfreiheit und der Willensunfreiheit oder umgekehrt. Ich halte diese Debatte für obsolet, für etwas, was man nicht mehr debattieren sollte, weil es deutlich ist, daß sie aus Voraussetzungen kommt, die von vornherein die Entscheidung für den Determinismus unvermeidlich machen und Indeterminismus in einen Protest verwandeln, ohne wirklich Erkenntnis zu geben. Was ich mit Freiheit meine, ist etwas völlig anderes, etwas, das in unserer unmittelbaren Erfahrung, in dem Gewahrwerden eines jeden von Ihnen selbst enthalten ist, nämlich zwei Dinge: das eine, daß der Mensch imstande ist, als Ganzheit zu handeln, als Selbst aus der Ganzheit seines Seins heraus, und daß nur, wenn er das kann, er das Phänomen erlebt, für das alle Sprachen Freiheit oder analoge Worte gefunden haben. Das ist nicht eine Sache, die abhängig ist von einer Lösung des Determinismus-Indeterminismus-Problems, sondern ein Phänomen, dessen wir gewahr sind, wenn wir unabhängig von aller voreingenommenen Theorie auf uns selber sehen. Und dann finden wir, daß wir unfrei sind in dem Maße, in dem wir Teiltendenzen in uns finden, und frei in dem Maße, in dem wir aus der Ganzheit heraus handeln. Das ist das eine, was ich mit dem Begriff der Freiheit meine. Das andere ist das „Haben von Möglichkeiten". Ein Freund von mir, der Neurologe Goldstein, hat einmal gesagt: „Der Mensch ist *das Wesen, das die Möglichkeit hat*", ohne zu sagen, wofür; und das ist gerade das Gute an dieser Definition. Der Mensch hat nicht die Möglichkeit zu etwas Bestimmtem, sondern im Unterschied zu allen anderen Wesen hat er die „Möglichkeit", er ist das Wesen, das imstande ist, über das Gegebene hinauszugehen, und zwar unbegrenzt. Es gibt nichts Gegebenes, über das der Mensch nicht grundsätzlich hinausgehen könnte. Daß er es faktisch nicht kann, ist das Problem der Endlichkeit. Aber er hat die Möglichkeit; und das Haben der Möglichkeit ist das, was den Begriff der Freiheit auf der anderen Seite definiert und was nötig ist, um zu verstehen, was im Begriff der Utopie enthalten ist.

Wenn ich nun frage: »Warum ist Unfreiheit so entmenschlichend? Warum kämpfen wir für Freiheit und verteidigen sie?" dann müssen wir eine Antwort geben, die auf das Fundamentale des Menschseins zurückgeht, und von daher die Antwort ableiten. Es ist nicht, daß wir bestimmter Möglichkeiten beraubt sind, was uns die *Unfreiheit* als entmenschlichend empfinden läßt, sondern es ist dies, daß wir nicht mehr aus der Ganzheit reagieren können; und da liegt der Grund, warum der Kampf für die Freiheit ein Kampf für den Menschen ist und nicht für etwas am Menschen. Der Mensch, der nicht mehr aus der Zentriertheit, aus der Ganzheit, aus dem, worin alle Elemente seines Seins zu letzter Entscheidung zusammenkommen, handeln kann, hat aufgehört, ein Mensch im wahren Sinne des Wortes zu sein. Er ist entmenschlicht; und es ist sehr wichtig, sich klar zu werden, daß hier der Begriff der Entmenschlichung durch Unfreiheit einsetzt. Es ist nicht der Punkt, daß uns Möglichkeiten geraubt werden, daß wir nicht reisen können, gehen können (viele Kranke können nicht gehen ...) oder daß wir nicht alles sagen können, was wir sagen wollen (wo kann man das? man kann das nicht einmal in der Familie); sondern die Frage ist: Sind wir imstande, aus der Ganzheit heraus zu reagieren? Und wenn das nicht mehr möglich ist, wenn unser zentrales Ich in ein Ding verwandelt ist, das nicht mehr zentral reagieren kann, dann ist der Prozeß der Entmenschlichung eingetreten. Und darum glaube ich, daß hier einer der fundamentalsten Begriffe verwurzelt ist in einer ontologischen Schau.

Noch etwas über den Begriff der Möglichkeit: Der Begriff der Möglichkeit ist identisch mit dem Begriff der *Versuchung*. Möglichkeit ist Versuchung. Nun, im Einzelnen, im einzelnen Menschenleben ist das klar: Daß der Mensch versucht werden kann, ist das wahrhaft Menschliche an ihm. Darum wird er unmittelbar, nachdem er aufgetreten ist als Mensch, versucht, das heißt, es wird an ihn, der die Möglichkeit hat, appelliert. Die Schlange versucht nicht sich selber, sie tut, was sie muß, sie ist schlau und verwirklicht ihre Schlauheit — ich spreche im Mythos selbstverständlich —, sie versucht nicht die Bäume, die Tiere oder Gott, sondern den Menschen: das heißt, der Mensch ist der, der die Möglichkeit hat, und Versuchung ist der Appell an die Möglichkeit. Aber zugleich ist dieser Appell der Ausdruck dafür, daß der Mensch wahrhaft Mensch ist. Ohne die Versuchlichkeit würde er aufhören, wahrhaft Mensch zu sein.

Lassen Sie mich das gleich aufs Politische übertragen. Wir haben im Politischen genau das gleiche Phänomen. Sie kennen das berühmte Wort, daß Macht den verdirbt, der die Macht hat. Sie kennen es nicht nur, Sie haben es erlebt. Warum verdirbt Macht? Macht verdirbt, weil Macht definiert werden kann als: die Möglichkeit haben im konkreten praktischen Sinn. Das, was im Menschen ontologisch seine Natur ausmacht — daß er die Möglichkeit hat —, wird in einem Wesen oder einer Gruppe, die die Macht hat, zur konkreten Möglichkeit; und darum ist das Politische eine potenzierte Stelle der Versuchung. In ihr liegt auch die *Würde des Politischen,* genau wie im Menschen in der Versuchlichkeit die Würde und die Gefahr liegen. Würde und Gefahr sind immer Korrelate.

Das ist die eine Seite, auf die ich hinweisen wollte. Die Freiheit ist aber endlich; und damit komme ich zur anderen Seite. Der Mensch ist endliche Freiheit. Was bedeutet diese *Endlichkeit?* Diese Endlichkeit bedeutet, daß, wenn der Mensch seine Möglichkeit auf Grund einer Ganzheitsreaktion verwirklicht, auf Grund der Freiheit also, er dann bedroht ist, und zwar *bedroht durch Nichtsein.* Denn Endlichkeit heißt Mischung von Sein und Nichtsein. Wir alle stehen in jedem Augenblick in der Situation dieser Mischung von Sein und Nichtsein. Das Nichtsein ist nicht etwas, auf das wir blicken können als außerhalb von uns. Wir sind in jedem Augenblick im Nichtsein ebensosehr wie im Sein, wir sind in jedem Augenblick in einer Situation der Bedrohtheit. Wir brauchen dabei nicht nur an den Tod zu denken, an alle Zufälle, die zu ihm führen, sondern auch an dasjenige Nichtsein, das sich als Irrtum und Schuld erweist. Das heißt, für uns als endliche Wesen ist unsere Freiheit, über alles hinauszugehen, Möglichkeiten zu verwirklichen, zugleich unsere Bedrohtheit.

Lassen Sie mich auch hier wieder hinübergehen zu der *Bedrohtheit der politischen Existenz.* Die politische Existenz ist als menschliche Existenz ebenso in der Situation der Bedrohtheit durch Nichtsein. Gibt es eine unbedrohte Existenz? Nun, gelegentlich haben Kirchen behauptet, daß, da sie religiös fundiert sind, sie eine — unpolitische — unbedrohte Existenz haben, ausgedrückt im Symbol des „ewigen Rom". Oder etwas bescheidener hat Toynbee die Idee gehabt, daß diejenigen christlichen Völker, die abhängig von der christlich-anglikanischen Linie der Religion, also einer gewissen Synthese von Protestantismus und Katholizismus sind, eine Garantie haben, daß ihre politische Existenz unbedroht ist. Und andere haben auf dem Gedanken der Rassenüberlegenheit oder ideologischer Überlegenheit ähnliche Gedanken aufgebaut. In jedem Fall ist die eine Seite der endlichen Freiheit, die zum Menschen gehört, dabei verlorengegangen, nämlich die Seite der Endlichkeit, die Seite des Nichtseins, und darum ist, wie die Geschichte gezeigt hat und auch den Kirchen und selbst der christlichen Kultur gegenüber zeigen wird, die politische Existenz notwendig und unvermeidlich eine bedrohte Existenz. Sie ist wie alles Menschliche mit Nichtsein gemischt.

Wenn wir von diesen Voraussetzungen ausgehen, dann können wir verstehen, daß diese endliche Freiheit, die der Mensch ist, sich in zwei Elementen ausdrückt, die in jedem Augenblick zu ihm gehören, nämlich in einer immer labilen *Balance von Angst und Mut.* Das menschliche Sein auf Grund des Nichtseins, der Endlichkeit, der Bedrohtheit ist in jedem Augenblick in Angst, und das menschliche Sein bejaht sich selbst, nimmt die Angst auf sich, und was das bedeutet, hat gerade diese Stadt erfahren. Es nimmt sie auf sich, wirft sie nicht weg, versucht nicht, den Blick abzuwenden, sondern tut das, was das Wort Mut bedeutet, nämlich das Ja zum Sein zu sagen trotz der Bedrohtheit durch das Nichtsein.

Die politische Existenz hat den gleichen Charakter; sie hat den Charakter von Angst und Mut in bezug auf Gegenwart und auf Zukunft. Lassen Sie mich hier wieder auf die Begriffe eingehen und sie ins Politische wenden. *Angst ist ein ontologischer Begriff,* das heißt, er besagt nicht etwas, was zufällig ist, was man haben kann und nicht haben kann, was man überwinden kann und nicht überwinden kann. Sondern Angst ist ein anderes Wort für Endlichkeit. Angst ist Endlichkeit von innen gesehen, und da wir endlich sind, so ist Angst ein Phänomen, was nicht etwa durch Trompetenschall beseitigt werden kann, was auch nicht wie neurotische Angst durch Psychoanalyse beseitigt werden kann, was auch nicht wie die Angst der Schuld durch Vergebung beseitigt werden kann, sondern es ist eine Angst, die nichts anderes bedeutet, als daß wir unsere Endlichkeit gewahr werden. Wir werden sie gewahr in gewissen Momenten. Man ist nicht immer in Angst, aber die Angst ist immer da, genau wie das Nichtsein und die Endlichkeit da sind. Es ist ungeheuer wichtig, daß wir diese Angst bejahen und nicht verneinen. Nichts ist gefährlicher, auch politisch gefährlicher, als zu glauben, daß man der Angst ausweichen könne dadurch, daß man sich von ihr abwendet. Es gibt nur einen Weg, der Angst zu begegnen — und darüber würde ich von der Religion her etwas zu sagen haben —, nämlich, die Angst auf sich zu nehmen. Wenn man die Angst auf sich nimmt, sagt man nicht: man ist ohne Angst. Der Tapfere ist nicht ohne Angst, sondern nimmt seine Angst auf sich. Der nicht seiner selbst voll bewußte Mensch mag in gewissen Augenblicken ohne Angst sein — so wie der Feldwebel, der dem Intellektuellen sagte: „Sie haben ja Angst!" und dem dann der Intellektuelle antwortete: „Wenn Herr Feldwebel so viel Angst hätten wie ich, wäre er längst davongelaufen." Mut ist nicht das Fehlen der Angst, sondern Mut ist das Aufsichnehmen der Angst, nämlich das Blicken auf das Nichts und trotzdem Ja sagen zu dem Seinsgrund, aus dem man kommt.

Wenn man das nicht tut, dann entsteht das Phänomen der neurotischen Angst. *Die neurotische Angst* ist ein Resultat des Nichtaufsichnehmens der ontologischen Angst, der Angst, mit der wir alle eins sind, die identisch mit unserer Endlichkeit ist. Diese Angst, von der ich rede, diese ontologische Angst, wird, wenn sie sich auf die Gegenwart bezieht, zum *Sicherungswillen,* und aus dem Sicherungswillen entsteht die Aggression gegen die Bedrohtheit. Das ist eines der Urphänomene des Politischen; die Angst hat die Weltkriege produziert durch den Sicherungswillen und die Aggressivität, die damit verbunden sind. Die Angst als Ursache des Sicherungswillens hat notwendigerweise die Konsequenz, das, was sie vermeiden will, durch den Weg, auf dem sie es vermeiden will, zu produzieren. Das erleben wir in weltweitem Maßstab in einer Weise wie nie zuvor.

Darum ist das Phänomen der Angst von einer so fundamentalen Bedeutung für alles Politische und hat als Konsequenz in der Innenpolitik — und das kann man speziell in Amerika jetzt erleben — den Sicherungswillen, der zur Vergangenheit zurückdrängt, der dem, was als Gefahr in der Zukunft droht, dadurch begegnen will, daß er sich in der Vergangenheit fixiert. Sehr viel von dem, was als Sicherungswillen innerhalb aller politischen Gruppen und Bewegungen vorliegt, ist ein Produkt der Angst, die zurückgeht, die in den Modi der Zeit die Vergangenheit wählt, weil sie aus der Vergangenheit heraus, die sie ja überlebt hat, Sicherungen zu finden glaubt, die unbedroht sind. Auch darin liegt ein gewisser Mut. Sicherungswille ist nicht einfach etwas, was negiert werden muß. Es ist eine Form des Mutes, sich zu sichern. Die Frage ist nur, ob die andere Seite des Mutes, die Dimension der Zukunft, dabei nicht vergessen wird.

Damit komme ich auf eine andere Kategorie, die der *Erwartung*, und diese Kategorie führt uns unmittelbar an das Problem der Utopie heran. In der Erwartung ist beides, Angst und Mut, aber nicht in bezug auf die Vergangenheit, sondern auf die Zukunft. Erwartung rechnet mit der Erfüllung der Möglichkeiten, die ja das menschliche Wesen ausmachen, in der Zukunft. Immer gibt es Möglichkeiten, die nicht erfüllt wurden — unendliche Möglichkeiten wegen der unendlichen Fähigkeit des Menschen, über jede bedingte Situation hinauszugehen —, aber der Mensch hat den Mut — er ist, wie Nietzsche mit Recht sagte, das mutigste Tier –, weil er vorwärtsgeht in der Erwartung, die über das Gegebene dem Zukünftigen entgegenläuft.

Lassen Sie mich etwas sagen über *Angst und Erwartung*. Die Erwartung schließt eine doppelte Angst in sich. Die eine Angst ist die, daß, wenn man aus der Vergangenheit in die Zukunft läuft, wenn man das, was konservativ sich bewahrt hat, aufgibt, daß man dann auch die Sicherung verliert — und kein Leben kann ohne Sicherung leben —, und wenn man dann zurück will, entsteht eine andere Angst, nämlich die Angst, seine Möglichkeiten zu verlieren.

Diese doppelte Angst kann man an der *„Psychologie der Unschuld"* klarmachen. Die Unschuld — wenn Sie zum Beispiel als das klarste und Ihnen allen bekannte Beispiel die Unschuld vor der sexuellen Erfahrung nehmen — ist charakterisiert durch eine doppelte Form der Angst. Auf der einen Seite die Angst, vorwärts zu gehen, die Angst vor dem, was in der Erwartung steht mit allem Unheimlichen und Unbekannten, die Angst, die nicht weiß, was geschieht, wenn die Sicherung der Unschuld aufgegeben wird; und auf der anderen Seite die Angst, unschuldig zu bleiben und damit seine Möglichkeit zu verlieren, die Angst, die vorwärts treibt über die Unschuld hinaus. Und zwischen diesen beiden Ängsten steht die Unschuld, und sie entscheidet sich in dieser Situation der Angst, und wenn sie sich entscheidet, ist sie nicht mehr unschuldig, auch dann nicht, wenn sie sich für die Nichtverwirklichung entscheidet, weil sie dann nicht mehr unmittelbar ist, sondern das Resultat einer bewußten Entscheidung.

Das gilt von der menschlichen Situation in bezug auf die Zukunft, und das ist im Politischen genau das gleiche. Jeder von uns auf allen Gebieten des Lebens, besonders denen, die im Politischen zentral zusammenlaufen, steht vor der Frage, inwieweit er über die Sicherungen, die aus der Vergangenheit gegeben sind, über die Institutionen, in denen wir leben, hinausgehen soll und kann. Wir haben die Angst, daß, wenn wir es nicht tun, wir die Möglichkeiten verlieren und in einem Gefängnis bleiben, das durch die Vergangenheit um uns geschlagen ist. Und wir fühlen, daß wir neue Möglichkeiten, die offen sind, versäumen. Auf der anderen Seite steht die *Angst der Revolution,* die jeder haben sollte. Hier würde ich hinzufügen, der Mut des Revolutionisten, der berufsmäßigen Revolutionäre, ist genau wie der des Feldwebels, der seine Angst nicht auf sich nimmt, weil er noch nicht zum Menschen durchgedrungen ist. Aber es gibt ein revolutionäres Pathos, das dies Risiko auf sich nimmt und Mut hat, Ja zu sagen trotz des drohenden Nichtseins und trotz des Entzugs der Sicherung, die aus der Vergangenheit vorlag.

Das war ein Versuch, ein bißchen hineinzugraben in menschliche Fundamente, die bei uns allen anklingen. Es sind Dinge, die nicht deduziert sind in Form einer abstrakten Ontologie, sondern Dinge, die das menschliche Sein ausmachen, die wir in jedem Moment in uns sehen und um uns im Politischen in ihrer explosiven und schöpferischen Wirklichkeit. Es ist gut, wenn manchmal eine Stimme zu uns spricht: Seht einmal auf die Wurzel, wo das alles herkommt! Woher habt ihr euren Mut? Was ist der richtige Mut? Es ist soviel mit diesem Wort gesündigt worden, aber Mut ist im Deutschen verwandt mit Gemüt, es ist ein Zentralbegriff, nicht eine einzelne Tugend. Die Möglichkeit des Lebens, Ja zu sagen zu seinem Leben, geht weit über einen einzelnen Begriff hinaus, und dasselbe gilt von der Angst. Sie ist ein Grundphänomen, kein spezielles Phänomen, und hat unendliche Variationen, sie kann neurotisch, schuldhaft, tragisch werden, aber bleibt immer Angst, und was das für die politische Situation bedeutet, ist unermeßlich. Die Anwendung würde eine Unendlichkeit von Analysen zur Folge haben, aber ich muß jetzt zu etwas anderem kommen.

Wir haben von der Vergangenheit gesprochen, aus der heraus wir unsere Sicherungen haben, und der Zukunft, in der wir diese Sicherungen aufgeben, und von dem Hin und Her zwischen konservativ und revolutionär, zwischen diesen beiden Formen von Angst und Mut. Nun möchte ich fragen: Wenn wir vorangehen in die Zukunft, wenn wir versuchen, unsere Möglichkeiten zu verwirklichen, was liegt dann vor uns, wie sieht das Bild aus, auf das wir hingehen?

Ich möchte jetzt von den *Idealbildungen* reden, die sich aus diesem

Vorlaufen in Form der Erwartung ergeben und die einen merkwürdigen Charakter haben, nämlich, daß sie nicht einfach in die Zukunft hineinprojiziert sind, sondern daß sie sich genauso in der Vergangenheit finden. Es ist eine der wichtigsten Einsichten in das Wesen der Utopie, daß jede Utopie sich ein Fundament in der Vergangenheit schafft, daß es rückgewandte genauso wie vorwärtsgewandte Utopien gibt, das heißt, daß das, was man als das Ideale in der Zukunft sieht, zugleich das ist, was man als „einst" in die Vergangenheit projiziert, oder als das, von dem man herkommt und zu dem man zurück will. Es ist eins der erstaunlichsten Phänomene des menschlichen Denkens — in der Symbolsetzung im Religiösen, im Mythischen, Politischen, Ästhetischen, überall —, daß Vergangenheit und Zukunft Korrelate sind, daß die Vergangenheit des Ursprungs und die Zukunft des Zieles sich entsprechen. Woher kommt das? Es kommt wieder aus dem Sicherungswillen. Das, was in die Zukunft hineingeht, das, was erwartet wird als das Vollendete in der Zukunft, wird gesehen als schon einmal vorhanden in der Vergangenheit, als das, was dem „Wesen" des Menschen entspricht; und „Wesen" ist in der deutschen Sprache mit „gewesen" verbunden. Es ist eine der tiefsten Einsichten der deutschen Sprache, daß das Wesen dasjenige ist, von dem wir herkommen und was immer schon gewesen ist. Dieselbe Einsicht findet sich schon bei Aristoteles, der sie mit dem schwierigen Begriff *τό τι ἦν εἶναι* ausgedrückt hat.

Daraus ergibt sich das *Phänomen der rückgewandten Utopie,* das wir in allen Mythologien aller Völker und vielfach in der Philosophie haben. „Die Träume vom besseren Leben", wie eine Schrift von Ernst Bloch heißt, sind zunächst einmal rückgewandte Träume, dann aber auch vorwärtsgewandte Träume, oder, anders ausgedrückt, das Recht, das bessere Leben in der Zukunft zu träumen, wird abgeleitet von der Tatsache, daß diese Träume einmal Wirklichkeit waren. Ich brauche nur ein paar Namen zu nennen, um das deutlich zu machen: Der stoische Begriff des goldenen Zeitalters, das in der Vergangenheit liegt und das nach dem Weltbrand wiederkommen wird; die indischen Gedanken von den verschiedenen Perioden, nach denen wir jetzt in der schlechtesten sind, aber die Wiederkehr der ursprünglichen Weltperiode unmittelbar bevorsteht; im Christentum das Symbol des Paradieses, das verloren ist und das in ähnlichen Symbolen im letzten Buch der Bibel am Ende der Tage als wiederhergestellt gedacht wird; die Rousseau'schen Ideen von dem ursprünglichen, reinen Naturzustand, der durch die Kultur verdorben ist, zu dem man zurückgehen muß; die Utopie des ursprünglichen Kommunismus, der allerdings nur gelegentlich und sehr vorsichtig von Marx selbst erwähnt wird, aber von anderen ausführlicher durchgeführt worden ist und die Grundlage für die klassenlose Gesellschaft der Zukunft ist; und dann die unzähligen anderen Mythen, auf die ich gar nicht Rücksicht zu nehmen brauche, weil sie alle mit der gleichen Struktur von Urzeit und Endzeit sich entsprechen.

Der tiefste Grund dafür ist, daß man in der Urzeit das „Wesen" sieht, daß man glaubt, daß das menschliche Wesen oder das Wesen des Seins als solchen in der Urzeit verwirklicht war, daß es verloren gegangen ist, daß wir jetzt im Widerspruch dazu stehen und daß es wiederhergestellt werden kann. Als Philosoph würde ich sagen, daß hier der ontologische Unterschied von *Wesen und Existenz*, von *Wesen und Wirklichkeit* in die zeitliche Dimension projiziert ist. Das Wesen ist aufgefaßt als das „Gewesene", als das, was einmal „gewest" hat, wo es noch nicht den Unterschied von Wesen und Existenz gab. Dann kam die Existenz, der „Fall", und diese Existenz ist nun das Gegenteil, das Zerreißen, Negieren dessen, was ursprünglich als Wesen Wirklichkeit war. Daraus ergibt sich, daß in der weitaus überwiegenden Zahl dieser Utopien ein Dreitakt sich findet: ursprüngliche Verwirklichung, nämlich Verwirklichung des Wesens, Herausfallen aus dieser ursprünglichen Verwirklichung, nämlich der gegenwärtige Zustand, und Wiederherstellung als Erwartung, indem das, was herausgefallen war, woraus man gefallen ist, nun wieder verwirklicht wird. Einer der charakteristischen Züge dieses Dreitaktes ist folgender: diejenigen, die diese Symbolik gebrauchen, haben fast durchweg das Bewußtsein, daß das Äußerste des Abfalls in ihrer Periode, in dem Moment, in dem sie leben, erreicht ist. Es ist jedesmal das letzte Zeitalter, aus dem heraus die Utopie geboren wird. Charakteristisch und vielleicht die beste Formel, die dafür gegeben worden ist, ist Joachim von Floris' Gedanke, daß wir im Zeitalter der vollendeten Sündhaftigkeit leben; Augustins Gedanke, daß die Weltreiche mit dem letzten, dem großen römischen Reich, das er als Römer liebte, zu Ende gekommen sind und nun nur noch ein Reich bevorsteht, nämlich das Reich Gottes, das in gewisser Weise in der Kirche Wirklichkeit wird, aber endgültig erst nach der Geschichte verwirklicht werden wird; dasselbe in Indien, wo es immer die letzte Periode ist, in der der Theologe sich befindet, der von den Zeitaltern spricht; in Griechenland, wo die Stoiker vom letzten, vom eisernen Zeitalter reden, dem schlechten; im Marxismus, wo der Klassengegensatz, der durch die ganze Geschichte geht, nun zu einem Punkt gekommen ist, wo der Umbruch unvermeidlich geworden ist, weil sonst die menschliche Situation nicht mehr zu retten ist; in den biologisch-faschistischen Ideologien, wo der Verfall, die *décadence*

(Nietzsche) zu einem Punkt gekommen ist, der nicht mehr überschritten werden kann und wo der Gegenschlag erfolgen muß. Das heißt, der Dreitakt ist zentriert auf den Moment, in dem die Umkehr unmittelbar bevorsteht. Das ist eines der Charakteristika für alles utopische Denken.

Aber nun möchte ich noch, ehe wir zu einer Diskussion dieser Materie kommen, einige Bemerkungen machen über Typen, in denen man sich die Wiederherstellung aus der vollendeten Abgefallenheit vorstellen kann. Vorher möchte ich jedoch zwei Typen erwähnen, in denen die Wiederherstellung als unmöglich aufgefaßt wird.

Der erste ist der klassische theologische, wo der Abfall zur Folge hat, daß die Wirklichkeit unter dämonische tragische Mächte gefallen ist, wie wir sie analog auch in der Psychologie haben — Zwangsstrukturen, gegen die der Patient nichts machen kann, der Mensch als Mensch nichts machen kann, so daß innerhalb der Geschichte eine Befreiung davon im ontologischen Sinn unmöglich wird. Es ist der Gedanke des gebundenen Willens, der Unfreiheit im religiösen Sinn, den Luther gegen Erasmus und Augustin gegen Pelagius durchgekämpft haben. Es ist die Idee, daß die Mächte, die in der Abfallssituation regieren, die dämonischen Mächte — dämonisch zu übersetzen mit „Struktur der Destruktion" — in der Geschichte selbst nicht überwunden werden können.

Die andere verwandte und doch so verschiedene Form, in der man eine Wiederherstellung und damit jede Form der Utopie für unmöglich hält, finden wir bei den existentialistischen Denkern, die im Unterschied von den Existentialisten des 19. Jahrhunderts wie Kierkegaard, Nietzsche, Marx, die Diltheyschule, Bergson und andere, kein Positivum gegenüber der negativen Analyse einzusetzen haben. Ich denke naturgemäß an Heidegger und Sartre und eine gewisse Richtung des amerikanischen Pragmatismus und Naturalismus. Da finden wir den Gedanken, daß keine Wiederherstellung möglich ist, weil es ja keine „Essenz" gibt, kein „Wesen" des Menschen, von dem man abgefallen ist, weil der Mensch so ist, daß das, was wir Abfall nennen, der wirkliche Mensch ist, und es Abfall zu nennen von vornherein ein philosophischer Fehler ist. Wenn Sartre sagt, „die Essenz des Menschen ist seine Existenz", ist das ein Wort, das so folgenschwer ist — wenn man es verstanden hätte und es nicht so abstrakt wäre, wodurch es ungefährlich ist — wie kaum das Wort von Nietzsche, daß Gott tot ist in der modernen Kultur. Beide sagen, daß das Gebiet der übergreifenden Werte, der wahren und guten Struktur des Seins nicht mehr existiert. Das war es, was Nietzsche meinte, wenn er sagte (darum ist er gewissermaßen der Vater der Existenzphilosophie), daß Gott tot ist. Das ist nicht der kindische

Gedanke eines törichten Atheisten, so albern kann man Nietzsche nicht interpretieren; es bedeutet vielmehr, daß das System der Werte, das im Gottesgedanken seine Wurzel hatte, zerbrochen ist und daß infolgedessen der Mensch aus sich heraus, aus seiner Existenz neue Werte schaffen muß, die aber keine gültigen Werte sind und letztlich ohne Kriterium bleiben. Ebenso sagt Sartre, daß die Essenz des Menschen seine Existenz ist, das heißt, daß in jedem Moment, in dem er existiert, er sich das schafft, was er als Essenz haben will, aber kein Übergeordnetes vorliegt, aus dem die Existenz des Menschen kritisiert werden könnte. Das bedeutet, daß es keine Utopie mehr geben kann; und bei den Existentialisten und bei all denen, die ihnen ähnlich sind, werden Sie ein völliges Fehlen der Utopie da bemerken, wo diese Sätze radikal ernst genommen werden.

Nietzsche selber, der zum 19. Jahrhundert gehört, hat noch nicht die Konsequenz gezogen. Im Widerspruch zu seiner eigenen Auffassung hat er eine Art biologischen Essentialismus entwickelt und damit so viel Unheil angerichtet, wie er an der Wahrheit in seinem eigenen Denken vorbeigetroffen hat. Das ist längst bekannt, muß aber erwähnt werden, weil es große politische Folgen gehabt hat. Auf alle Fälle, diese beiden Richtungen, das klassische Christentum und der radikale Existentialismus des 20. Jahrhunderts, sind darin einig, daß die Möglichkeit einer Utopie nicht gegeben ist, weil der Wesensbegriff preisgegeben wird. Mir ist manchmal aufgefallen, was einige vielleicht wundern wird, wie ähnlich in dieser Beziehung Barthsche und Sartresche Formulierungen sind — sicherlich lieben sie sich beide nicht sehr, und beide würden es übelnehmen, wenn ich es ihnen mitteilte. Trotzdem ist es wahr, und in dem Sinne kann man Barth in die Linie der existentialistischen Theologie einreihen, nämlich einer Theologie, die die humanistische Lehre, daß der Mensch in seiner Essenz auch im Fall vorhanden ist, wenn auch korrumpiert, wenn auch widerspruchsvoll, aufhebt. Beide sind im Grunde antihumanistisch, obwohl Sartre ein Buch geschrieben hat, in dem er sich schwächlich rechtfertigen will: *L'existentialisme est un humanisme*. Er ist es nicht, und genau dasselbe hat von der theologischen Seite die Barthsche Richtung, da, wo sie radikal durchgeführt ist, auch getan. Wenn ich Barth hier genannt habe, möchte ich doch seinem Genius eine Verbeugung machen: er hat den Vorzug, wirklich kein Barthianer zu sein. Wenn man seine Geschichte der protestantischen Theologie liest, worin er in Wirklichkeit eine Philosophie der Kunst und mehr gibt, sieht man, daß er ein Humanist ist. Aber er will es nicht wahr haben.

Wenn man das Wort *Humanismus*, das so mißbraucht wird, in

seiner Größe und Bedeutsamkeit wiederherstellt, kann man sagen: Humanismus ist der Glaube daran, daß der Mensch vom Wesen determiniert ist, das nicht schlechthin verloren gegangen ist und das gegenüber der Existenz als Urteil und Norm auch in den größten Verirrungen der Existenz fortbesteht. Jede Politik muß notwendig zerstörerisch sein, die diese Lehre vom Wesen des Menschen nicht hat. Und damit ist schon ein Wort für die Utopie gesprochen. Aus dem Glauben an das Wesen des Menschen, an das, „was immer schon gewesen ist“, geht die Norm hervor, die als Bild in die Zukunft projiziert die Utopie abgibt.

Wir haben zwei Richtungen, eine radikal theologische und eine radikal antitheologisch-existentialistische, von denen man sagen kann, daß, wenn sie das Wesen des Menschen gegenüber der Existenz aufgegeben haben — die eine als Resultat des Falles, die andere als das immer bleibende Wesen des Menschen —, unter diesen Umständen eine politische Utopie und daher Normen politischen Handelns überhaupt unmöglich geworden sind. Darin liegt nach meiner Empfindung die größte Gefahr dieser beiden Richtungen, politisch gesehen. Wenn es unmöglich ist, vom Wesen des Menschen her Normen zu geben, dann kann man nur mit Barth diese Normen in einer absoluten Offenbarungstheologie geben.

Auf der anderen Seite haben wir die Pragmatisten, die den Existentialisten sehr verwandt sind und von denen ich aus meiner amerikanischen Erfahrung etwas berichten möchte. Für sie gibt es auch keine Normen; die Normen sind die praktischen Werkzeuge, die wir in jedem Moment anwenden und die, wenn sie nicht mehr brauchbar sind, weggeworfen werden. Es kam sehr oft eine Debatte auf zwischen diesen Pragmatisten und mir oder ähnlichen Vertretern eines kritischen Humanismus. Und aus diesen Debatten ergab sich: Wenn die amerikanischen Pragmatisten konsequent wären, würden sie genauso ohne ethische, in diesem Falle politische, Normen sein, wie es der Existentialismus ist, wie es letztlich im Nazismus sich ausdrückte, wo die Norm mit einer biologischen Realität, der Nation nämlich, identisch war und die übergreifenden kritischen Normen verlorengingen. Aber das geschieht in Amerika nicht. Warum nicht? Ich hatte eine Debatte mit John Dewey, in der ich zu ihm sagte: Wie kannst du der Kritik begegnen, daß du angeblich keine Normen, zum Beispiel gegen den Nazismus, hast. (Dewey ist ein Vorkämpfer für den Humanismus gegen alles Totalitäre!) Wie steht das zu deiner pragmatistischen Werkzeuglehre, wo ist das Kriterium? Da konnte er nicht antworten und war im Grunde genommen mehr oder weniger einverstanden, als ich sagte, diese Normen stammen aus der noch unzerbrochenen Tradition des angelsächsischen Humanismus. Das heißt, die glückliche Inkonsequenz der Angelsachsen hat sie vor dem europäischen Schicksal bewahrt; wäre sie nicht dagewesen, wäre es zu einer ähnlichen Zerstörung der Normen, des Wesens und damit echter Utopiebildung gekommen. So viel über die beiden Typen, die das Wesen ausschalten und damit die Utopie unmöglich machen.

Demgegenüber gibt es zwei andere Richtungen, die die Möglichkeit einer innergeschichtlichen Wiederherstellung kennen; die erste ist gekennzeichnet durch einen radikalen Umschwung aus der vollendeten Sündhaftigkeit, aus dem Tiefpunkt in einen Höhepunkt. Es ist sehr interessant, daß hier das Christliche und das Humanistische, das Säkulare, auf derselben Linie liegen. Wir haben im christlichen Denken die Idee des tausendjährigen Reiches, einen der schicksalhaftesten und folgenreichsten Gedanken der christlichen Entwicklung, den Gedanken, von dem wahrscheinlich letztlich alle modernen westlichen Utopien abstammen. Was bedeutet er? Die tausend Jahre sind natürlich eine symbolische Zahl — sie liegen aber vor dem letzten Ende, das heißt *in* der Geschichte, und sie bedeuten, daß irgendwann einmal in der Geschichte die Erfüllung menschlicher Erwartung gegeben sein wird. Und mit dieser Erwartung hat die Geschichte der christlichen Sekten einen ununterbrochenen Angriff auf die augustinische Haltung gemacht, die der Barthschen sehr ähnlich ist, insofern als das letzte Zeitalter nicht mehr vor uns liegt, sondern, wie Augustin sagt: Die „tausend Jahre“ sind die gegenwärtige Herrschaft der Kirche. Aber die christlichen Sekten von den Montanisten bis zum radikalen Kommunismus bilden eine ununterbrochene Bewegung von Gruppen, die glauben, daß eine *Dialektik* vorhanden ist, daß, nachdem das tiefste Nein erreicht ist (die vollendete Sündhaftigkeit, die industrielle Klassengesellschaft), in diesem Moment der große Umschwung kommt und daß wir dann *in* der Geschichte etwas verwirklichen. In dieser dialektischen Auffassung — revolutionär-dialektisch sollte man sie nennen — ist Dialektik der logische Ausdruck für historisches Schicksal. Es ist historisches Schicksal, das in die größte Tiefe der Entmenschlichung führt und aus dieser Tiefe die Auferstehung herbeiführt, nämlich die Verwirklichung des Menschen. Das ist die revolutionäre Richtung; sie charakterisiert alle Revolutionen der westlichen Welt. In dieser westlichen Welt sind die innerkirchlichen Revolutionen (die zum Teil sehr radikal waren, wie zum Beispiel das Mönchtum, später der Protestantismus, die radikalen Sekten der Reformationszeit) und die säkularen Revolutionen (zum Beispiel die Revolutionen der bürgerlichen Gesellschaft gegen die feudale Gesellschaft im 19. und 20. Jahrhundert) in dem Glauben begründet, daß das Wesen des Menschen in der Geschichte durch ein historisches Schicksal wiederhergestellt werden kann, nämlich durch den Gegensatz der äußersten Tiefe und der höchsten Höhe. Daher die ungeheure revolutionäre Spannung dieser Menschen.

Dann gibt es eine zweite Richtung, die gemäßigte Utopie oder die *Utopie des Fortschrittsgedankens* der bürgerlichen Gesellschaft. Der Augenblick, in dem die Revolution siegt — zum Beispiel die bürgerliche Revolution im 18. und 19. Jahrhundert in Europa —, hat zur Folge gehabt, daß diese bürgerliche Gesellschaft, die einmal aus dem Gedanken der Utopie hervorgegangen ist, nicht mehr wußte, was damit zu machen sei. Es ist ja alles erreicht, die bürgerliche Gesellschaft herrscht ja, die Prinzipien, die im Kampf als radikale Prinzipien gegen die feudale Gesellschaft geschleudert wurden, sind realisiert. Daraus folgt — weil man das Schema, aus dem man geboren ist, nicht so leicht aufgeben kann — die gemäßigte Utopie, die Utopie des Fortschrittsgedankens, wo langsam Schritt für Schritt ein Fortschritt stattfindet — manchmal eine Annäherung, von der man glaubt, daß sie eine vollkommene sein wird, manchmal eine Annäherung, von der man glaubt, daß sie nie zum Ziele kommen wird (neukantianische Schule). Diese Utopie ist deswegen so gefährlich gewesen in den letzten Jahrzehnten, weil sie so gemäßigt ist und so tiefe Wurzeln in der Praxis von uns allen hat.

Sie alle sind nur deswegen hier, weil Sie die utopische Hoffnung haben, daß dieser Abend Sie in einer ganz kleinen Beziehung über das fortschreiten lassen wird, was vorher in Ihrem Bewußtsein war. Das schließt eine Art von praktischem Fortschrittsglauben in sich. Und dieser praktische Fortschrittsglaube hat möglicherweise die Konsequenz, daß man daraus ein Weltgesetz des Fortschritts macht, das durch die Weltgeschichte geht: „Better and better" — dieses amerikanische Wort ist der plastischste Ausdruck dafür. Fortschritt ist moderierte Utopie, die ihrer selbst nicht mehr gewiß ist, aber sich auch nicht selbst aufgeben kann. Diese Moderation ist besonders gefährlich — sie ist in besonderer Weise geeignet, den Unterschied zwischen dem, was der Mensch wesenhaft ist und was er in der Existenz ist, zu verhüllen und auf diese Weise einen Utopismus zu produzieren, der den realen Dingen der Welt fremd ist. Das Resultat war — ich will ein Goethisches Zitat dafür gebrauchen —: Wer immer strebend sich bemüht, den können wir erlösen. Erlösung ist also ein Resultat strebenden Bemühens. (Goethe war zu groß, das so zu verstehen, aber sein Wort könnte so ausgedeutet werden.) In Amerika ist diese Auffassung weit verbreitet, sie findet unter anderem ihren Ausdruck in der Übersetzung der Verkündigungsworte des Engels bei der Geburt Christi: „Den Menschen ein Wohlgefallen". Der englische Text lautet: „Den Menschen guten Willens". Diese Konzeption ist eine der phantastischsten Utopien, die ich erlebt habe. Immer wieder und wieder stößt man auf diesen Glauben, daß über kurz oder lang viele Menschen guten Willens — und wir gehören natürlich zu ihnen — auf die Dauer die Sache in die Hand bekommen werden und daß dann der Frieden auf Erden verwirklicht wird. Was für Konsequenzen das gehabt hat, welche furchtbare Enttäuschung folgte, darüber will ich das nächste Mal mehr sagen. Ich kann Ihnen versichern, daß heute in den akademischen Instituten Amerikas eine Woge dessen geht, was die Amerikaner „cynicism" nennen, eine Art gelangweilter überlegener Indifferenz gegenüber allen Inhalten und allen Normen. Ich sage das, um die Bedeutsamkeit dieser progressivistischen Utopie deutlich zu machen.

2. *Geschichtliches und ungeschichtliches Denken*

Der bisherige Gedankengang war folgender: Das Problem der Utopie muß zunächst behandelt werden als eine Analyse des menschlichen Seins. Der Mensch, so hatten wir gesehen, ist dasjenige Wesen, das die Möglichkeit hat; aus der Möglichkeit kommt die Angst, und die Angst macht sich bemerkbar in zwei Richtungen. Die eine Richtung: nicht zu verwirklichen, was möglich ist, sondern zu sichern, was gegeben ist — der rückgewandte, konservative und im Falle des Kampfes gegen den Fortschritt reaktionäre Wille; und auf der anderen Seite die Angst, Möglichkeiten zu verpassen, die Erwartung, die zu dem fortschreitenden und unter Umständen revolutionären Typus des menschlichen Denkens und Handelns führt. Auf dieser Grundlage der gesamtmenschlichen Betrachtung haben wir dann gesagt, daß der Begriff der Utopie davon abhängig ist, daß der Mensch einen Unterschied macht zwischen dem, was er wesensmäßig sein sollte und sein könnte, und dem, was er in der Existenz, das heißt in Wirklichkeit ist. Wir hatten dann gesehen, daß dieser Gegensatz sich darin ausdrückt, daß der Mensch sein wahres Wesen in eine Idealzeit der Vergangenheit, in eine mythische Vergangenheit projiziert — als Paradies, als engelgleiches Dasein, als goldenes Zeitalter, als erstes Zeitalter in einer Entwicklung, als Zeitalter der Unschuld usw. Dies Wesensbild, das der Mensch von sich macht und in die Vergangenheit projiziert, wird das Kriterium, das er gegen die Wirklichkeit wendet, in der er steht und aus dem heraus er ein Idealbild schafft von dem, was er sein könnte, weil er es einmal gewesen ist. Ich hatte hingedeutet auf die Beziehung der deutschen Worte „Wesen“ und „gewesen“. Das, was das Wesen des Menschen ist, wird angeschaut als das, was gewesen ist, nun aber nicht mehr ist. Dann hatten wir an verschiedenen Idealbildern angeknüpft, hatten zwei Gruppen unterschieden — die, die Ja sagt, und die, die Nein sagt zur Utopie. Unter denen, die Nein sagen, haben wir die Existentialisten und die pessimistische Form des protestantischen Christentums unterschieden. Wir hatten in einer etwas paradoxen Zuspitzung den typischen radikalen Protestanten Karl Barth in diesem Punkt mit dem typischen radikalen Existentialisten Sartre verglichen. Und dann im Gegensatz dazu die beiden Formen der Utopie, die revolutionäre, die in Form eines Nein zu einem Zustand der vollendeten Sündhaftigkeit, aus dem das Vollkommene geboren werden soll, revolutionär den Umschwung erwartet; und dann die Haltung der siegreichen Revolution, die keinen radikalen Umschwung mehr braucht, sondern auf der Grundlage des Sieges fortschreitend Schritt für Schritt das Ideal erreichen will. Diese letzten Betrachtungen haben uns unmittelbar an die Schwelle der heutigen Betrachtung geführt, der Frage nach dem Sinn der Geschichte im Verhältnis zum Begriff der Utopie.

Das Thema der heutigen Stunde lautet: *Geschichtliches und ungeschichtliches Denken und die Funktion der Utopie*. Lassen Sie mich zunächst einige Gedanken über ungeschichtliches Denken äußern, das heißt über ein Verständnis der Geschichte, das nicht aus der Geschichte, sondern aus etwas anderem als Geschichte geboren ist und das infolgedessen der Geschichte kein Eigenstehen, keine Selbständigkeit gibt, sie abhängig macht von anderem und dadurch auflöst. Um den Begriffsgegensatz des ungeschichtlichen und geschichtlichen Denkens zu verstehen, müssen wir wieder hineintauchen in die menschliche Situation, die in diesem Falle zugleich die Situation alles Existierenden ist, nämlich die Unterworfenheit des Menschen unter die sogenannten Kategorien, die Formen des Anschauens und Denkens, die als Raum und Zeit für jedes Dasein in jedem Augenblick eine entscheidende Rolle spielen und die darum immer im Zentrum des philosophischen Denkens gestanden haben.

Die Frage ist: Welche Kategorie, Raum oder Zeit, ist überwiegend, ist bestimmend in einer Lebenshaltung? Es gibt Lebenshaltungen, die vom Raum determiniert sind, und es gibt Lebenshaltungen, die von der Zeit determiniert sind, und die Frage des geschichtlichen und ungeschichtlichen Denkens ist die Frage: Wie verhalten sie sich zueinander, für welche von beiden können oder müssen wir uns entscheiden? Ungeschichtliches Denken ist ein Denken, in dem der Raum der Zeit überlegen ist und die Zeit dem Raum untergeordnet und eingeordnet wird.

Sie alle wissen aus der Physik, der modernen Physik, daß in ihr die Zeit, symbolisiert durch das Zeichen t, eine der vier Dimensionen des Raumes geworden ist, eines der interessantesten Symbole für die Unterordnung der Zeit unter den Raum.

Welches sind die Weltanschauungen, in denen der Raum der Zeit übergeordnet wird? Ich möchte zwei oder besser drei unterscheiden. Die erste geht über die Natur hinaus zu dem Grund des Seins und unterwirft von da aus die Zeit dem Raum: Es ist die klassische Mystik in Indien und Europa. In der klassischen Mystik ist dasjenige das wahrhaft Wirkliche, was aus dem Zeitfluß herausgenommen ist, und alles, was wirklich ist, kommt aus diesem Grunde des reinen Seins, des Abgrundes des Seins — aus dem göttlichen Grund —, und es mag interessant sein, hier das Symbol „Grund" zu deuten. Das Wort Grund, das oft mit Abgrund verbunden ist, weil es ja ein unergründlicher Grund ist, in dem das Sein ruht, ist ein räumliches Bild, und eine Philosophie, die vom Grund und Abgrund spricht, ist eben damit charakterisiert als eine Philosophie und eine Religion, in der der Raum — nicht der wirkliche Raum, nicht unser Raum, sondern das Räumliche als solches — das höchste Symbol abgibt. Das ist charakteristisch für die Mystik. In der Mystik ist es die Dimension der Tiefe, aus der heraus alles verstanden wird, in die alles versinkt und aus der alles kommt. Die Zeit ist gleichsam ein Oberflächengekräusel auf der Oberfläche dieses Ozeans, und darum ist diese Weltauffassung wesensmäßig ungeschichtlich. Das Interessante ist dies, daß wir eine Weltauffassung hier vor uns haben, in der die Geschichte nichts bedeutet. Wir finden das in Indien, dem typisch ungeschichtlichen Land, das keine Erinnerung an die Geschichte hat, das keine Chroniken, keine historische Erinnerung hat, das immer direkt verbunden ist in jedem Moment mit dem Grund des Seins, mit dem Brahman, dem reinen Sein, das alle Gestalten aus sich hervorbringt und in sich zurücknimmt. Dasselbe finden wir im Abendland im Neuplatonismus, wo in gleicher Weise der Einzelne und die Seele, die Rückkehr des Einzelnen entscheidend ist und die Geschichte nichts bedeutet, weil der Einzelne unter jeder geschichtlichen Bedingung gleich fern ist von dem „Einen", von dem er abgefallen ist und zu dem zurückzukehren er sich sehnt. Es ist ein rein vertikales Denken, die Horizontale ist ohne jede Bedeutsamkeit.

Aber nicht das ist interessant, sondern interessant im Zusammenhang mit unserem Thema ist, daß, obgleich das Denken fundamental ungeschichtlich ist, es doch dem Wesen des Menschen nicht entrinnt; der Bindung an die Zeit, der Frage nach der Zukunft, der Angst um das Gewesene und das Zukünftige. Das zeigt sich zum Beispiel darin, daß es in Indien eine Geschichtsphilosophie gibt, die letztlich abhängig ist von der Lehre vom Brahman, dem Prinzip alles Seins, das zugleich das Innerste jeder einzelnen Seele und jedes einzelnen Dinges ist, das einen Rhythmus produziert, einen Rhythmus des Einatmens und Ausatmens. Wenn Brahman ausatmet, entsteht eine Welt, wenn er einatmet, geht diese Welt zugrunde. Ich sage Brahman, nicht Brahma, nicht ein Gott Brahma; der ist selbst nur ein Gott, der aus- und eingeatmet wird wie alle Götter. Die Götter sind in Indien nicht mehr als die Menschen. Brahman ist das Urprinzip, der Abgrund des Seins selbst, das „Eine". Wenn es sich entfaltet im Bild des Ausatmens, dann entsteht die Wirklichkeit, und wenn es sich zusammenzieht im Bild des Einatmens, dann hört die Wirklichkeit auf. Damit entstehen Weltperioden, Weltperioden des Werdens und Vergehens, und in diesen Weltperioden hat das indische Denken trotz seiner Ungeschichtlichkeit dem utopischen Denken seinen Tribut gezahlt; es konnte ihm nicht ganz entgehen, weil es im Wesen des Menschen liegt. Der Gedanke ist ganz ähnlich, wie wir ihn bei den Stoikern gleich sehen werden. Unmittelbar nach dem Ausatmen, nach dem Moment, in dem die Welt beginnt, ist eine Periode der Einheit aller Wesenheiten, des Friedens, des Wachstums, des Schöpferischen, des Geistigen — eine Periode, die man mit ähnlichen Worten wie denen des goldenen Zeitalters oder des Paradieses bezeichnet. Jetzt lebt man, wie in all diesen Utopien, in der letzten Periode; Stück für Stück sind die wesenhaften Dinge der ersten Periode verlorengegangen. Jetzt ist nicht nur die Menschheit, sondern auch die Natur krank geworden, und es kommt ein Moment, wo das Ganze zugrunde gehen wird, wobei verschiedene Theorien aufgestellt werden, die aber alle in einem übereinstimmen: die Tiefe der Verderbnis ist das Ende einer Weltperiode, der eine neue folgt. Ich wiederhole: Das Wichtige daran ist, daß die Unentrinnbarkeit des utopischen Denkens sich in diesen Gedankengängen selbst auf indischem Boden, dem Boden der ungeschichtlichen Mystik, gezeigt hat. Es ist, wenn wir es so formulieren wollen, eine zurückgewandte Utopie, eine Utopie, die in der Vergangenheit liegt. Die Geschichte ist nicht Fortschritt, sondern Deteriorisation, Verderbnis, Korruption, Desintegration — lauter negative Worte. Die Utopie liegt in der Vergangenheit und nicht in der Zukunft, und wenn Sie bedenken, daß dies das Lebensgefühl nicht nur der großen asketischen, mystisch begründeten Religionen ist und war, sondern auch das des klassischen Griechentums, soweit es durch die Stoiker und andere repräsentiert wird, wird sofort klar, was für ein außerordentliches Faktum es ist, daß für unsere Kultur der Fortschrittsgedanke das Selbstverständliche geworden ist und seine Erschütterung nur mit den größten historischen Erschütterungen, die vielleicht je die Geschichte gesehen hat, denen des 20. Jahrhunderts, verbunden ist.

Die andere Form des ungeschichtlichen Denkens ist der *Naturalismus*. Während die eine die Übernatur sozusagen oder besser den Grund der Natur zur Basis des nichtgeschichtlichen Denkens machte, macht die andere die *ewige Wiederkehr*, wie man sie in der Natur beobachten kann oder beobachten zu können glaubt, zur Grundlage für die Verneinung irgendwelcher Bedeutsamkeit der Geschichte. Das Symbol, das in der griechischen Philosophie und nicht nur bei den Stoikern maßgebend ist für das Verständnis der Welt und des Geschehens, ist das des Kreises. Und der Kreis ist ein Raumsymbol, er kehrt in sich selber zurück, er geht nicht vorwärts wie die Zeit, das heißt auch im naturalistischen Denken der Griechen ist die Zeit dem Raum unterworfen. Die stoische Lehre vom Weltbrand ist ganz ähnlich wie die Lehre vom Einatmen des Brahman. Nach einer unbegrenzt langen, unübersehbaren Periode kommt die Welt, das heißt diese Ordnung der Dinge (der Kosmos, denn Kosmos heißt Ordnung) zu einem Ende, und eine andere Ordnung der Dinge folgt. Und diese Periode ist von zwei Weltbränden eingegrenzt, wobei man Brand nicht zu physikalisch nehmen darf, sondern als Symbol für die selbstverzehrende Kraft des Seins. Das, was immer das Feuer zu einem Symbol in der Philosophie gemacht hat, ist das, was im Sichselbstverzehren zur Vollendung kommt und sich zugleich verzehrt. Diese Weltbrände begrenzen eine Weltperiode, die ihrerseits in Perioden verläuft und die vielfach mit Metallen — golden, silbern, eisern, tönern — bezeichnet werden, was ebenfalls nicht physikalisch, sondern symbolisch zu nehmen ist. Auch hier ist die gegenwärtige Periode die letzte Periode. Es ist interessant, daß auf der Höhe der modernen Kultur, auf einer der höchsten Höhen der Bildung und des Denkens, Nietzsche diese stoischen Gedanken wiederholt hat und die Lehre von der ewigen Wiederkehr als seine größte Offenbarung aufgefaßt hat, die ihm in der Nähe jenes Steins in Sils-Maria, wo ich oft andächtig gesessen habe, zuteil geworden und die für ihn eine Weltanschauung ist, mit der es ihm gelingt, der gesamten christlichen Weltanschauung absolut zu widersprechen.

Angesichts dieser Gedankengänge erhebt sich die Frage: Wie kann hier Utopie entstehen? Und doch entsteht sie in beiden Fällen. In der Stoa ist es wie bei den Indern eine rückgewandte Utopie, es ist das goldene Zeitalter, das vergangen ist und nie wiederkommt, denn nach dem Weltbrand sind nicht wir es, die etwas erleben — es ist ja nicht die gleiche Geschichte. Und daraus folgt der tragische Charakter der spätantiken Weltanschauung, für den die Stoa nach dem großen Ausdruck der klassischen Zeit, den die Tragiker ihr gegeben haben, der vollkommene Ausdruck ist. Es ist eine Weltanschauung, nach der in der Geschichte nichts Erlösendes geschehen kann, sondern in der die Geschichte vorwärts geht, aber schlechter und schlechter wird und nur der einzelne mutige Stoiker sich über das Weltgeschehen erhebt und sich mit der ewigen Vernunft, dem göttlichen Logos, eint, der erhaben ist über alle Welt. Es ist eine tragisch-heroische Weltanschauung, wie die ganze griechische Weltanschauung, und es ist rückgewandte Utopie, genau wie in Indien. Aber vielleicht noch interessanter oder zumindest bemerkenswerter ist die Lösung, die Nietzsche versucht hat — der Versuch, beides zu vereinigen: auf der einen Seite den griechischen Gedanken des ewigen Kreislaufes, der eine tragische Herrschaft des Raumes über die Zeit andeutet, und auf der anderen Seite ein unerhört dynamisches, vorwärtsdrängendes Denken und Fühlen, das ihn in völlig utopischer Weise das Kommen des großen Mittags, das Kommen *des* Menschen, der auf den Menschen folgt und der nur noch scheinbar Mensch heißt, voraussehen und vorwegnehmen läßt. Und das ist der Sinn des Übermenschen: eine neue Selbstverwirklichung des Lebens, die über alles hinausgeht, was bisher da war. Bedenken Sie diese ungeheure Spannung, die bei logischer Analyse von Nietzsche als Widerspruch charakterisiert werden kann, die aber jeder solchen kleinlichen Analyse weit gewachsen ist, weil sie in Wirklichkeit menschliche Elemente in Symbole faßt und in einer originalen Sprache, halb poetisch, halb philosophisch, so zum Ausdruck bringt, daß diese Symbole fortgewirkt und Geschichte geschaffen haben, was von widerspruchslosen Systemen von Professoren der Philosophie nicht immer gesagt werden kann.

Die dritte Gruppe ist der *Existentialismus*, über den ich auch an anderer Stelle gesprochen habe und den ich sehr viel ernster nehme als diejenigen, die ihn mit einigen paradoxen Gedanken des französischen Existentialisten Sartre identifizieren. Im Existentialismus ist weder ein Kreis noch eine vorwärtsdrängende Linie da, sondern ein Punkt, und dieser Punkt ist das, was die Existentialisten Freiheit nennen. Der Einzelne, der in absoluter Einzelheit seinem Tod entgegensieht, der auf sich selbst zurückgeworfen ist und von da aus seinen Punkt zu einem begrenzten Kreis erweitert, seiner Ganzheit, und in dieser Erfahrung steht, hat aber zur Geschichte keine essentielle Beziehung. Der *freie Einzelne* in der Existentialphilosophie geht genau bis zu seinem Tod, aber die Geschichte geht über seinen Tod hinaus. Weil er nur bis zu seinem Tod geht und dann zurückblickt auf sich selbst und sich als Ganzes erlebt, ist er wesenhaft ungeschichtlich und außergeschichtlich. Interessanterweise kommt das besonders deutlich zum Ausdruck in einem Begriff von Heidegger, der anscheinend das Gegenteil beweist, nämlich dem *Begriff der Geschichtlichkeit.* Heidegger hat den Menschen von der ganzen realen Geschichte abstrahiert, ihn auf sich gestellt, ihn in seine Isolierung hineingeworfen, und aus dieser ganzen Geschichte hat er einen abstrakten Begriff herausgehoben, nämlich den des Geschichte-haben-Könnens, der Geschichtlichkeit. Das ist das, was den Menschen zum Menschen macht, und dieser Gedanke ist nun gerade die Negation jeder Realbeziehung zur Geschichte.

Ich möchte aber hier eine Bemerkung machen, die sozusagen unter dem Strich gemacht werden muß, für die, die Heideggers letzte Veröffentlichungen gelesen haben: Da entsteht plötzlich etwas anderes. Heidegger gewinnt eine Beziehung zur Geschichte, nämlich zunächst zur Geschichte der Philosophie, und es mag sein, daß er eines Tages darüber hinauskommt. Er spricht jetzt schon von der Sprache als dem „Haus des Seins", und die Sprache hat ja Geschichte, und wenn in der Sprache das Sein sich selbst offenbart, würde damit die Geschichte eine neue Bedeutung für ihn gewinnen. Und vielleicht könnte man darüber hinausgehen und wie bei den anderen Gruppen eine heimliche Utopie auch bei den Existentialisten feststellen, nämlich die Utopie der „Offenbarung des reinen Seins", die er erwartet wie ein Prophet, der auf den verborgenen heiligen Berg schaut, den er das „Sein selbst" nennt im Unterschied von allem Seienden und von dem er eine Offenbarung erwartet. Wenn sie käme, würde das Zeitalter der Metaphysik abgeschlossen sein, das heißt das Zeitalter, in dem der Mensch sich an die Seinsgestalten hält anstatt an das reine Sein, und wenn er sich an das reine Sein hält — — weiter kann dieser Satz zur Zeit nicht gebildet werden. Diese heimliche Utopie der Existentialisten zeigt, wie selbst diese radikale außergeschichtliche Form des Denkens schließlich der Geschichte verfällt, und ich glaube, daß ein Stückchen von Sartres Teilnahme an der Bewegung des Widerstandes damit zu tun hat, insofern er sah, daß der Begriff der absoluten Freiheit des Einzelnen irgendwie zusammenhängt mit der sozialen und politischen Freiheit und daß es unmöglich ist, die eine vollkommen durchzuführen ohne die andere. Das heißt, die menschliche Realität und in diesem Falle die historische Situation hat ihn herausgerissen in ein geschichtliches Denken, das seinen Prinzipien widersprach. Er würde vielleicht antworten: „Die Teilnahme am Widerstand war Handeln, und Handeln ist menschliche Selbstverwirklichung; aber es kommt nicht darauf an, was gehandelt wird; ich hätte auch das Gegenteil tun können." Aber niemand würde ihm glauben, daß er es gekonnt hätte. Und wenn das stimmt, dann ist ein Element von geschichtlicher Bezogenheit da und vielleicht sogar von

Utopie, nämlich die Erwartung, daß im Einzelnen durch seinen Kampf für die Freiheit der Entscheidung das System der Objektivierung und Autorität einmal überwunden werden wird.

Damit bin ich am Ende der drei Gruppen des ungeschichtlichen Denkens. Ich wiederhole: Der entscheidende Beweis, den ich führen wollte, war, daß ich zu zeigen versuchte, wie in jeder von ihnen ein Element der Utopie steckt, das nicht verneint werden kann, auch von denen nicht, die ungeschichtlich denken.

Nun im Gegensatz dazu Richtungen, in denen die Geschichte aus der Geschichte heraus verstanden wird und nicht aus dem, was der Natur zugrunde liegt, oder aus der Natur selbst mit ihrer Wiederholung oder aus dem isolierten Einzelnen. Wenn geschichtliches Denken möglich sein soll, so muß die Zeit über den Raum gesiegt haben, und das ist im geschichtlichen Zeitbegriff der Fall. Historische Zeit ist die Zeit, die unabwendbar und unrückwendbar, unwiederholbar nach vorn läuft, die auf das Neue zugeht. Heidegger hat hier hingewiesen auf den tiefen Sinn, der im deutschen Wort *zeitigen* steckt, das von Zeit abgeleitet ist und das bedeutet, daß die Zeit aus sich heraus das Neue schafft, das Neue zeitigt. Es ist interessant, eine andere Ableitung von Zeit, nämlich vom englischen „time“, damit zu vergleichen. Das englische Wort „timing“ bedeutet, den richtigen Augenblick abpassen. Aber im richtigen Augenblick ist alles gegeben, und es wird nichts Neues geschaffen. Und das ist der Unterschied zwischen einer Weltanschauung, die letztlich von der technischen Vernunft dirigiert ist und die infolgedessen das technisch Richtige in der richtigen Zeit tut, und einer romantischen Weltauffassung, die in jedem Zeitmoment das Schöpferische sehen möchte. Das bedeutet nicht, daß ich die eine gegen die andere abwerte, obgleich ich den Begriff des Zeitigens betonen möchte, der mit dem Begriff des Neuen verbunden ist und von überragender Bedeutung für die Geschichtsphilosophie wurde.

Der Sieg der Zeit über den Raum ist nicht der Sieg abstrakter Begriffe in der Philosophie, sondern ein weltgeschichtlicher Sieg. Der Sieg der Zeit ist vor allem und grundlegend der Sieg über den Polytheismus und alle seine säkularen Formen, deren wichtigste und verheerendste der Nationalismus ist. Polytheismus in der religiösen Form oder Polytheismus in der säkularen Form, das heißt Nationalismus, hat einen Charakter, der deutlich die Merkmale der Überlegenheit des Raumes zeigt. Polytheismus ist sicher nicht die Annahme vieler Götter im Gegensatz zu einem Gott. Polytheismus ist die Absolutsetzung eines Raumes neben anderen Räumen. Der Gott, der diesen Raum oder diese Wertsphäre regiert, ist der absolute Gott; aber die anderen Götter erheben denselben Anspruch, und das ist das Verheerende, Zerspaltende und dämonisch Zerstörende des Polytheismus. Die Vielzahl an und für sich ist gleichgültig, ebenso wie die Einzahl gleichgültig ist. Es ist kein Zahlenrätsel, wenn man von Gott spricht, und kein Trick mit Zahlen, wenn man den Gottesgedanken beschreiben will, sondern es ist die Frage von Raum und Zeit, die dahinter steht, die Frage: Ist ein begrenzter Raum würdig, einen absoluten Anspruch zu erheben? Ist Athene würdig, Mars auszuschließen, ist Zeus würdig, Aphrodite auszuschließen, ist Apoll, das größte Beispiel im Griechischen, würdig, Dionysos auszuschließen? Das ist Polytheismus, das heißt Seinserfahrung, Seinsbegegnung, die in diesen Göttern symbolisiert ist, deren Realität ich nie bezweifelt habe. Diese Seinsbegegnung in diesen Mächten des Seins, in diesen Göttern, ist verderblich, wenn sie eine Begegnung mit Räumen ist, die absoluten Anspruch erheben, einer gegen den anderen. Wenden Sie das auf den säkularisierten Polytheismus, zum Beispiel auf den Nationalismus, an oder auf Familienbeziehungen, die den gleichen Charakter haben. Es gibt einen Familienabsolutismus, der sich sogar altruistisch nennt, der aber nichts ist als polytheistische Anbetung des Raumes, nämlich des Raumes dieser Familie. Das ist verhängnisvoll, wenn auch nicht in dem Maße, in dem der Nationalismus verhängnisvoll ist. Er ist die moderne Form des Polytheismus, gegen den wir genauso zu kämpfen haben wie die alten Propheten gegen den alten. Das heißt, wir haben die Partei der Zeit zu nehmen gegen die Partei des Raumes.

Was geschieht, wenn wir das tun? Dann entsteht eine merkwürdige Doppelheit: auf der einen Seite sind damit alle Einzelräume zusammengeschlossen, sie verlieren ihre selbständige Bedeutung, sind hineingerissen in einen zeitlichen Prozeß, der für sie alle gleich gültig ist, und auf der anderen Seite entsteht ein universaler Kampf, ein Kampf zwischen Prinzipien, der durch alle Räume hindurchgeht und aus dem die Geschichte ihre Dynamik, ihr unendliches Interesse, ihre Leidenschaft und ihre reale Bedeutung gewinnt, und mit der Geschichte die Erwartung und die Utopie. Dazu verschiedene Beispiele geschichtlichen Denkens: Die erste Form, in der in der Religionsgeschichte dies geschichtliche Denken mit den beiden Charakteristika auftrat, daß alle Räume zusammengefaßt sind und daß ein universaler Kampf sie alle durchzieht — der Kampf derselben beiden Prinzipien, die nicht raumgebunden sind —, haben wir im alten Persien in der Religion des Zoroaster oder Zarathustra — beide Namen sind bezeugt —, in der das gute und das böse Prinzip weltumfassend miteinander kämpfen. Und am Ende steht das Heraufkommen eines Zustandes, in dem die eine Seite unterliegt, das, was als das Böse, das Dunkle bezeichnet wird, Ahriman, und die lichte, gute Seite siegt, Ormuzd, der Gott des Lichtes, und in dem die negativen Elemente vernichtet werden, die Utopie Wirklichkeit geworden und das Dämonische gebannt ist. Auf wie lange? Das weiß die persische Religion nicht, und das ist sehr wichtig; das zeigt, daß in ihr noch ein letzter Rest möglichen Kreislaufdenkens vorliegt, das noch nicht völlig überwunden ist. Immerhin ist dies in der Geschichte der Religionen die erste, von der wir wissen, daß sie kosmisches, weltgeschichtliches Denken geschaffen hat, und sie ist für uns wichtig, weil sie auf Israel in den Spätperioden eingewirkt hat und die Grundlage neutestamentlicher Gedanken geworden ist. Auch der Kampf der Propheten für Jahwe gegen den Polytheismus in Israel ist ein Kampf gegen dieselben feindlichen Prinzipien, die vielfach mit der Nation symbolisiert werden. Auch Israel als Nation steht ständig unter dem Gericht, weil es sich als Nation absolut setzen will, anstatt Gemeinde Gottes zu sein. Wir finden denselben Gedanken in der Kirche wieder: der Christ und der Antichrist, die Kirche des Christus und die Gemeinde des Antichristen, die miteinander kämpfen und mit verschiedenen Wirklichkeiten gleichgesetzt werden, gelegentlich mit der wirklichen Kirche auf der einen Seite, dem Staate oder den Imperien auf der anderen Seite. Auch hier Einheit des zeitlichen Prozesses: ein Kampf und ein Ende, das tausendjährige Reich, das heißt, das, was aller Geschichte jenseitig ist.

Wir haben denselben Gedanken im revolutionären Bürgertum des 18. Jahrhunderts, wo aus Sektenbewegungen heraus der Gedanke entsteht, daß Vernunft und Unvernunft in der Weltgeschichte miteinander kämpfen, daß langsam die Vernunft siegt, daß das Zeitalter der Vernunft gekommen ist und daß dann alle durch Erziehung und politische Umwälzung zur Vernunft gebracht werden. Die Utopie liegt vor uns in der Revolution, in der die Reste der unterdrückenden autoritären Unvernunft beseitigt werden und die Demokratie gegenwärtig wird als ein System der Vernunft jedes Einzelnen.

Zu derselben Linie geschichtlichen Denkens gehören die proletarischen Bewegungen, bei denen wir auch die Einheit finden, die über die ganze Welt geht (zum Beispiel Kommunistisches Manifest, Aufruf an die Proletarier aller Länder); und auf der anderen Seite haben wir den Kampf der Klassen, der die Geschichte macht, und die Utopie der klassenlosen Gesellschaft, die vor uns liegt.

In all diesen Gedankengängen hat der Raum aufgehört, eine Rolle zu spielen, die Zeit bedeutet alles. Aber der Mensch lebt doch im Raum, und so entsteht ein Problem, das ich hier nur andeuten möchte, das aber weite geschichtliche Bedeutung gefunden hat. Für Israel ist es ja nicht das raumlose Reich, was sie erwarteten, sondern Palästina, der Berg Zion, zu dem alle Völker kommen. Was dieses Raumelement bedeutet, das haben wir in der zionistischen Bewegung und der Erfüllung ihrer Sehnsucht gesehen und den ungeheuren Problemen, die sich daraus für die jüdische Wirklichkeit ergeben. Alle die Juden, die ich kenne, die der Parole gefolgt sind, daß Israel das Volk der Zeit ist und daher an keinen Raum gebunden und in allen Räumen ohne Raum steht, sind in größter Sorge, daß eine neue Raumgebundenheit aus der zionistischen Bewegung entstehen wird, eine Raumgebundenheit, die sich dann nationalistisch, das heißt polytheistisch äußern wird und gegen die sich die Prophetie wieder in voller Macht wenden muß. Die Zionisten sagen demgegenüber — das ist etwas, was ich gelernt habe durch die Ereignisse der letzten Jahrzehnte —, daß ein Sein in der Zeit kein Sein ist, daß im Begriff der Gegenwart, das heißt des wirklichen Seins, Raum und Zeit miteinander verbunden sind, daß ich, um zu sein, nicht nur Zeit, sondern auch Raum haben muß, daß infolgedessen die Forderung, einen Raum zu haben, ebenso natürlich ist, wie die Forderung, Volk der Zeit zu sein. Die Spannung dieser beiden Elemente war immer und ist heute mehr denn je das Problem des Judentums und auch des Christentums.

Damit komme ich auf Rom. Dort haben wir nicht nur den Gedanken des zeitlichen Vorwärtsgehens, sondern auch das heilige Zentrum des Raumes, von dem das Reich Gottes, soweit es in der Kirche repräsentiert wird, ausstrahlt, dirigiert wird und in dem es seinen Platz findet. Hier wieder war es der protestantische Protest, der diese Raumgebundenheit aufhob und unräumliche Gruppen in allen Ländern schuf, die sich gegen den Raum empörten und mit prophetischem Pathos sich der Zeit unterwarfen, die aber dann, wenn sie historisch wirklich wurden, doch wieder das Bedürfnis hatten, einen Raum zu finden. Und das scheint mir das Problem der ökumenischen Bewegung zu sein, daß man etwa Genf oder irgendeinen Ort — nicht weil der Boden heilig ist, sondern weil dann ein Zentrum möglich ist —, einen Raum wieder fixiert, und dann wieder Protest gegen diese Einheit des Protestantismus entsteht.

Ich will nur daran erinnern, um hervorzuheben, wie wichtig das Problem des Raumes ist, daß zwei große Kulturländer ihre Länder Länder der Mitte genannt haben: die Griechen und die Chinesen. In den ersten Kapiteln von Aristoteles' Politik wird die absolute Bedeutung der griechischen Kultur räumlich beschrieben: In den vier Himmelsrichtungen leben Barbaren oder finden sich klimatische Verhältnisse, die es unmöglich machen, daß eine Kultur aufblüht. Daher ist

Griechenland die kultivierte Mitte und China das Land der Mitte. In einem wundervollen Gedicht wird in Form eines Selbstgespräches des chinesischen Kaisers, das tief metaphysisch ist, gesagt, wie er sich als Mitte alles Seins fühlt, nicht als Individuum, sondern als Ort der Mitte.

Das ist das Problem Raum und Zeit. Der Raum wird vertrieben, läßt sich aber nicht ganz vertreiben, nicht einmal in Israel, nicht einmal in der Kirche und, wie wir heute sehen, nicht einmal im Proletariat. Auch da, wenigstens in der einen Form der proletarischen Revolution, hat sich eine räumliche Mitte gebildet, Moskau, die genau die Funktion hat wie die anderen Räume, nämlich den protestantischen Protest, aus dem diese Bewegung ursprünglich entstanden ist, zu hindern und zu fixieren durch eine letzte Raumgebundenheit.

Ich will zum Schluß zu einigen Betrachtungen kommen über den Charakter der Zeit, die ich als historische Zeit beschrieben habe. Diese Zeit ist eine Einheit genau in dem Sinn, in dem wir vom Raum als einer Einheit gesprochen haben, und hat eine Mitte, genau wie wir von der Mitte des Raumes gesprochen haben. Aber diese Zeit, die eine Mitte hat, ist nun etwas ganz anderes als der Raum, der eine Mitte hat. Die Mitte der Zeit ist derjenige Ort, in dem der Sinn des Zeitprozesses sich objektiv in einem Moment verwirklicht hat, und zwar so, daß von ihm aus nicht nur der Sinn des Ganzen, sondern auch rückwärts der Anfang und vorwärts das Ende bestimmt werden. So entstehen dann von der Mitte her rückwärts und vorwärts gewandte Utopien. Lassen Sie mich das an Beispielen klarmachen. Denken wir an Israel. Die Mitte seiner Geschichte ist zweifellos der Auszug aus Ägypten, der gesamte jüdische Kultus ist auf diese Mitte hin zentriert; von daher gewinnt die Geschichte ihren Sinn. Es ist der Augenblick, in dem Israel getrennt wird von dem fremden Raum und seinen eigenen Raum zu suchen hat. Von da aus wird der Anfang bestimmt, nämlich die erste, die symbolische Persönlichkeit, in der dasselbe schon geschehen ist, nämlich Abraham, der dadurch charakterisiert ist, daß er aus einem geschlossenen kultischen Raum herausgerufen wird in etwas, das räumlich nicht definiert wird, „in ein Land, das ich dir zeigen will" — ein schwebender Begriff, der zeigt, wie das Räumliche durch das Zeitliche abgelöst wird, auch wenn es wieder Raum findet. Auch das Ende wird von da aus bestimmt, in dem Augenblick, wo alle Völker sich von allen nationalen Bindungen loslösen und zu dem Punkt kommen, wo der vom Raum losgelöste Gott doch einen Raum hat, nämlich den Berg Zion, zu dem die Völker zurückkehren und wo der König des Friedens regiert — eine Fülle von Symbolen, in der die Unvermeidlichkeit des Räumlichen doch nicht die absolute Herrschaft des Zeitlichen überwunden hat.

Genauso in Rom. In Rom war die Mitte zeitweise der Beginn der Republik, das Ende des Königtums, und später war die Mitte das augusteische Friedensreich. Der Anfang war die Gründung Roms, und das Ende ist der Zustand, wie ihn die Stoiker voraussahen, in dem das römische Gesetz alle Länder regiert und nicht nur äußerliche, sondern auch innere Gerechtigkeit schafft. (Sie wissen, daß die stoischen Kaiser die Emanzipation der Frauen und der Fremden und schließlich der Sklaven durchsetzten.)

Wir können viele andere Beispiele dafür geben. Jedes Volk hat eine Mitte, von der aus es sich geschichtsphilosophisch orientiert, seinen Anfang und sein Ende setzt. Wir haben es auch im Christentum, wo die Mitte zweifellos gegeben ist in der Erscheinung des Christus, wo der Anfang ein doppelter ist, einmal der mythische Moment des Falles, aus dem die Geschichte entsteht, und zum anderen Abraham; und die Zukunft ist auch doppelt, der Zustand der Tausend Jahre, dem das letzte Ende, der Weltbrand, und die ewige Aufrichtung des Gottesreiches entgegengesetzt wird. Sie haben hier eine Geschichtsgliederung, die von der Mitte ausgeht und die auch im einzelnen durchgegliedert werden kann.

In der Geschichte entsteht das Neue. Was ist das Neue? In einer Beziehung ist das Neue die Wiederherstellung des Alten. Aber dies ist nicht eine einfache Wiederherstellung, sondern die Erhebung des Alten zu etwas Neuem, zu einer neuen Schöpfung, und das ist der tiefste Grund aller Utopie. Der Begriff des Neuen hat in der modernen Prozeßphilosophie, der Philosophie des Werdens, eine Bedeutung gewonnen, die weit über das hinausgeht, was ich eben gesagt habe. Männer wie Bergson und Whitehead und vor ihnen Schelling haben versucht, die natürliche Zeit und ihr unendliches Weitergehen mit der historischen Zeit und ihrem Fortschreiten von einem Neuen zu einem anderen Neuen zu verbinden, aber sie haben es getan, ohne Anfang, Mitte und Ende zu setzen. Und das gibt Anlaß zu der Frage: Wie stehen wir hier zum Problem der Utopie? Die Antwort kann nur sein, daß damit die Utopie verlorengegangen ist. Wir haben keine Utopie bei Bergson, wir haben den *élan vital,* die dynamische schöpferische Kraft des Lebens, die weitergeht. Bergson hat sogar von Gott, der für ihn der Grund des Lebensprozesses ist, ausgesagt, daß er nur in bezug auf das Vergangene bestimmt werden kann, daß aber in bezug auf das Zukünftige Gott selbst offen ist und er sozusagen nicht weiß, was die Zukunft sein wird. Bei Whitehead haben wir dieselben Gedanken: ein Prozeß, in dem unendliche Möglichkeiten immer neu verwirklicht werden, in dem also der vitale Prozeß unendlich weitergeht ohne den Gedanken eines Abfalles, den Gedanken des Bildes einer Utopie, eines Zukünftigen oder Vergangenen, das dem Gegenwärtigen gegenübersteht. Die einzige Form, in der etwas Letztes bei Whitehead vorliegt, ist seine Idee, daß jedes Schöpferische sozusagen in die Ewigkeit hineinschafft und dort aufgehoben ist, eine Bereicherung des Göttlichen über das hinaus, was im Göttlichen da war. Aber das ist ohne Begrenzung, kann weiter und weiter gehen, und eine Utopie gibt es auf dieser Basis nicht. Das gleiche gilt für Bergson, bei dem das Festhalten des Vorhandenen eine ähnliche Rolle spielt.

Damit bin ich am Ende der Diskussion der verschiedenen Haltungen. In diesen verschiedenen philosophischen Richtungen haben wir erst in der letzten Richtung eine Weltauffassung gefunden, in der die Utopie soweit reduziert ist, daß von ihr nichts mehr übrigbleibt als eine ewige Bejahung dessen, was wertvoll in der Geschichte ist. Von einem Fortschritt im eigentlichen Sinn ist in beiden Fällen keine Rede, und auch in der pragmatischen Philosophie ist der Fortschritt im Wachstum ein Gedanke, der nicht im utopischen Sinn zum vollkommenen Wachstum fortgeführt ist. Die Wachstumsphilosophie weiß, daß mit jedem Wachstum auch ein Verlust verbunden ist. Das ist eine Weltauffassung ohne Utopie. Ist es eine realistischere Auffassung als die vielen Weltauffassungen mit Utopie?

3. Religiöse und säkulare Utopie

Wir haben in der ersten Vorlesung über Mensch und Utopie gesprochen, in der zweiten Vorlesung über Geschichte und Utopie. Wir haben die verschiedenen Geschichtsauffassungen das letzte Mal behandelt und gesehen, daß in jeder Geschichtsauffassung utopische Elemente vorhanden sind, weil es zum Wesen des Menschen gehört, utopisch etwas über sich hinauszusetzen. Wir hatten auch gesehen, daß unter allen die prophetische Geschichtsauffassung diejenige ist, die dem utopischen Denken am nächsten liegt. Wir hatten aber in keiner Weise bisher, weder in der ersten noch in der zweiten Vorlesung und der Debatte, über die Inhalte der Utopie gesprochen, über das, was nun eigentlich in der Utopie gemeint ist und gedacht wird.

Wir hatten nicht einmal davon gesprochen, woher das Wort Utopie kommt. Für alle, die griechisch können, ist es offenbar, daß das Wort von den beiden griechischen Wörtern *οὐ* (kein) und *τόπος* (Ort) kommt, das, *was keinen Ort hat*, das, wofür es noch nicht oder nicht mehr einen Platz in der Wirklichkeit gibt, das, was man nirgends finden kann, auch wenn man zu den entferntesten Inseln fährt, und wenn man, wie manche Utopien im Märchenstil es ausdrücken, „selige Inseln“

sucht, man findet sie nicht, diese Utopien haben keinen Ort. Das Wort Utopie ist bekannt geworden durch die Schrift „Utopia" von Thomas Morus, dem englischen Kanzler und Philosophen, und ist seitdem ein lobendes Wort oder ein Schimpfwort, und zur Zeit mehr ein Schimpfwort als ein lobendes Wort. Wenn etwas keinen Ort hat, so heißt das, es hat keine Gegenwart: denn Gegenwart ist der Punkt, wo Raum und Zeit eins sind. Nur das, was Raum hat, nur das, was einen Platz hat, ist in Wahrheit gegenwärtig. Das Wort Gegenwart, das, was gegenübersteht, drückt diese Vereinigung von Raum und Zeit deutlich aus. Wenn wir darum von Utopie sprechen, so sprechen wir von etwas, was schon durch diese Namensgebung als das gekennzeichnet ist, was keinen Raum und keine Zeit hat, was keine Gegenwart hat, was als Erinnerung aus der Vergangenheit kommt und was eine Vorwegnahme von dem ist, was in der Zukunft kommen mag.

Und nun fragen wir heute zum erstenmal: Was sind die Inhalte des utopischen Bewußtseins, gibt es bestimmte Formen des utopischen Bewußtseins, gibt es bestimmte Inhalte, bestimmte Typen? Das ist der Fall, und ich möchte mit Ihnen heute über einige Formen der Utopie und ihre geschichtliche Bedeutung sprechen. Das Prinzip aller Utopien ist die *Negation des Negativen,* die Vorstellung eines Zustandes als etwas, was einmal Gegenwart war oder wieder einmal Gegenwart sein wird, in dem das Negative der Existenz negiert ist, in dem es noch nicht real war oder in dem es nicht mehr real ist. Das setzt voraus, daß der gegenwärtige Zustand, der Zustand, der einen *τόπος*, einen Ort hat, der, in dem wir leben, bestimmt ist durch Negativitäten, durch Formen des Nichtsseins. Genau das ist der Punkt, an dem das Problem der Utopie ansetzen muß, wo wir entdecken können, welche grundsätzlichen Typen der Utopien denkbar sind und wirklich geworden sind.

Wir können sagen, daß es zwei negative Fundamentalerfahrungen gibt, die die Gegenwart, das heißt die wirkliche Existenz, das, was wir für gewöhnlich die geschichtliche Zeit nennen, bestimmen. Diese beiden Negativitäten sind auf der einen Seite die *Endlichkeit,* die Mischung von Sein und Nichtsein, und auf der anderen Seite die *Entfremdung,* der Widerspruch zwischen dem, was wir wesensmäßig sind, und was wir wirklich sind. Und diese Entfremdung wird doppelt erlebt als *Schuld* und als *Sinnlosigkeit.* Diese Elemente des Negativen sind in der Erfahrung eines jeden von uns in jedem Augenblick gegenwärtig. Sie haben ihren Ort, sie sind nicht utopisch, sondern sie sind real und scheinen jede Utopie in das Land der phantasievollen Wünsche zu bannen. Diese Endlichkeiten erscheinen nicht getrennt, sie erscheinen fast immer in einheitlichen Bildern.

Wenn zum Beispiel der Paradiesmythos beschrieben wird, sei es in nichtbiblischer, sei es in biblischer Form, dann ist folgendes sein Inhalt: Es gibt im Paradies, im goldenen Zeitalter, im Urstand oder wie immer es genannt wird, kein Leiden, das heißt, die Endlichkeit, die als Leid unser Schicksal ist und die von anderem Endlichen kommt oder von den Grenzen, die unsere eigene Endlichkeit bedeuten; und es gibt keinen Tod, die absolute Grenze, die der totale Ausdruck unserer Endlichkeit ist. Die Endlichkeit ist aufgehoben, aber es gibt wohl keinen Mythos, in dem das Paradies, der Urstand, so vorgestellt wird, daß der Mensch von Natur aus jenseits der Endlichkeit steht. Der Mensch ist nicht von Natur aus der Endlichkeit enthoben, sondern dadurch, daß er an einem Leben teilnimmt, das in sich unendlich ist und das gewöhnlich als das Leben der Götter symbolisiert wird. Weiter gibt es im Paradies keine Trennung von Mensch und Natur; der Mensch lebt in einer solchen Einheit mit der Natur, daß er in sie hineinschaut und daß er darum imstande ist, Tieren und Pflanzen Namen zu geben. Das ist ein merkwürdiger und interessanter Mythos; er bedeutet zweierlei. Er bedeutet auf der einen Seite, daß der Mensch mit der Natur verbunden ist, so daß er um sie weiß — denn den Namen wissen heißt ja, um das Wesen einer Sache wissen. Das bedeutete es wenigstens in einer Zeit, in der Worte noch Ausdruck von Wirklichkeit waren und nicht nur soziale Verständigungsmittel. Aber das Wort ist zugleich magische Macht; wer den Namen weiß, der hat Macht über den, dessen Namen er weiß. Es gibt auch keine Trennung von Mensch und Mensch im Paradies und im goldenen Zeitalter — die Einheit der Gemeinschaft ist vorhanden. Und all das ist möglich, weil im Paradies keine Trennung von dem Grund der Schöpfung, von dem schöpferischen Grund vorliegt, weil die Welt und der Mensch noch im Grunde stehen, sich noch nicht von ihm losgerissen haben, oder, wie es in einer anderen Terminologie gesagt werden könnte, noch in der Unschuld stehen, noch keine Entfremdung erfahren haben von dem Grund, aus dem sie kommen. Infolgedessen existiert im Paradies, im Urzustand, im goldenen Zeitalter noch nicht der Zweifel, der ja voraussetzt, daß eine Trennung stattgefunden hat, und noch nicht die Sinnlosigkeit als Erlebnis, die voraussetzt, daß der Grund des Sinnes nicht mehr gegenwärtig ist. — Ich wollte damit zeigen, daß alle Formen der Negativität im Mythos des Urstandes, das heißt in der zurückgewandten Utopie, noch nicht vorhanden sind, und in der gleichen Weise wird die vorwärtsgerichtete Utopie, der Mythos des Endstandes gegenüber dem Urstand in allen Beziehungen als Überwindung der Endlichkeit aufgefaßt.

Lassen Sie mich einige Beispiele dieser Utopiesymbole geben, ihren

Sinn, soweit es möglich ist, verständlich machen und sie von gewissen oberflächlichen Vorstellungen zu befreien suchen und damit eine der größten und wichtigsten Mächte im Lebensprozeß des Einzelnen und der Völker beschreiben. Ich beginne mit der *Utopie der Überwindung des Todes,* derjenigen Wirklichkeit, in der die Endlichkeit absolut manifest ist. Es ist der Unsterblichkeitsmythos in seinen verschiedenen Variationen, dem wir näherkommen müssen. Die Utopie des Nichtsterben-müssens im Anfang und des das Sterben-überwunden-habens am Ende, ist darin tiefsinniger als vieles philosophisches Gerede über die Unsterblichkeit der Seele, da sie gerade etwas Derartiges nicht behauptet, sondern sie behauptet — wie es in der alttestamentlichen Geschichte heißt —, daß wir vom Staube genommen sind und zum Staube zurückkehren, daß es zum Wesen des Menschen gehört, endlich das heißt sterblich zu sein. Darum erzählt die Paradiesgeschichte keine Geschichte von einer natürlichen Unsterblichkeit, und fast alle Mythen haben denselben Charakter. Das Leben, das den Tod überwindet, wird in der Paradiesgeschichte vom Essen der göttlichen Speise, vom Baum des Lebens, abgeleitet, derjenigen Speise, die die Götter unsterblich macht — ein Symbol für eine Seinsart, die dem Grund des Seins zugehört, dem Sein selbst, das jenseits der Zeit steht. Nur wer an der Götterspeise teilhat, ist unsterblich, und darum werden Adam und Eva aus dem Paradies vertrieben, weil die Götter nicht wollen, daß, nachdem sie das Wissen erlangt haben, das heißt die magische Macht über die guten und bösen Kräfte der Wirklichkeit, sie nun auch noch an der Ewigkeit des göttlichen Seins teilhaben. Wenn man diesen Gedanken verstanden hat, dann weiß man, was die alte Kirche tat, wenn sie das Abendmahl als das *„pharmakon athanasias"*, die Medizin der Unsterblichkeit, bezeichnet hat. Der Gedanke ist völlig klar im Zusammenhang dieser Deutung der Paradiesgeschichte. Das Essen des neuen Seins, der neuen Realität des göttlichen Leibes Christi — im mystischen Sinn selbstverständlich — ist genau das gleiche, was im Paradies das Essen vom Baum des Lebens war. Im Abendmahl wird wieder real, was im Paradies verlorengegangen war. Freilich wird es nur fragmentarisch real, weil ja jeder sterbliche Leib eine Selbständigkeit erlangt hat, die es ihm unmöglich macht, durch das Abendmahl unsterblich zu werden. Aber ein anderer unsterblicher Leib wird geboren durch das Abendmahl, das heißt, das Paradies der Vergangenheit beginnt, sich wiederherzustellen, die Teilnahme am göttlichen Sein und damit die Überwindung der natürlichen Endlichkeit und Sterblichkeit. Wir sollten diese Gedanken sehr viel ernster nehmen, als wir es tun, weil es ein ganz anderes Verständnis für den Unsterblichkeitsmythos geben würde. Nicht natürliche Unsterblichkeit, sondern verlorene und wiederhergestellte Teilnahme am Ewigen — das ist die Lehre, die aus diesem Gedanken herausentwickelt werden könnte. In der platonischen Schule hat sich eine andere Art des Unsterblichkeitsgedankens entwickelt, der schon problematisch bei Plato selber ist. Sokrates im Phaidon behandelt die Beweise für die Unsterblichkeit der Seele halb ernsthaft, halb ironisch. Die Gewißheit, die er hat, ist nicht auf die Beweise gegründet, sondern auf die Möglichkeit, sein wahres Sein zu behaupten, die innere Freiheit zu bewahren gegenüber dem aufgezwungenen Sterbenmüssen. Es ist auch hier nicht, wie es in vielen modernen Religionsphilosophien und auch in alten Religionsphilosophien war, der Gedanke, daß eine unzerstörbare Substanz rational bewiesen werden kann; sondern bei Plato liegt noch das Grunderlebnis vor, nämlich, daß in Sokrates eine Realität, ein Mut, eine Selbstbejahung vorliegt, die nicht Mut zu unendlicher Fortdauer ist, sondern der Mut, das wahre Wesen, das Wesen des *logikon*, als sinnvoll, als wesenhaft zu behaupten. Hier sollten wir wieder klar sehen, daß der Gedanke der einfachen Fortdauer einer unsterblichen Substanz etwas ist, was man nicht einmal aus Plato ableiten und was auf alle Fälle nicht aus dem Christentum abgeleitet werden kann.

Der Gedanke der Unsterblichkeit als Fortdauer, als natürliche Begabung des Menschen ist ein Gedanke, der besonders in der religiösen Kultur von Amerika heute zu einem der wichtigsten Restbestände der großen religiösen Tradition gehört. Es ist nicht anstößig, in Amerika den Gottesgedanken in Zweifel zu ziehen; das erträgt man gegebenenfalls, aber den Unsterblichkeitsgedanken in Zweifel zu ziehen, ist etwas, was an die Wurzel eines Glaubens geht, der als rationalisierte Form des Platonismus eine Art christlicher Selbständigkeit erlangt hat, in dem die Paradoxie, das Ungeheure des Gedankens, daß das Endliche am Ewigen teilhaben kann, verlorengegangen ist und an dessen Stelle eine Vorstellung getreten ist, die tief verwurzelt ist und mit starkem Lebenswillen bejaht wird: die Vorstellung einer individuellen Fortdauer über den Tod hinaus in Formen, die sich von denen des Lebens nicht sehr unterscheiden. Nehmen wir an, daß Fortdauer über unseren Tod hinaus gedacht werden könnte, sagen wir in anthroposophischem oder okkultem Mythos, so wäre damit das Problem der Endlichkeit doch nicht gelöst. Endlichkeit wäre nur in ihrer Dauer verlängert worden.

Eine der Konsequenzen dieses Gedankens der unsterblichen Fortdauer trat mir in einer Diskussion entgegen, die ich mit einem sehr repräsentativen Vertreter dieser Art amerikanischer Theologie hatte, bei der die Utopie, die dieser Theologe entwickelte, ungefähr so aussah:

Selbstverständlich leben wir fort als verantwortliche Persönlichkeit und als Individuum; den Leib sind wir glücklich los, die Natur sind wir auch los, aber die einzelne unsterbliche Seele arbeitet an sich und den anderen, so wie sie es in einer guten christlichen Gemeinde hier schon tat, nur ohne die Hemmungen, die hier noch vorhanden sind. Es war eine einfache Fortsetzung der puritanischen Werk- und Selbstüberwindungsethik ins Unendliche, und das wurde identifiziert mit Ewigkeit, mit Überwindung des Todes. Demgegenüber mußte ich feststellen, daß das nicht christlich ist, denn im Christentum gibt es den Gedanken der Auferstehung, der das Leibliche einschließt, und der Teilnahme des Universums einschließlich der Natur an der Vollendung. Mit anderen Worten: diese Utopie war eine eindeutige Projektion des Bildes vom vollkommenen Menschen, aber ohne Leib, ohne Natur — reiner Träger eines puritanischen Ethos.

In der Aufklärung nimmt die Utopie der Unsterblichkeit eine andere Form an. Am schönsten ist das ausgedrückt bei Lessing in seiner „Erziehung des Menschengeschlechts", wo der Gedanke der *Reinkarnation* benutzt wird, und zwar aus Gründen, die sehr eindeutig sind. Wie können Menschen, die heute sterben, die vor hunderttausend Jahren gestorben sind, die dem Wesen des Menschen so unendlich fernliegen, in das Reich Gottes, das Reich der Vernunft eingehen? Die Antwort ist: Sie müssen durch die Geschichte der Menschheit hindurchgehen. Wenn sie aber gestorben sind, müssen sie wiederkehren. So entsteht das merkwürdige Bild, daß auf der höchsten Höhe der Aufklärung die mythische Idee der Reinkarnation wiederkehrt. Und der Gedanke ist, daß die Reinkarnationsstadien Stufen der Reifung bedeuten, die schließlich zu einem Reich der Vernunft führen. Wenn solche Gedanken wie Reinkarnation sowohl im Abendland bei einem Mann wie Lessing und zugleich im buddhistischen Mythos vorkommen, dann können Sie daraus entnehmen, in welch verschiedenen Formen ein und dieselbe Utopie auftreten kann. Für den Buddhismus ist Reinkarnation das Wiederkehren des Menschen in einem neuen Leib, zum Beispiel in einem tierischen Leib, der große Fluch, über den man hinauskommen muß. Die Utopie ist das Ende dieser Situation. Für den aufgeklärten Abendländer wird derselbe Gedanke aus dem Negativen ins absolut Positive gekehrt; das Ziel ist ein Reich der Vernunft, in dem jeder Einzelne zur Reife gekommen ist.

Demgegenüber die christliche Unsterblichkeits-Utopie: sie ist zum Beispiel ausgedrückt in den paulinischen Worten, daß am Ende Gott alles für alle oder alles in allem sein wird und daß infolgedessen das Universum eingeschlossen ist und daß es wiedervereinigt ist mit dem

Grund, aus dem es kam, und daß darum Persönlichkeit, Leiblichkeit, Gemeinschaft und Natur — alles Wirkliche — in dieser Einheit wieder zusammengefaßt ist.

Wir betrachten jetzt eine andere Form der Utopie, die *Entfremdungsutopie.* Zunächst bedeutet Entfremdung die Entfremdung des Menschen von der Natur. Diese Entfremdung ist etwas, unter dem wir alle leiden; wir haben Sehnsucht nach der Natur, aber wir wissen, daß die Natur uns fremd bleibt. Jeder Baum, auch wenn wir als Biologen ihn genau kennen, wenn wir alles über ihn wissen, was Wissenschaft sagen kann, bleibt uns in seinem Wachstum und in seinem Sterben fremd. Was er für sich ist, wissen wir nicht. Wir können ihn als Ding analysieren, aber was er ist, ist ein Rätsel und bleibt ein Rätsel. Diese Entfremdung von der Natur, die zur Feindschaft der Natur führt — denken Sie an die Feindschaft zwischen Schlange und Mensch im Paradiesmythos, die sofort einsetzt in dem Augenblick, in dem die Versuchung kommt —, wird als überwunden gedacht, und zwar auf zwei möglichen Wegen: in der Religion und in der Technik. Das Wunder der Erneuerung, des neuen Seins, der Wiedergeburt – Jesaja beschreibt es als Naturfrieden, als Frieden zwischen Mensch und Natur und Natur und Natur — ist ein notwendiges Element aller Utopien, auch in der Fabel klingt es überall durch. Aber es wird oft nicht als ein Wunder magischer Art gedacht, sondern als etwas, das man bildlich auch Wunder genannt hat: das Wunder der Technik. Das ist der Hintergrund der *technischen Utopie.* Der reale Sinn der technischen Utopie ist nicht, daß wir bessere Werkzeuge machen können — das ist eine angenehme Konsequenz, die manchmal auch unangenehm ist —, sondern daß wir auf diese Weise uns die Natur in einer Form aneignen, die die Entfremdung aufhebt. Aber diese Aneignung ist zugleich auch eine Verschärfung der Entfremdung dadurch, daß wir die Natur verändern, daß wir sie zum Ding, zum Werkzeug, zum Mittel machen und uns unterordnen. Die Leidenschaft für die technische Utopie kann vielleicht im gegenwärtigen Europa nicht mehr verstanden werden. Ich werde es nie vergessen, wie einer der Chikagoer Theologen, den ich kurz nach meiner Ankunft in Amerika besuchte, mich in seinem Studierzimmer empfing, indem er fragte: „Wissen Sie, was das Reich Gottes ist?" Und ich stammelte irgend etwas. Dann führte er mich zu seinem Schreibtisch, knipste seine Schreibtischlampe an und sagte: „Das ist das Reich Gottes" — das heißt die Technik, die es dem Menschen ermöglicht, die Natur sich anzueignen. Nur wenn man das verstanden und gesehen hat, und wenn man diesen Glauben und seine Leidenschaft kennt, kann man verstehen, was der Zusammenbruch dieser Utopie in dem Moment bedeutete, in dem die Technik zur Vollendung gekommen war. Ich weiß nicht, wie weit es bekannt ist, daß unmittelbar nach dem Abwerfen der drei ersten Atombomben eine Reaktion der führenden Atomphysiker einsetzte, die so stark war, daß man sagen kann, daß heute in den führenden Kreisen der Physiker die technische Utopie zerbrochen ist. Die Möglichkeit, auf diese Weise sich wieder mit der Natur zu vereinigen und das Reich Gottes herzustellen, ist zerbrochen. In Thomas Morus' „Utopia“ und in einigen anderen Utopien derselben Zeit der Renaissance, das heißt des Beginns der modernen Entwicklung der mathematischen Naturwissenschaft, ist die technische Beherrschung der Welt die Grundlage für den Umbau der Gesellschaft und die Verwirklichung des menschlichen Wesens, und viele von den Dingen, die die Technik realisiert hat, sind in diesen Utopien vorweggenommen. Aber nicht das macht sie zu Utopien — das macht sie zu Weissagungen —, sondern Utopien sind sie, weil im Zusammenhang mit der technischen Realisierung zugleich die Verwirklichung des Wesens des Menschen gegenüber den Negativitäten der Natur gedacht war. Und darum bedeutet das Zusammenbrechen dieser Form der Utopie etwas, dessen Bedeutsamkeit gar nicht hoch genug eingeschätzt werden kann. Und wenn ich in anderem Zusammenhang und wohl auch hier von der Angstsituation in der amerikanischen Welt gesprochen habe, dann ist das eines der Motive, die in dieser Richtung gewirkt haben. Als sowohl der Glaube an die Utopie, der den Schwung gab für das immer „Besser-und-Besser-Werden“, wie die Formel heißt, weil man ja das Technische wirklich immer verbessern kann, als auch der Glaube, daß durch die Verbesserung jedes technischen Gebildes die Menschen sich besser realisieren, zusammenbrach, brach unendlich viel mehr zusammen, als wir uns hier vorstellen können. Auf europäischem Boden war es zum Teil anders. Charakteristischer Weise war die „Wiedervereinigung mit der Natur“ im großen und ganzen eine Angelegenheit der Dichtung. Gerade weil wir nicht wissen, was das Wesen der Natur ist, weil wir entfremdet sind, dichten wir die Einheit mit der Natur. Und das war auf unserem Boden geschehen durch Gedanken wie romantische „Natursichtigkeit“, die von Klages und der Stefan-George-Schule oder von dem Naturforscher Dacqué ausgesprochen sind, die auch die Sehnsucht ausdrücken, wieder zur Natur zurückzukommen, die aber den Weg nicht technisch, sondern mystisch sich dachten. Auch diese Mystik hat ja ihr Urteil dadurch erhalten, daß die Verbindung mit dem Boden zu einem Symbol grauenhaftester politischer Aktivität gemacht wurde.

Eines der wichtigsten Elemente in der Entfremdungs-Utopie, das Sie noch in unseren Kirchenliedern verfolgen können, ist die Überwindung der Krankheit, das Heilen. All das, was Krankheit produziert, wird überwunden: Elemente unseres Leibes und Dinge, die von außen kommen, zum Beispiel Infektionen. Diese *Utopie des Geheiltseins* ist eine der größten Kräfte in der Geschichte der Menschheit und der Völker. Das Heil ist als Realität und als Symbol gemeint. Der Sinn der Heilungsgeschichten Jesu ist primär nicht ein christologischer, nämlich zu zeigen, was für eine göttliche Kraft er hatte, sondern — wie die Evangelien es sehr deutlich machen — darauf hinzuweisen, daß die erwartete Utopie, die Wiedergeburt des Seins, des Universums, im Begriff ist zu kommen. Wenn wir diese Heilungsgeschichten nicht so sehr als Mirakelgeschichten oder als Beweis für eine christologische These gebrauchen würden, sondern als Hinweis darauf, daß in jeder Heilung das kommende Reich Gottes schon vorweggenommen ist, schon seine Gegenwart angezeigt ist, dann würden diese Geschichten eine neue und große Bedeutung für uns gewinnen, und gerade im Zusammenhang damit, daß das Problem des Heilens für uns in einem ganz anderen Maße als früher zu einem metaphysischen, zu einem universalen Problem geworden ist. Wir sind wieder daran erinnert worden, daß „Heil" heilen und daß „salvatio" (Erlösung) in den romanischen Sprachen heilmachen, ganzmachen heißt, und zwar bezieht sich das auf Körper und Seele. Die Evangelien zeigen fast überall, daß, wenn dämonische Kräfte, die körperliche Zerstörung bewirkt hatten, überwunden worden sind, das neue Sein das Heilwerden auch des Körperlichen ermöglicht. In diesem Sinne gehört zur Utopie die Heilung, und das Symbol des Arztes oder des Heilers, das heißt desjenigen, der heilt, ist ein eschatologisches und damit ein utopisches Symbol erster Ordnung.

In der naturalistischen Aufklärungsphilosophie im Zusammenhang mit dem Glauben an den technischen Fortschritt ist mir von einem marxistischen, aber keineswegs stalinistischen Freund, einem bedeutenden Philosophen, einmal gesagt worden, die Lehre von der Endlichkeit sei dadurch überwunden, daß mit dem Kommen einer besseren Gesellschaft Heilungsprozesse eintreten werden, die wir heute noch gar nicht absehen können, so daß Krankheiten unnötig werden und der Tod unbegrenzt hinausgeschoben wird. Das Entscheidende war das Wort „unbegrenzt". Wenn es nämlich nur Hinausschieben im begrenzten Sinne wäre vielleicht um ein Menschenalter, so änderte das grundsätzlich nichts an der Ontologie der Endlichkeit. Endlich ist endlich, ob das Durchschnittsalter dreißig oder sechzig Jahre ist. Aber seine Idee war, daß dies nur ein Anfang sei und daß das Heilen in einer unbegrenzten Weise fortgeführt werden könnte und damit der Tod anstatt durch Sakrament durch Technik sozusagen abgeschafft wird. Interessant ist folgendes, was wir uns dabei überlegen müssen, ähnlich wie bei dem Zusammenbruch der technischen Utopie: Ökonomisch kann das Heilen mehr Unheil als die Krankheit bedeuten — das fand ich oft in Gesprächen mit Indern. In Indien bedeutet die amerikanische Hilfe, besonders in der Medizin, daß die unendliche Sterblichkeit der Inder reduziert werden kann; daher warnen uns die indischen Führer immer wieder, weil ein unermeßliches Elend das Resultat wäre, weil das Land nicht imstande wäre, die Bevölkerungszahl zu tragen, die sich dann entwickeln würde. Und der Altersaufbau, der sich in Ländern wie Amerika entwickelt, ist ein Problem, das auch zeigt, daß jene immanente diesseitige Utopie zweideutig ist.

Und ich möchte noch etwas andeuten, obgleich es gefährlich ist, es auszusprechen: Es ist eine offene Frage, ob eine vom Technischen her bestimmte Entwicklung des Heilens bejaht werden kann. Die tiefer sehenden Psychologen oder Tiefenpsychologen wissen, daß Krankheit eine positive Funktion hat und daß Neurose, Verkleinerung der Lebensbasis, eben durch diese Verkleinerung eine schöpferische Funktion haben kann, die das nur Gesunde nicht haben kann. Und dadurch entwickelt sich langsam ein Problem, das ich heute nur andeuten und in der letzten Stunde ausführlich behandeln will: das Verhältnis der innergeschichtlichen zur übergeschichtlichen Utopie. All die Symbole, die ich nannte, sind gültig für beide.

Die Betrachtungen, die sich bei der Analyse des Paradieses ergeben hatten, leiten über zur *sozialen Utopie,* zur Negation derjenigen Übel, die aus der sozialen Struktur kommen. Und ich glaube, daß, als ich aufgefordert wurde, über Utopie zu sprechen, es vornehmlich diese Utopien waren, an die man gedacht hatte. Aber darin liegt schon ein Fehler: die soziale Utopie kann niemals von den anderen Phänomenen der Entfremdung und der Endlichkeit isoliert behandelt werden. Wird sie das, so wird sie zu einer rein phantastischen Utopie, zu einer gefährlichen Ideologie, und die Resultate sind so, daß in dem Augenblick, in dem diese Utopie verwirklicht ist, ein Gegenstoß einsetzt, nämlich eine Negativität, die schlimmer ist als irgendeines der Dinge, die überwunden worden sind. Manchmal sage ich, daß nicht die biblischen oder die mythischen Symbole der Wiedervereinigung — von Natur mit Natur, vom Menschen mit der Natur und vom Menschen mit dem Menschen — unrealistisch sind, sondern unrealistisch sind die Utopien, die die soziale Sphäre von der Natur und vom einzelnen Menschen und von der Verbindung mit dem Universum isolieren, und die dann innerhalb der Menschensphäre etwas erwarten, was nur sinnvoll ist, wenn es in Einheit mit einer universalen Ganzmachung oder

Heilung erwartet wird. Ich glaube, daß die Propheten mit ihren Symbolen des Naturfriedens und des Menschenfriedens als einer Einheit realistischer waren als die Pazifisten und Sozialisten, die einen Menschenfrieden ohne einen Naturfrieden erwarten, weil der Mensch ja zugleich Natur ist. Und wenn die Natur als solche nicht fähig ist, befriedet zu werden, wie kann dann die soziale Struktur befriedet werden? Das ist eine Vorbemerkung, die nicht etwa bedeutet, daß ich nun den Mythos wörtlich nehmen möchte. Das Wort Mythos bewahrt mich hoffentlich davor, Symbole in Gegenstände zu verwandeln. Aber wir müssen Symbole *verstehen* und dann lernen wir, daß Mythen realistischer sein können als scheinbar unmythische Utopien, die in die Geschichte projiziert werden. Was in der sozialen Struktur als negativ erscheint, ist die Machtstruktur. Die Machtstruktur ist notwendig. Jedes Lebendige ist in jedem Moment durch beides bestimmt, *Macht und Liebe,* das heißt ein Stehen auf sich selbst und eine Vereinigung mit dem Anderen, und ihrer übergreifenden Einheit, in der Macht und Liebe gleichzeitig vorhanden sind und die als Gerechtigkeit sie zusammenhält. Macht kann nicht weggedacht werden von Liebe, und darum haben alle Theologien, heidnische wie christliche, den Göttern Macht zuerkannt, und im Christentum ist Gott Macht und Liebe und nicht nur Liebe, wie schlechte sentimentale Theologie gesagt hat. Wenn das Göttliche Macht ist, kann Macht nicht schlecht sein. Es ist also nicht die Machtstruktur der Gesellschaft, die in der Utopie verneint wird, sondern es ist die *Herrschaftsstruktur,* die als entfremdete Herrschaftsstruktur in unserer Gegenwart, in der Existenz nach dem Urstand und vor dem Endstand, überall real ist.

Und zwar hat die entfremdete Herrschaftsstruktur zwei Seiten, eine mehr innere und eine mehr äußere. Die eine ist *Autorität* und die andere ist *Ausbeutung.* Die gegenwärtige Gesellschaftsstruktur, und damit meine ich nicht die von 1950, sondern auch die von 100 000 vor Christus und nach Christus, falls es das geben sollte, also die Gesellschaftsstruktur nach dem Urstand und vor dem Endstand, setzt Autorität voraus. Und das wiederum setzt voraus, daß der Einzelne seine Unmittelbarkeit zum Grund des Seins verloren hat und daß es einige wenige Menschen oder einige Gruppen gibt, die dieser Einheit näherstehen; darum in allen alten Kulturen der Primat des Priestertums, weil man von den Priestern voraussetzt, daß sie dem Grund des Seins und dadurch der Wahrheit näherstehen und dadurch Autorität haben, die die anderen nicht haben können. Daraus folgt das andere, nämlich die Benutzung der Massen durch diese wenigen, die die Autorität repräsentieren, das, was wir in der soziologischen Sprache Ausbeutung nennen; das heißt das Benutzen von Arbeitserträgen der anderen unter dem Vorwand, daß es dem Aufbau der Macht dient, in Wahrheit aber dem Aufbau der entfremdeten Herrschaft. Das kann durch Einzelne, durch Despoten geschehen oder durch Klassen, die imstande sind, die Situation der menschlichen Existenz für solche Autorität und solche Ausbeutung zu benutzen. Darum ist die soziale Utopie immer zweiseitig: nämlich Überwindung der Autorität und Überwindung der Ausbeutung, und es ist interessant, daß sich dieser Gedanke durch die ganze Geschichte zieht. In der Weissagung von Joel, die für die Erklärung des Pfingstereignisses, oder anders ausgedrückt, für die Konzipierung der Interpretation entscheidend gewesen ist, nämlich daß jeder Einzelne den Geist Gottes direkt hat, daß Knechte und Mägde weissagen werden, weil der Geist Gottes unmittelbar auf ihnen ruht — diese utopische Weissagung ist eines der Fundamente aller antiautoritären Entwicklung; denn Geist ist immer das Antiautoritäre in der Kirche und darum von der Kirche mit Verdacht betrachtet. Aus diesen Gedanken erwuchs im Mittelalter in der berühmten Utopie des Joachim von Floris der Gedanke eines dritten Zeitalters, das des heiligen Geistes nach dem Zeitalter des Vaters und des Sohnes, und in diesem dritten Zeitalter wird jeder Einzelne in mönchischer Existenz leben und unmittelbar die geistige Wirklichkeit haben und damit unabhängig sein von irgendeiner Hierarchie. Es war, soziologisch betrachtet, eine Revolte des Mönchtums gegen die Hierarchie. Aber darin drückt sich ein tiefer ontologischer Gedanke aus, der Gedanke der Unmittelbarkeit: jeder Einzelne ist direkt, unmittelbar zu Gott, das heißt er hat seinen Geist. Diese Utopie wurde wirksam in der spätfranziskanischen Bewegung des ausgehenden 13. Jahrhunderts bei den sogenannten franziskanischen Spiritualen, die sich als den Orden bezeichneten, in dem die Weissagung des Joel Wirklichkeit wurde, und die von da aus die Hierarchie angriffen.

Aus den Entwicklungen, die von ihnen ausgingen, entstand die *revolutionäre bürgerliche Gesellschaft* des 17. und 18. Jahrhunderts, die schließlich in der französischen Revolution und im deutschen klassischen Denken und Dichten ihren Ausdruck fand. Überall in diesen Phänomenen haben wir die Utopie des dritten Zeitalters, des Zeitalters, das ursprünglich als Zeitalter des Geistes, das heißt der Unmittelbarkeit, später als das Zeitalter der Vernunft konzipiert wurde.

Die Unmittelbarkeit des Geistes geht in der Geschichte immer in die Unmittelbarkeit der vernünftigen Struktur des menschlichen Bewußtseins über, und so auch in dieser Entwicklung. Der Aufklärungsglaube an die Autonomie ist die Utopie, die von Joel über Joachim von Floris und die Franziskaner und die Sekten des Mittelalters und der Reformation schließlich zur bürgerlichen Revolution führte. In dieser Entwicklung ist Autorität überflüssig geworden, denn nun ist es möglich, daß jeder Einzelne unmittelbar an der Vernunft teilhat, und aus der Unmittelbarkeit seiner Relation zur Vernunft oder zum Göttlichen — das ist in der Aufklärung dasselbe — entsteht die Möglichkeit einer demokratischen Gesellschaft, in der es Autoritäten nicht mehr gibt. Diese Entwicklung der Utopie hat eine außerordentliche geschichtliche Bedeutung. Das Antiautoritäre, das in ihr steckt, steckt irgendwie in den meisten von uns; wir alle verstehen, wenn Erich Fromm in seinen Schriften und in seiner Praxis *rationale* und *irrationale Autorität* unterscheidet und mit irrationaler Autorität psychologische oder psychopathologische Unterwerfung unter gegebene Autoritäten aufdeckt und mit rationaler Autorität das meint, was hier in diesem Moment stattfindet: nämlich, daß Sie mir zuhören, aber mir zugleich, wenn ich aufgehört habe zu sprechen, widersprechen — sonst wäre es einfach Suggestion und nicht rationale Autorität.

Die andere Seite der sozialen Utopie bezieht sich auf die Ausbeutung, die in der Autorität irgendwie begründet ist. Gegen die Ausbeutung hat das utopische Denken zwei Formen entwickelt: die eine ist die *politisch-egalitäre*, und die andere die *politisch-organische*, oder die stoische und die augustinische Form des Urstandes. Die stoische ist egalitär: alle sind gleich, alle sind frei, alle nehmen teil an der ursprünglichen Vernunft. Daraus entwickelt sich dann die Utopie, daß es wieder einmal so sein wird wie im goldenen Zeitalter. Aus dieser Form leiten sich die Bewegungen ab, die sich als egalitäre Demokratie durchgesetzt haben. Die andere Form besagt, daß auch im Urzustand Differenzen vorhanden sind und daß daher der Machtaufbau organisch sein muß, aber so, daß jeder an jedem teilhat wie im Organismus und sich keine entfremdete Herrschaft bildet. Zur ersten Form gehören diejenigen Ideen, die schließlich zum Anarchismus führen, zur zweiten diejenigen Ideen, die zu einem organistischen Denken mit all seinen Gefahren der Reaktion und des falschen Konservatismus führen.

Lassen Sie mich noch ein paar Worte sagen über die *Utopie der Rückkehr zu dem Grund*, von dem wir entfremdet sind. Diese Utopie kann verschiedene Formen annehmen, z. B. die Form des Übergehens in „das Eine“, wie es in gewissen Formen der Mystik vorkommt, besonders in der indischen Form des Nirwana, das keineswegs ein Nichtsein ist, sondern das Erfülltsein des Individuellen mit dem Allgemeinen, dem Grund des Seins, so daß das Individuelle verschwindet wie der Tropfen Wasser im Wasserkrug. Das ist nicht christliche, nicht abendländische Utopie. Ich hatte gezeigt, daß dieser ein völlig anderes Geschichtbewußtsein entspricht, daß es eine Utopie ist — z. B. bei Augustin —, die die Wiederherstellung der Einheit mit dem Grund des Seins dadurch herbeiführt, daß wir Gott anschauen, aber doch von ihm unterschieden bleiben, und zwar in einer Weise, in der das Dynamische des Lebens nach dem griechischen Vorbilde durch das intuitive Anschauen überwunden ist. In der Reichgottes-Idee der Propheten bleiben die individuellen Realitäten ebenfalls erhalten, Persönlichkeit und Gemeinschaft bleiben, aber sie bleiben als etwas, was wiedervereinigt ist mit dem Grund, aus dem es gekommen ist. Die Einzelheit wird bejaht und nicht verneint, und dadurch wird der Liebesgedanke als eine Ewigkeitsstruktur ermöglicht, denn Liebe schließt beides ein: die Trennung des Liebenden vom Geliebten und die Wiedervereinigung. Ohne Trennung keine Wiedervereinigung und ohne Wiedervereinigung keine Liebe. Das ist die dem christlichen Denken von der jüdischen Prophetie bis zum Protestantismus adäquateste Form der Utopie. Utopie heißt auch hier: es ist dasjenige Prinzip, von dem aus die Realitäten beurteilt werden. Es ist eine andere Utopie als die immanente, die Utopie des Reiches der Vernunft und der Demokratie und der klassenlosen, das heißt ausbeutungslosen Gesellschaft. Aber die Frage, die stehenbleibt und die ich an das Ende der Vorlesung stellen möchte, ist: Wie steht es mit dem Problem der immanenten und transzendenten Utopie? Oder, um diese Worte zu vermeiden: Wie steht es mit einer Utopie, die in der Geschichte erfüllt wird, und einer, die auf das Übergeschichtliche sieht, und wenn beide bejaht werden müssen — und ich glaube, sie müssen bejaht werden — wie verhalten sich dann diese beiden Formen der Utopie zueinander?

4. Kritik und Rechtfertigung der Utopie

Lassen Sie mich den Gang der gesamten Vorlesung für diese letzte Vorlesung kurz zusammenfassen. In der ersten Stunde arbeiteten wir aus, daß Menschsein heißt: Utopie haben. Die Utopie ist verwurzelt im Menschsein selbst. In der zweiten Vorlesung fanden wir, daß Geschichte verstehen, das heißt geschichtliches Bewußtsein und Aktivität haben bedeutet, Utopie an den Anfang und an das Ende stellen, und in der dritten Vorlesung fanden wir, daß alle Utopien Negation der Negation sind, Verneinung dessen, was negativ ist in der menschlichen Existenz. Aus diesen drei Grundlagen ergibt sich nun das, wohin ich Sie führen wollte, nämlich eine Beurteilung des Sinnes und der Bedeutung der Utopie. Und zwar will ich das in drei Schritten tun — diese sind: 1. die Positivität der Utopie; 2. die Negativität der Utopie und 3. die Transzendenz der Utopie.

Beginnen wir mit der *Positivität der Utopie.* Das erste, was da gesagt werden muß, ist, daß Utopie *Wahrheit* ist. Warum ist sie wahr? Weil sie das Wesen des Menschen, nämlich das innere Ziel seiner Existenz ausdrückt. Sie zeigt, was der Mensch wesenhaft ist. Jede Utopie ist ein Aufweisen dessen, was der Mensch als inneres Ziel, als innere Erfüllung in sich und vor sich hat und haben soll. In Wiederholung eines Gedankens, den ich das letzte Mal ausgesprochen habe und der vielleicht nicht ganz verstanden war, möchte ich sagen, daß das sowohl für das personale wie für das soziale Dasein des Menschen gilt und daß es unmöglich ist, das eine ohne das andere zu verstehen. Die soziale Utopie verliert ihre Wahrheit, wenn sie nicht zugleich Utopie in bezug auf das Personale ist, und die personale Utopie verliert ihre Wahrheit, wenn sie nicht zugleich Utopie in bezug auf das Soziale ist.

Ich hatte als Beispiel die Utopien des Heilens herangezogen und bin damit auf etwas gekommen, was in der gegenwärtigen medizinischen Diskussion über das Heilen überaus aktuell ist, nämlich dies, daß geistige Störungen nicht überwunden werden können ausschließlich vom Einzelnen und der Erfüllung seines inneren Sinnes, wenn nicht zugleich die Gesellschaft den Rahmen gibt, in dem eine solche Erfüllung sich halten kann. Ich möchte dafür das Wort eines Neurologen und Analytikers zitieren, der mir eines Tages verzweifelt sagte: „Da sind die Menschen, die ich geheilt habe, aber ich schicke sie zurück in die soziale Struktur, in der wir leben, und ich weiß, sie werden zurückkehren und wieder um meine Hilfe bitten." Und umgekehrt ist es unmöglich, das Soziale zu verstehen ohne das Individuelle als innere Erfüllung und inneres Ziel des Menschen. Und das ist die Tragödie der revolutionären Bewegungen der letzten hundert Jahre, die alle innerlich und manchmal auch äußerlich daran gescheitert sind, daß sie das Heilen der Gesellschaft ohne gleichzeitiges Heilen Einzelner, die die Gesellschaft tragen, in Aussicht nahmen. Ein guter Teil der Tragik unserer Situation beruht darauf, daß die Utopie im Individuellen und die Utopie im Sozialen auseinandergerissen und nicht in ihrer Einheit gesehen werden. Wenn Utopie Wahrheit ist, dann folgt daraus, daß die Verneinung der Utopie, sei es in zynischer, sei es in philosophischer Weise, unwahr ist.

Das zweite, was wir positiv über die Utopie sagen müssen, ist ihre *Fruchtbarkeit,* und damit wird Wahrheit und Fruchtbarkeit in eine enge Beziehung gesetzt. Die Utopie eröffnet Möglichkeiten, die, abgesehen von der utopischen Vorwegnahme, verborgen bleiben würden. Jede Utopie ist eine Vorwegnahme, und manches, was die Utopien vorweggenommen haben, hat sich als reale Möglichkeit gezeigt. Ohne die vorwegnehmende Phantasie wären in der Menschheitsgeschichte zahllose Möglichkeiten unrealisiert geblieben. Wo keine vorwegnehmende Utopie Möglichkeiten eröffnet, da finden wir Gegenwartsverfallenheit, da finden wir, daß nicht nur in Einzelnen, sondern in ganzen Kulturen Selbstverwirklichung menschlicher Möglichkeiten unterdrückt bleibt. Menschen ohne Utopie bleiben der Gegenwart verfallen, Kulturen ohne Utopie bleiben an die Gegenwart gebunden und fallen schnell in die Vergangenheit, da Gegenwart nur leben kann aus der Spannung zwischen Vergangenheit und Zukunft.

Und das dritte Positive, was ich sagen möchte, ist die *Macht* der Utopie, das Gegebene umzugestalten. Wenn wir an die großen utopischen Bewegungen denken, wird das unmittelbar sichtbar. Das Judentum ist vielleicht die wichtigste utopische Bewegung der Menschheitsgeschichte, es hat die gesamte Menschheit direkt und indirekt in eine andere Sphäre erhoben auf der Basis einer Utopie von der kommenden Herrschaft Gottes. Die bürgerliche Gesellschaft mit ihrer Utopie des Vernunftstaates, des dritten Zeitalters, hat die fernsten Winkel der Erdoberfläche direkt und indirekt revolutioniert und hat die gesamte vorbürgerliche Existenz fragwürdig und durchweg letztlich unmöglich gemacht. Der Marxismus hat in gleicher Weise in seiner Utopie von der klassenlosen Gesellschaft die eine Hälfte der Welt direkt und die andere Hälfte indirekt revolutioniert und umgestaltet. In allen drei Beispielen handelt es sich um Utopie, das heißt um etwas, was keine Gegenwart, weil keinen Platz hat — *οὐ τόπος*, ohne einen Platz —, aber diese Utopie, die nirgendwo ist, hat sich als das Mächtigste gegenüber dem, was ist, bewährt. Die Wurzel ihrer Macht — und damit kommen wir auf die erste Vorlesung zurück — ist die wesenhafte oder ontologische Unzufriedenheit des Menschen in allen Richtungen seines Seins. Keine Utopie hätte Macht, wenn sie ausschließlich ökonomisch oder ausschließlich geistig oder ausschließlich religiös wäre, und es sind auch nicht, wie es eine falsche Analyse uns wissen lassen wollte, die untersten Gruppen der Seinsmächtigkeit in der Gesellschaft, die die eigentlichen Träger der Utopie sind, weil sie unzufrieden sind, sondern es sind die, die in der Spannung zwischen Sicherung und Vorwärtsgehen sich für das Vorwärtsgehen entschieden haben und dann oft die Hilfe der Massen der Unzufriedenen bekommen, sie für ihren Kampf benutzen und vielleicht zuletzt von ihnen verschlungen werden. Auf alle Fälle ist es eine Erfahrung der Geschichte, daß die Träger der Utopie niemals diejenigen sind, die auf der untersten ökonomischen Stufe stehen und deren Unzufriedenheit grundsätzlich ökonomisch und sonst nichts ist. Sondern es sind die, die seinsmächtig genug sind, vorwärtsgehen zu können. Ich denke an die Französische Revolution, wo das Proletariat Hilfestellung leistete, aber das hochgebildete Bürgertum die Revolution machte. Man denke an die franziskanische Revolution, wo es die fortgeschrittensten Formen des Mönchtums waren, die gegen die Kirche revolutionierten. Man denke an Marx' Analyse der Avantgarden, derer, die innerhalb des Proletariats und zum Teil außerhalb des Proletariats die eigentlichen Träger der Utopie sind. Das heißt, die Macht der Utopie liegt in der Macht des Menschen in seiner Ganzheit. Er ist imstande, auf Grund der ontologischen Unzufriedenheit in alle Richtungen des Seins vorzustoßen und die Wirklichkeit umzugestalten. Soviel über die Positivität der Utopie, das Ja, das wir zu ihr sagen müssen.

Nun die *Negativität der Utopie:* Wenn ich vorher von der Wahrheit der Utopie gesprochen hatte, so spreche ich jetzt von der *Unwahrheit* der Utopie. Die Unwahrheit der Utopie ist, daß sie die Endlichkeit und die Entfremdung des Menschen vergißt. Sie vergißt, daß der Mensch als Endlicher Sein und Nichtsein vereinigt und daß er unter den Bedingungen der Existenz immer von seinem wahren Wesen entfremdet ist. Darum ist es unmöglich, das wahre Wesen des Menschen als real zu nehmen und damit zu rechnen. Ich denke z. B. an das Menschenbild des Fortschrittes, das zwar die Endlichkeit des Einzelnen zugibt, wenigstens für dieses Leben, ihm einen Fortschritt nach dem Leben oft zugesteht, aber vergißt, daß die Endlichkeit auch in einem „nach dem Leben" sich in jedem Moment äußern würde, sofern es sich nicht um Ewigkeit, sondern endlose Fortsetzung der Endlichkeit handelt.

Die Unwahrheit der Utopie ist ihr falsches Menschenbild, und darum kann man die Utopie, sofern sie auf dieser Unwahrheit ihr Denken und ihr Handeln baut, nur damit angreifen, daß man ihr zeigt: der Mensch, den sie voraussetzt, ist der unentfremdete Mensch. Damit setzt sie sich aber in Widerspruch zu ihrer eigenen Behauptung, daß der entfremdete Mensch aus der Entfremdung zurückgeführt werden soll. Und es erhebt sich die Frage: Durch wen soll der entfremdete Mensch zurückgeführt werden? Etwa auch durch entfremdete Menschen? Wieso ist dann die Entfremdung aufgehoben? Und wenn man sagt: überhaupt nicht durch Menschen, sondern durch notwendige ökonomische oder andere Prozesse, dann ist das Verstehen dieser Prozesse selbst wieder ein menschlicher Akt. Auch wenn man sagt, daß Freiheit das Wissen um die Notwendigkeit ist, so steht das Wissen dem Nichtwissen gegenüber und es muß zwischen beiden eine Entscheidung möglich sein. Wo aber Entscheidung ist, da ist Freiheit. Sonst ist „Freiheit als das Wissen um Notwendigkeit" nur eine Phrase, die verhüllt, aber nicht offenbart, denn in ihr ist nicht verstanden, was Wissen heißt, nämlich jenseits der Notwendigkeit an der Wahrheit selber teilnehmen oder ihr widersprechen können, und das setzen wir in jedem Moment voraus. An dieser Stelle liegt die Unwahrheit der Utopie. Nicht, daß sie in der Zukunft etwas Phantastisches sich ausmalt, das ist nebensächlich, sondern das Wesentliche ist, daß sie ein falsches Menschenbild voraussetzt, entgegen ihrer eigenen Voraussetzung. Denn wir hatten gesehen, daß fast alle Utopien von der vollendeten Entfremdung und Sündhaftigkeit der Gegenwart oder einer Gesellschaftsgruppe oder eines Volkes oder einer Religion reden und dann darüber hinausführen wollen, aber nicht sagen, wie das möglich ist, wenn die Entfremdung radikal ist. Das ist der innerste Kern, warum Utopie Unwahrheit ist, während sie auf der anderen Seite Wahrheit ist.

Und das zweite, wo ich wieder eine Negation der Position gegenüberstelle, ist die *Unfruchtbarkeit* der Utopie neben ihrer und gegen ihre Fruchtbarkeit. Die Fruchtbarkeit der Utopie war das Finden von Möglichkeiten, die nur durch das Vorstoßen in das Unbegrenzte der Möglichkeiten geschehen kann. Die Unfruchtbarkeit der Utopie ist, daß sie die Unmöglichkeiten nicht als Unmöglichkeiten oder als Oszillieren zwischen Möglichkeit und Unmöglichkeit sieht, sondern sie als reale Möglichkeiten beschreibt und damit in reine Wunschprojektionen gerät, die zwar mit dem wesenhaften, aber nicht mit dem wirklichen Menschen etwas zu tun haben. Das ist die Unfruchtbarkeit der Utopie, und darum haben Theologen und auch philosophische Politiker wie Marx sich mit Recht gegen das Ausmalen der Utopien gewendet und haben die Inhalte der Utopie abhängig gemacht von den Möglichkeiten, die sich als Möglichkeiten inzwischen zeigten, ohne die Realitäten zu überspringen. Sie haben sich dagegen gewehrt, die Utopie als Schlaraffenland zu beschreiben, weil das Schlaraffenland zwar Utopie für all die ist, die Aktivität als Negativität empfinden, aber eben damit für solche, die schon von dem Wesenhaften des Menschen abgefallen sind. Und daraus entsteht dann die Phantastik solcher Utopien. Sie entsprechen nicht wesenhaften Möglichkeiten, sondern phantastisch aufgebauschten Wünschen ihrer Existenz, die in sich selbst der Überwindung bedarf. Das ist die Unfruchtbarkeit der Utopie neben ihrer Fruchtbarkeit.

Und das dritte ist die *Ohnmacht* der Utopie neben ihrer Macht. Die Ohnmacht der Utopie ist, daß sie unvermeidlich aus den Gründen, die ich nannte, aus ihrer Unwahrheit und Unfruchtbarkeit, zur Enttäuschung führt. Diese Enttäuschung muß aus dem Psychologischen ins Metaphysische erhoben werden. Es ist eine metaphysische Enttäuschung, die wir selbst wieder und wieder erlebt haben, und deshalb so tiefgehend, weil sie die Menschen im Innersten zerrüttet hat. Die Enttäuschung ist eine notwendige Folge der Verwechslung des zweideutigen Vorläufigen mit dem eindeutigen Endgültigen. Wir leben aber vorlaufend in die Zukunft immer im Vorläufigen und damit im Zweideutigen. Aus der Fixierung des Vorläufigen als endgültig ergibt sich die Enttäuschung. Und daraus ergeben sich zwei Konsequenzen, die beide auf Grund der Ohnmacht der Utopie zerstörerisch wirken. Das eine ist, daß diejenigen, die enttäuscht sind — ich möchte es hier aussprechen, weil es eine der traurigsten, sachlich und menschlich problematischsten Erfahrungen der amerikanischen Existenz und, wie ich glaube, auch weithin der abendländischen Existenz und darüber hinaus ist —, die besonders unter den Intelligenzschichten sich einmal in ihrem Leben einer Utopie nicht in Form des Vorläufigen, sondern des Endgültigen hingegeben haben und dann zu lernen hatten, daß es sich um ein Vorläufiges und Zweideutiges und gelegentlich eindeutig Dämonisches handelte, dann Fanatiker gegen ihre eigene Vergangenheit wurden. Die ganze Klasse dieser Menschen stellt heutzutage eine der tragischsten Gruppen innerhalb der menschlichen Gesellschaft dar und in gewisser Weise eine der gefährlichsten, weil sie ihren Fanatismus gegen sich selbst notwendig auf jeden übertragen, der an diesem Fanatismus nicht teilnimmt, und den sie darum als heimlichen Freund dessen auffassen, wogegen ihr Fanatismus sich richtet. Das ist die eine Seite, und vielleicht kann man es hier nicht ausreichend ermessen, bis zu welchem Grade sich diese Zerstörung innerhalb der Intelligenzschicht und damit auch in der Politik auswirkt. Es ist eine der schwersten Folgen der Ohnmacht der Utopie.

Das ist die eine Seite, und die andere Seite ist, daß diejenigen, die in der Utopie stehen, die das Utopische noch bejahen und die innerhalb der Bejahung des Utopischen die Macht haben, es aufrechtzuerhalten trotz seiner Vorläufigkeit und Zweideutigkeit, der Enttäuschung vorbeugen müssen, um sich zu halten, das heißt Terror anwenden müssen. Der Terror ist ein Ausdruck für den Enttäuschungscharakter einer verwirklichten Utopie. Mit dem Terror wird die Enttäuschung von ihrer politischen Auswirkung ferngehalten.

Mit anderen Worten, die Ohnmacht der Utopie wird durch die Enttäuschung und durch die Reaktion gegen mögliche Enttäuschung zu einer dämonischen Macht in der Gesellschaft. Und es ist wie im Physikalischen und wie überall im Seelischen: ein leerer Raum bleibt nie leer. Wenn ein Dämon ausgetrieben ist und der Raum leer bleibt, kommen sieben neue Dämonen. Wenn eine Utopie die Vorläufigkeit absolut setzt, dann entsteht Enttäuschung, und in diesen leeren Raum der Enttäuschung dringen die Dämonen, mit denen wir heute zu kämpfen haben, besonders hier an diesem Platz.

Das ist die Negativität der Utopie, die ebenso real ist wie die Positivität der Utopie. Aber glauben Sie nicht, daß ich, weil ich die Negativität nach der Positivität nenne, sie als das letzte Wort betrachte. Das Positive bleibt, trotz der Macht des Negativen, und das führt mich zum dritten, zur *Transzendenz der Utopie*. Alles Lebendige geht über sich hinaus, es transzendiert sich selbst. In dem Augenblick, wo es das nicht mehr tut, wo es zum Zweck äußerer oder innerer Sicherungen bei sich stehenbleibt, in dem Augenblick, wo es das Experiment des Lebens nicht mehr auf sich nehmen will, verliert es das Leben. Nur wo das Leben riskiert wird, eingesetzt wird und möglicherweise im Hinausgehen über sich selbst verloren wird, kann es gewonnen werden. Diese allgemeine Regel, dieses allgemeine Urgesetz oder diese ontologische Struktur des Seins selbst —, daß es über sich hinausgeht, obgleich es sich selbst erhalten will, im Hinausgehen bei sich selbst bleiben will und sich selbst bewahren will —, diese Struktur gilt auch für die Utopie. Was jenseits der Wirklichkeit steht, was noch nicht Wirklichkeit geworden ist, steht noch jenseits der Entscheidung, ob es möglich oder unmöglich ist, und darum schwebt die Utopie immer und notwendig zwischen Möglichkeit und Unmöglichkeit. Wenn wir nun an das denken, was ich über die Negativität der Utopie gesagt habe, dann entsteht die Frage: Kann man nicht aus dieser Gesamtsituation, in der die Utopie steht, hinausgehen, kann man nicht ihre Negativität dadurch überwinden, daß man nicht nur ein Stückchen hinausgeht, sondern daß man radikal hinausgeht? Und radikal hinausgehen heißt: nicht in der Linie des Horizontalen hinausgehen, sondern in der Linie des Vertikalen hinausgehen — über die ganze Sphäre des Hinausgehens hinausgehen. Damit entsteht das Problem, ob es möglich ist, die Struktur von Selbstbewahrung und Selbsttranszendenz als solche zu transzendieren, sie zu überschreiten in der Richtung nach oben oder besser in der Dimension, die nach oben und unten zugleich geht, aus der Linie und aus der Ebene hinaus. Das ist keine theoretische Frage, sondern das kann an der geschichtlichen Entwicklung der Kultur, aus der die meisten Utopien kommen, aufgewiesen werden.

Wenn wir auf die prophetische Linie sehen, dann finden wir bei den großen Propheten des Alten Testaments ein merkwürdiges Hin und Her, eine Zweideutigkeit in bezug auf das teilweise Hinausgehen, wir finden das, was wir Utopie im politischen und sozialen Sinn nennen können, und wir finden das radikale Hinausgehen, das Einbrechen von etwas, das die gesamte horizontale Linie durchbricht, des Göttlichen. In den prophetischen Texten ist beides vorhanden. Sie sind politisch, sozial, ökonomisch, geistig; alle diese Elemente sind da, und sie sind zugleich über alles hinausgehend, was aus der Geschichte selber verständlich gemacht werden kann; auch ein apokalyptisches Element ist vorhanden. Es ist das Reizvolle in den Beschreibungen — zum Beispiel des Tierfriedens und des Menschenfriedens bei einem Propheten wie Jesaja —, diese Doppelheit zu sehen, in der das Natürliche und das Wunderbare gemischt und vereint sind. Aber wie alle Utopien, so brachten auch die prophetischen Utopien dem Volke ständig von neuem jene metaphysische Enttäuschung, von der ich sprach, die bis in die Tiefen geht und ähnlich zerrüttende Konsequenzen hatte wie die Enttäuschung über gegenwärtige Utopien. Und so kam es zum nächsten Schritt, den wir für gewöhnlich apokalyptisch nennen, das heißt enthüllend, der visionär enthüllt, was nicht innerhalb der Geschichte, sondern im Gegensatz zur Geschichte von oben her als eine neue Schöpfung sich ereignen wird. Auf der zweiten Stufe wird über die politischen, sozialen Elemente hinausgegangen, ohne daß sie verneint werden. Der nächste Schritt führt dann zum christlichen Endgedanken, wie er im Neuen Testament vorliegt. Hier sind die sozialen Dinge verschwunden. Was da ist, ist das jenseitige Reich, das in Farben mystischer oder liebeshafter Vereinigung mit dem Göttlichen beschrieben wird. Und dann die vierte Stufe, auf die das Wort Utopie schon nicht mehr angewandt werden kann. Zu ihr gehören die mystische Form des Christentums und die Mystik überhaupt, wo die jenseitige Erfüllung alle endlichen Elemente auslöscht und darum nicht eigentlich Erfüllung, sondern Negation ist.

Wenn wir diese vier Stufen ansehen und fragen: Was haben sie für die Geschichte bedeutet?, dann finden wir, daß sie, je näher sie dem Politischen waren, desto mehr die negativen und positiven Charakteristika jeder Utopie zeigten: ihre Wahrheit, ihre Fruchtbarkeit und ihre Macht — und zugleich ihre Unwahrheit, ihre Unfruchtbarkeit und ihre Ohnmacht. Je näher wir der mystischen Negation aller Utopie kommen, desto weniger sind das Politische und das Soziale real, desto weniger ist ausgesagt über das wahre Wesen des Menschen und desto geringer ist die Gefahr der metaphysischen Enttäuschung mit all ihren Folgen.

Und darum könnte jemand sagen: Geben wir doch alle Utopie auf, geben wir nicht nur die prophetische Utopie auf und ihre säkularen

Folgeerscheinungen, geben wir auch die eschatologische, die apokalyptische Utopie auf, die noch an der Erde haftet und am Politischen und Sozialen, gehen wir über zur christlichen Utopie, falls wir uns nicht dem Jenseits des Utopischen, der mystischen Einswerdung verschreiben wollen. Es gibt vielleicht Menschen, die infolge großer metaphysischer Enttäuschung diesen Weg gehen, und es ist historisch dieser Weg auf Grund der Enttäuschung gegangen worden.

Aber wenn wir diesen Weg gehen, wenn wir die Utopie mehr und mehr aus der Horizontalen ins Vertikale, ins Transzendente erheben, dann entsteht die Gefahr, und zwar unausbleiblich, daß die Wahrheit und die Fruchtbarkeit und die Macht der Utopie geopfert werden. Das kann in Form eines reaktionären religiösen Konservativismus geschehen, der die Utopie in ihrer Wahrheit mißversteht, sie verneint und die Bejahung des Gegenwärtigen, die Bindung ans Gegenwärtige auch im Politischen predigt. Das kann sich verbinden mit einer rein transzendenten Vision der Erfüllung des Menschen. Aber es verliert dann die Macht über die Geschichte. Wir fanden so etwas vor nach dem ersten Weltkrieg im Luthertum, das diese konservative transzendente Form der Utopie gegen jeden Versuch einer Änderung der Realität stellte. Wir fanden es in gewissen Formen der Transzendentaltheologie, der Theologie, die mit der Offenbarung, die in die Wirklichkeit hereinbricht, jede wirkliche Änderung der Wirklichkeit verneint. Wir finden es aber auch in der halb religiösen, halb antireligiösen Haltung gewisser Existentialisten, die den Gedanken einer Utopie ablehnen zugunsten des Gedankens einer absoluten Freiheit des Individuellen, ohne vorwärts zu gehen. Das geschieht, wenn die Utopie verneint, wenn sie nicht als wahr gesehen, wenn ihre Fruchtbarkeit übersehen und ihre Macht dadurch unterhöhlt wird. Die Folgen sind, wie wir aus der Geschichte wissen, außerordentlich. Der religiöse Transzendentalismus, der die Utopie verneint, hat ganze Völker, teilweise auch das deutsche Volk, zu einer Passivität gegenüber geschichtsveränderndem und wirklichkeitsgestaltendem Handeln verurteilt, die zur Folge hatte, daß dann die revolutionär-utopischen Gewalten sich mit ungeheurer Macht dagegen stellten und, wie jetzt fast überall in der Welt, davon leben, daß Religionen in ihrem innersten Kern entweder ganz jenseits aller Utopie sind, wie die großen mystischen Religionen des Orients, oder zumindest eine transzendente Utopie haben, in der das Politische ausgeschaltet ist. Wo das der Fall ist, ist die aggressive Utopie eine fast unwiderstehliche Macht in dem Moment, wo Erschütterungen ökonomischer, politischer, geistiger Art die ruhenden Kräfte der Abwehr geschwächt haben und nun die Utopie revolutionär hereinbricht.

Das ist ein Stück der Analyse großer Teile der Menschheit in der Gegenwart. Lassen Sie mich zum Schluß einen kurzen Versuch machen, zu formulieren, wie auf der Grundlage dieser drei Dinge, der Positivität, der Negativität und der Transzendenz der Utopie, wir uns *zur Utopie stellen* müssen. Das Problem ist für meine Generation lebendig gewesen, als wir aus dem ersten Weltkrieg zurückkamen und in Deutschland ein transzendent-utopisches Luthertum mit einer ausschließlich immanenten Utopie, dem diesseitigen utopischen Sozialismus, in einem schweren Konflikt stand.

Der Sozialismus hatte die Revolution gewonnen, weil die Kräfte des Konservativen durch den Krieg zerstört oder zerrüttet waren. Demgegenüber hatte das Luthertum, das heißt der weitaus überwiegende Teil der protestantischen Frömmigkeit in Deutschland, sich in eine ablehnende, verstimmte, negative Haltung gegenüber der horizontalen Utopie gestellt und der Utopie vorgeworfen, daß sie Utopie im Sinne der Unwahrheit der Utopie sei. In diesem Moment war das Problem Politik und Religion aus der Abstraktheit herausgehoben, es war für uns konkret gestellt. Zwei Dinge standen auf Grund des Kriegserlebnisses und eigenen Nachdenkens für uns fest. Das eine war, daß die Utopie des bloßen Vorwärtsgehens die menschliche Situation in ihrer Endlichkeit und Entfremdung nicht begreift und daß sie deswegen notwendigerweise zu metaphysischer Enttäuschung führen muß. Und die andere Wahrheit stand fest für uns, daß eine Religion, deren Utopie ausschließlich transzendent ist, nicht ein Ausdruck des neuen Seins sein kann, von dem die christliche Botschaft das Zeugnis ist. Das waren die beiden festen Punkte, von denen wir ausgingen, und auf Grund dieser beiden klaren Negationen versuchten wir nun zu verstehen, was Utopie auf Grund ihrer Wahrheit, ihrer Fruchtbarkeit und ihrer Macht bedeuten kann, ohne ihrer Unwahrheit, ihrer Unfruchtbarkeit und ihrer Ohnmacht zu verfallen und der metaphysischen Enttäuschung, die aus dieser Ohnmacht folgt. Und die Antwort war, daß in der horizontalen Linie etwas geschehen kann, etwas Neues, eine Verwirklichung hier und jetzt, unter diesen Umständen, unter diesen Bedingungen, mit diesen Möglichkeiten, und daß wir vorwärts gehen müssen, um diese Möglichkeiten zu sehen und sie in die Wirklichkeit zu überführen. Es war der Gedanke der „Stunde der Erfüllung" von Möglichkeiten, die vorher nicht zur Erfüllung kommen konnten. In dieser Beziehung bejahten wir den Gedanken der Utopie: die Wesenhaftigkeit des Menschen fordert eine neue Ordnung, und diese neue Ordnung kann geboren werden in einem bestimmten geschichtlichen Moment für eine bestimmte geschichtliche Periode. Das war die eine Seite, und darin widersprachen wir der transzendenten Theologie des Luthertums. Auf der anderen Seite sagten wir: Diese Ordnung ist eine vorläufige und darum eine zweideutige, und darum dürfen wir sie nicht absolut setzen. — Dann kamen die Dinge, die so grauenvoll waren, der Terror und der Fanatismus gegen sich selbst. Diese beiden Dinge zeigen, daß jede Utopie, wenn sie verwirklicht wird, als verwirklichte innerhalb der Existenz steht und darum vorläufig und zweideutig bleibt. Man hat uns gesagt, daß, wenn wir einen solchen Gedanken, für den wir das griechische Wort *Kairos* gebrauchten — die rechte Zeit, die Stunde der Erfüllung, die vorher nicht da war und nachher nicht mehr sein wird —, aussprachen, wir damit die revolutionären Kräfte der diesseitigen Utopie schwächten. Denn die Kraft einer Bewegung, einer Utopie beruht darauf, daß sie unbedingten Glauben fordern kann und fordern muß, und wenn sie ihn nicht erhält, ist sie nicht fähig, sich zu verwirklichen. Das war vielleicht das schwerste Problem dieser Gedankenbildung und das Problem, für das es keine vollkommene Lösung gibt. Aber es gibt eine letztliche Lösung, wenn auch keine vollkommene.

Unter gewissen Bedingungen entsteht oft ein Fanatismus, der götzendienerisch etwas Endliches absolut setzt; diese Möglichkeit ist immer gegeben, weil die Menschen um der Sicherung ihrer Existenz willen nichts mehr lieben, als sich einem Endlichen ganz hingeben zu können, und wenn sie es tun, dann entwickelt sich aus dieser vollkommenen Hingabe eine Fülle kämpferischer Kräfte — der Wille zum Märtyrertum, die Bereitschaft zu völliger Unterordnung, vor allem aber das, was man Ideokratie nennen kann: die Herrschaft einer Idee, die göttliche Kraft bekommen hat, die einen Gott ersetzt und daher nicht mehr angezweifelt werden darf und daher Unbedingtheit fordert. Das ist immer eine Möglichkeit, und die Kräfte, die dadurch erweckt werden, dürfen nicht unterschätzt werden. Es sind große Kräfte, aber die Frage ist: Sollen wir um dieser fanatischen Möglichkeit, dieser götzendienerischen Möglichkeit willen, solche Kräfte gewähren lassen, sollen wir sie ihren Weg gehen lassen? Eine Zeitlang sind sie uns weit überlegen, aber dann kommt der Moment, wo sich zeigt, daß es sich um endliche Formen handelt, die sich absolut gesetzt haben und dann an andere endliche Formen stoßen und in diesem Zusammenstoß zerbrechen. Das scheint mir eine unausweichliche Konsequenz zu sein, und darum stehen wir hier vor dem Problem, die Kräfte des Fanatismus nicht zu benutzen und doch eine unbedingte Hingabe an das in der Stunde Notwendige zu verlangen, eine Hingabe, die weiß, daß das, wofür man sich hingibt, zweideutig und vorläufig ist, und die es darum nicht anbetet, sondern kritisiert und, wenn nötig, verwirft, die aber im

Moment des Handelns imstande ist, ein ganzes Ja dazu zu sagen. Das ist nicht nur im sozialen Leben so, sondern in jedem Moment unseres eigenen Lebens, wo wir einer Sache oder einer Person uns hingeben. Wenn wir es götzendienerisch tun, dann kommt die metaphysische Enttäuschung. Dann stößt das Endliche, das absolut gesetzt ist, an unser eigenes Endliches und scheitert daran. Wenn wir aber Ja zu etwas sagen, dessen Endlichkeit wir zugleich anerkennen, dann ist die Wahrheit der Utopie auf unserer Seite, und diese Wahrheit wird zuletzt triumphieren. Ich weiß, wie schwer diese Haltung ist, ich weiß das aus den Verhandlungen in jenen Jahren zwischen den Weltkriegen, in denen immer wieder von utopischer Seite uns vorgeworfen wurde, daß wir die Kräfte des Kampfes unterhöhlten, indem wir das Prinzip der letzten Kritik in Anwendung brachten. Ich glaube, die Geschichte hat uns recht gegeben.

Das war die eine Antwort auf die damalige Kritik, die Antwort, die ich auch heute noch gebe, wenn auch die konkrete Situation sich weitgehend geändert hat. Die andere bezieht sich auf das Verhältnis von transzendenter und immanenter Utopie oder besser vielleicht, weil diese Worte so viele falsche Nebenbedeutungen haben, von vertikaler und horizontaler Utopie. Man muß den *Gedanken zweier Ordnungen* im Sinn behalten: die eine Ordnung, die in der horizontalen Ebene liegt, die Ordnung der Endlichkeit, ihrer Möglichkeiten und Unmöglichkeiten, ihres Risikos, ihres Erfolges und ihres Scheiterns; und dann die andere Ordnung, für die das Wort nur noch symbolisch verwendet werden kann, für die die säkularen und religiösen Utopien vielleicht Symbole haben wie Reich Gottes, Reich der Himmel, Reich der Gerechtigkeit und so fort. Was immer diese Symbole bedeuten mögen, sie dürfen nicht ausgemalt werden, weil kein gegenständlicher Begriff eine sinnvolle Aussage über sie ergeben kann. Aber wir wissen um diese zweite Ordnung, weil beide Ordnungen gegenseitig aneinander teilnehmen. Die vertikale Ordnung nimmt teil an der horizontalen Ordnung: in dem, was in der Geschichte geschieht, verwirklicht sich das Reich Gottes. Es verwirklicht sich und wird zugleich bekämpft, unterdrückt, ausgestoßen. Es ist das kämpfende Reich Gottes in der Geschichte, das nicht enttäuschen kann, weil es an keinem Orte der Geschichte ein utopisches Stehen verheißt, das aber immer wieder in neuen Verwirklichungen da ist und der Wahrheit der Utopie immer recht gibt. Diese gegenseitige Teilnahme ist die Lösung des Problems der Utopie. Ein Reich Gottes, das nicht teilnimmt an der Geschichte, an der utopischen Verwirklichung in der Zeit, ist kein Reich Gottes, sondern im besten Fall eine mystische Auslöschung dessen, was Reich sein kann, nämlich Reichtum, Fülle, Mannigfaltigkeit, Individualität; und auf der anderen Seite: ein Reich Gottes, das nichts ist als der geschichtliche Prozeß, produziert jene Utopie des Fortschrittes oder der Revolution, deren katastrophaler Zusammenbruch die metaphysische Enttäuschung hervorruft.

In der Lehre von den zwei Ordnungen haben wir zwei Elemente: einmal das, worin die Erfüllung allein gesehen werden kann, aber gerade da können wir sie nicht sehen, sondern können nur auf sie hinweisen; und zum andern das, worin sie sich in Raum und Zeit verwirklicht, aber gerade da verwirklicht sie sich nicht, sondern ist nur vorwegnehmend, fragmentarisch, in dieser Stunde, in dieser Form vorhanden. Das war die doppelte Antwort; und auch hier möchte ich sagen: Alle Erscheinungen seit Ende des ersten Weltkrieges, als diese Ideen konzipiert wurden, haben ihnen recht gegeben, und sie scheinen mir auch heute die Lösung zu sein. Ob man heute in dem Sinn von einem Kairos sprechen kann, wie es nach dem ersten Weltkrieg zweifellos in Deutschland möglich war und wie es weit über die Grenzen Deutschlands gedrungen ist, darüber zu urteilen steht wohl jemandem nicht zu, der nun schon aus jener Periode heraus- und in eine neue hineinragt. Meinem persönlichen Gefühl würde es entsprechen zu sagen: Heute leben wir in einer Periode, in der der Kairos, die rechte Zeit der Verwirklichung, weit vor uns in der Unsichtbarkeit liegt und ein Hohlraum, ein unerfüllter Raum, ein Vakuum um uns ist. Aber ich möchte Sie bitten, das nur als ganz persönliche Ansicht zu nehmen, die sich mir aufdrängt, wenn ich die Situation nach den beiden Weltkriegen hier und in Amerika miteinander vergleiche. — Wichtig sind die Prinzipien, die aus dieser wie aus jener Situation folgen. Wie immer wir die Situation beschreiben, wichtig bleibt die Idee, die die Utopie in ihrer Unwahrheit überwindet und in ihrer Wahrheit offenbar macht, oder, wie ich es vielleicht als Zusammenfassung der ganzen Vorlesung sagen könnte, *der Geist der Utopie, der die Utopie überwindet.*

BIBLIOGRAPHISCHE ANMERKUNGEN

Kairos I. In: Die Tat. Jg. 14. 1922. H. 5.
– Amerik. Übers. (vom Verf. neu bearbeitet) in: The Protestant Era. Chikago 1948.
– Deutsche Rückübers. in: Der Protestantismus. Stuttgart 1950.
– Hier: Die überarbeitete deutsche Rückübersetzung.

Kairos II. In: Kairos. Zur Geisteslage und Geisteswendung. Herausgegeben von Paul Tillich. Darmstadt: Reichl 1926.

Das Dämonische. Ein Beitrag zur Sinndeutung der Geschichte. Tübingen: Mohr 1926. (Sammlung gemeinverständlicher Vorträge und Schriften aus dem Gebiet der Theologie und Religionsgeschichte Nr. 119.)

Eschatologie und Geschichte. Vortrag, gehalten auf der Meißner Konferenz der „Freunde der Christlichen Welt" im Oktober 1927. In: Die Christliche Welt. Jg. 41. 1927. Nr. 22.
Erneut gedruckt in: Religiöse Verwirklichung. Berlin 1930. Daselbst im Anhang mit 19 Anmerkungen versehen.

Christologie und Geschichtsdeutung. In: Religiöse Verwirklichung. Daselbst im Anhang mit 27 Anmerkungen versehen.

Prophetische und marxistische Geschichtsdeutung. Ungedruckt. Nicht genau datierbar, wahrscheinlich zwischen 1934 und 1936 geschrieben.

Geschichtliche und ungeschichtliche Geschichtsdeutung. Ein Vergleich. Übersetzung von: Historical and Nonhistorical Interpretations of History. A Comparison. In: The Protestant Era.
– Hier: die überarbeitete Übersetzung aus: The Protestant Era.

Sieg in der Niederlage. Übersetzung von: Victory in Defeat. The Meaning of History in the Light of Christian Prophetism. In: Interpretation (Richmond). Jg. 6. 1952. H. 1.

Kairos III. Übersetzung von: Kairos. In: A Handbook of Christian Theology. Eds. Marvin Halverson and Arthur A. Cohen. New York: Meridian Books 1958. (Living Age Books Nr. 18)

Der Widerstreit von Zeit und Raum. Übersetzung von: The Struggle between Time and Space. In: Theology of Culture. Hrsg. v. Robert C. Kimball. New York: Oxford University Press 1959.

Kairos und Utopie. Übersetzung von: Between Utopianism and Escape from History. In: Colgate Rochester Divinity Bulletin. (Rochester, N. Y.). Jg. 31. 1959. H. 2.
– Erstmalige deutsche Übersetzung in: Zeitschrift für Evangelische Ethik. H. 6, Nov. 1959, S. 325–331

Anhang

Die politische Bedeutung der Utopie im Leben der Völker. Vier Vorträge, gehalten an der Deutschen Hochschule für Politik, Berlin, im Sommer 1951. – Erstmalig veröffentlicht nach wörtlichen Stenogrammen in der Schriftenreihe der Deutschen Hochschule für Politik. Berlin: Weiss 1953.

Es handelt sich um die Wiedergabe ohne Konzept gesprochener Vorträge. Auf Wunsch des Autors werden die Stenogramme hier veröffentlicht, da zum gleichen Thema keine schriftlichen Äußerungen vorliegen. Da der Autor selbst nicht in der Lage war, die Manuskripte druckreif zu bearbeiten, beauftragte er den Herausgeber, unter Verzicht auf stärkere Eingriffe in die Gedankenführung sprachliche Glättungen vorzunehmen.

NAMEN- UND SACHREGISTER

Bearbeitet von Theodor Mahlmann

Beteiligt an der Übersetzung dieses Bandes waren:
Renate Albrecht, Hildegard Behrmann, Maria Rhine, Paul Tillich